高职高专系列教材

房地产经纪实务

主　编　胡　平
副主编　白洪全
参　编　徐　旭

机械工业出版社

本书是为适应高等职业教育人才培养模式改革的需要，紧密结合房地产经纪工作实际，由在校专职教师与房地产企业专家一起开发完成的。全书共有六个项目，即房地产经纪认知、房地产经纪信息收集与利用、房地产经纪咨询业务、房地产代理业务、房地产居间业务和房地产经纪其他业务。每个项目根据具体任务设置相应的教学模块，每个模块有相应的学习目标，由案例导入，正文先介绍具体业务的基本知识和专业知识，再学习具体业务的实际操作。每个模块都有课后思考与练习，都有相应的项目任务书。

本书打破了以理论体系为主要特征的传统学科模式，以具体工作任务为中心组织书内容，按照房地产经纪具体业务分项目、分模块进行编排，采用大量的案例实例，凸显适用性、实践性与职业技能性。

本书既可作为高职院校相关专业的教材，也可作为房地产经纪人执业资格考试的参考资料，还可作为房地产经纪公司的培训教材。

图书在版编目（CIP）数据

房地产经纪实务/胡平主编．—北京：机械工业出版社，2011.8（2025.1 重印）
高职高专系列教材
ISBN 978-7-111-34791-0

Ⅰ．①房…　Ⅱ．①胡…　Ⅲ．①房地产业—经纪人—高等职业教育—教材
Ⅳ．①F293.3

中国版本图书馆 CIP 数据核字（2011）第 151700 号

机械工业出版社（北京市百万庄大街22号　邮政编码100037）
策划编辑：孔文梅　　　责任编辑：孔文梅　张　亮
封面设计：鞠　杨　　　责任校对：赵　蕊
责任印制：单爱军
北京虎彩文化传播有限公司印刷
2025年1月第1版第10次印刷
169mm×239mm · 15.25 印张 · 310 千字
标准书号：ISBN 978-7-111-34791-0
定价：27.00 元

电话服务　　　　　　　网络服务
客服电话：010-88361066　机 工 官 网：www.cmpbook.com
　　　　　010-88379833　机 工 官 博：weibo.com/cmp1952
　　　　　010-68326294　金 书 网：www.golden-book.com
封底无防伪标均为盗版　机工教育服务网：www.cmpedu.com

前　言

教育部明确提出高等职业教育的培养目标：高等职业教育应以服务为宗旨，以就业为导向，……培养面向生产、建设、管理、服务第一线需要的"下得去、留得住、用得上"，实践能力强，具有良好职业道德的高技能人才。根据这个人才培养目标，本书立足于房地产经纪工作实际，打破以理论体系为主要特征的传统学科模式，转变为以工作任务为中心组织教材内容。为突出高职特色，与两个房地产公司合作，与两位行业专家共同开发完成本教材。

为了体现教师在做中教，学生在做中学，做、教、学一体的培养方式，本书突出了几个特点：第一，以房地产经纪业务为项目载体，以具体工作任务为驱动，组织编排教材；第二，每个模块都有具体学习目标；第三，大部分模块用案例导入，这些案例紧密联系本模块相关的学习任务，以启发学生并引起学生的学习兴趣；第四，每个模块前一部分基本是对理论知识、专业知识的认知学习，后一部分是具体业务的操作，理论和实践有机结合；第五，每个模块都有相应的项目任务书，项目任务书中的具体工作任务全部来自于工作实际，有利于培养学生的职业能力；第六，每个模块都有课后思考与练习，便于学生进一步巩固理论知识及专业知识。

全书共六个项目：房地产经纪认知、房地产经纪信息收集与利用、房地产经纪咨询业务、房地产代理业务、房地产居间业务、房地产经纪其他业务。六个项目分20个模块进行编写，每一个模块是一个具体业务。

本书由胡平任主编，由宁波泰谷房地产开发有限公司白洪全任副主编，宁波市海曙宏伟房地产投资咨询有限公司徐旭参加编写。白洪全副主编与徐旭对本书的编写体例、房地产经纪岗位分析、房地产经纪业务的工作流程提供了重要的建议，并提供了具体工作任务及工作案例。在此向他们表示深深的谢意。

由于编者水平有限，书中难免有疏漏之处，敬请读者批评指正。

编者

目　录

前言

项目一　房地产经纪认知 ... 1
　模块一　房地产基本制度认知 ... 2
　模块二　房地产经纪机构认知 ... 20
　模块三　房地产经纪人认知 ... 30

项目二　房地产经纪信息收集与利用 ... 40
　模块一　房地产市场信息收集与利用 ... 41
　模块二　房源的开发与利用 ... 49
　模块三　客源的开发与利用 ... 59
　模块四　房地产经纪信息管理系统 ... 69

项目三　房地产经纪咨询业务 ... 75
　模块一　房地产经纪价格咨询业务 ... 76
　模块二　个人住房贷款咨询业务 ... 94
　模块三　房地产税费咨询业务 ... 106
　模块四　房地产置业投资咨询业务 ... 113

项目四　房地产代理业务 ... 125
　模块一　房地产代理业务认知 ... 126
　模块二　楼盘销售代理业务 ... 132
　模块三　二手房转让代理业务 ... 152

项目五　房地产居间业务 ... 171
　模块一　房地产居间业务认知 ... 172
　模块二　房地产租赁居间业务 ... 180
　模块三　二手房买卖居间业务 ... 192

项目六　房地产经纪其他业务 ... 201
　模块一　个人住房贷款代办业务 ... 202
　模块二　房地产权属登记代办业务 ... 215
　模块三　房地产拍卖业务 ... 227

参考文献 ... 237

项目一　房地产经纪认知

项目概要

房地产经纪涉及专业知识、行业技能等很多方面，本项目主要介绍房地产经纪基本知识，包括房地产五项基本制度、房地产经纪机构、房地产经纪人，以便学生对房地产经纪有个全面认知，从而为后面的学习打下基础。

模块一　房地产基本制度认知

学习目标

1. 能够准确表达房地产经纪基本制度的内容。
2. 能够解读国家及本地有关房地产政策。

案例导入

2006年1月，甲房地产开发公司（以下简称甲公司）依法取得某市某区一块国有土地的使用权，规划建设面积为10 000平方米。该项目于2006年5月1日动工，由乙建筑工程公司（以下简称乙公司）承包施工。但是在2007年年初，由于甲房地产开发公司缺乏资金，无法支付工程进度款，建筑了2 000平方米以后，在未经政府有关部门批准的情况下，不得不暂停施工。后于2008年6月经多方努力重新开工将项目建设完成。根据上述案情，思考下列问题。

1. 该项目土地使用权出让合同由谁与甲公司签订？
2. 甲公司在重新开工时，需向土地管理部门缴纳哪些费用？
3. 如甲公司在正式开工前，需要变更土地用途，则必须经哪个部门同意？

房地产经纪活动要在一系列房地产基本制度框架下进行，因此，本模块将学习房地产经纪基本制度，以便指导具体的房地产经纪业务。

一、建设用地与土地制度认知

（一）全面理解和正确认识中国现行土地所有制

土地的社会主义公有制分为全民所有制和劳动群众集体所有制两种。

土地的全民所有制具体采取的是国家所有制的形式，该种所有制的土地被称为国家所有土地，简称国有土地。国有土地的范围包括城市市区的土地；农村和城市郊区内已经依法没收、征收、征购为国有的土地；国家依法征用的土地；依法不属于集体所有的林地、草地、荒地、滩涂及其他土地；农村集体经济组织全部成员转为城镇居民的，原属于其成员集体所有的土地；因国家组织移民、自然灾害等原因，农民成建制地集体迁移后不再使用的原属于迁移农民集体所有的土地。

土地的劳动群众集体所有制具体采取的是农民集体所有制的形式，该种所有制的土地被称为农民集体所有土地，简称集体土地。

（二）建设用地与土地制度

1．国家实行土地登记制度

县级以上人民政府对所管辖的土地进行登记造册。属于国有土地的，核发《国有土地使用证》；属于集体土地的，核发《集体土地所有证》；使用集体土地的，核发《集体土地使用证》。依法登记的土地所有权和使用权受法律保护，任何单位和个人不得侵犯。

2．国家实行土地有偿有限期使用制度

除了国家核准的划拨土地以外，凡新增土地和原使用的土地改变用途或使用条件、进行市场交易等，均实行有偿有限期使用。

3．国家实行土地用途管制制度

根据土地利用总体规划，将土地用途分为农用地、建设用地和未利用土地。土地用途的变更须经有批准权的人民政府核准。严格限制农用地转为建设用地，控制建设用地总量，对耕地实行特殊保护。

4．国家实行保护耕地的制度

目前耕地保护方面的制度主要有耕地占用补偿制度、耕地总量动态平衡制度和基本农田保护制度。

（三）集体土地征用

1．征用集体土地的特点

按现行《土地管理法》的规定，征用土地具有三个明显的特点：①具有一定的强制性，征地是国家的特有行为，被征地单位必须服从国家的需要；②要妥善安置被征地单位人员的生产和生活，用地单位向被征地单位给予经济补偿；③被征用后的土地所有权发生转移，即集体所有的土地变为国家所有的土地。

2．征用集体土地应遵守的原则

在征用土地时，土地管理部门和用地单位必须严格遵守下列原则：

（1）珍惜耕地，合理利用土地的原则。在征用土地时，必须坚持"一要吃饭、二要建设"的方针，必须坚持"十分珍惜每寸土地，合理利用每寸土地"的基本国策。

（2）保证国家建设用地的原则。在征用土地时，应反对两种做法：①以节约土地为理由，拒绝国家征用；②大幅度提高征用土地管理费用，限制非农业用地。

（3）妥善安置被征地单位和农民的原则。妥善安置主要包括：①要给被征地单位妥善安排生产用地；②要妥善安置征地范围内的拆迁户；③对征用的土地要适当补偿；

④对因征地给农民造成的损失应适当补助；⑤对征地造成的农民劳动力要适当安排。

（4）有偿使用土地的原则。有偿使用土地是土地使用制度改革的核心内容。有偿使用土地包括土地使用权出让、土地出租、土地使用权作价入资、入股等多种形式。

（5）依法征地的原则。

3．征用集体土地的有关政策

（1）征用土地批准权限的规定。我国征用土地实行两级审批制度，即国务院和省级人民政府；征用农地的，应办理相关手续，基本农田、基本农田以外的耕地超过35公顷的，其他用地超过70公顷的，由国务院审批；其他用地和已经批准的农用地转用范围内的具体项目，由省级人民政府审批，并报国务院备案。

（2）建设单位申请征地不得化整为零。

（3）对被征地单位和农民进行安置、补偿、补助。

（4）临时用地必须办理报批手续。临时用地的期限，最多不能超过两年，并不得改变用途。

（5）征用土地时必须进行征地公告。

（6）合理使用征地补偿费。

4．征用集体土地补偿的范围和标准

《土地管理法》规定，征用耕地的补偿费用包括：土地补偿费、安置补助费、地上附着物和青苗的补偿费。

（1）土地补偿费标准：征用耕地的补偿费，为该耕地被征用前三年平均年产值的6至10倍；其他由省级政府规定。

（2）安置补助费：按照需要安置的农业人口数计算。每一个需要安置的农业人口的补偿费标准，为该耕地被征用前3年平均年产值的4至6倍，但每公顷被征用耕地的安置补助费，最高不得超过被征用前3年平均年产值的15倍。

对人均耕地特别少的地区，由省级人民政府批准，可增加安置补助费，但土地补偿和安置补助费之和，不得超过被征用前3年平均年产值的30倍。

（3）地上附着物和青苗的补偿费：由省、自治区、直辖市规定。城市郊区菜地，是指连续3年以上常年耕作地。

（4）临时用地补偿：按该耕地前3年平均年产值逐年给予补偿。

5．征用集体土地的工作程序

（1）申请用地。

（2）受理申请并审查有关文件。县级以上人民政府土地行政管理部门30日内，编制建设项目用地呈报说明书，经同级人民政府审核同意后，报上一级土地行政管理部门审查。

（3）审批用地。

（4）征地实施。经批准的建设用地，由被征用土地所在地的市县级人民政府组织实施。

（5）签发用地证书。

（6）征地批准后的实施管理。

（7）颁发土地使用证。

（8）建立征用土地档案。

（四）国有土地使用权出让

1．土地使用权出让的概念

土地使用权出让，是指国家将国有土地使用权在一定年限内出让给土地使用者，由土地使用者向国家支付土地使用权出让金的行为。出让的含义如下：

（1）土地使用权出让，又称批租或土地一级市场，由国家垄断。

（2）经出让取得土地使用权出让的单位和个人在使用期限内对土地拥有使用、占有、收益和处分权。

（3）土地使用者只有向国家支付了全部土地使用权出让金后，才能领取土地使用权证书。

（4）集体土地不经征用不得转让。

（5）土地使用权出让具有平等、自愿、有偿、有限期的特点。

2．土地使用权出让的方式和年限

（1）土地使用权出让方式。土地使用权出让方式有：招标方式、拍卖方式、协议出让方式、挂牌出让方式。

（2）土地使用权出让的年限。我国不同用途的土地使用权年限不一样，居住用地70年；工业用地50年；教育、科技、文化卫生、体育用地50年；商业、旅游、娱乐用地40年；综合或其他用地50年。

（3）土地使用权的收回。土地使用权收回的情况有：土地使用权届满的收回；国家有权提前收回土地使用权；因土地使用者不履行土地使用合同而收回土地使用权；司法机关决定收回土地使用权。

（4）土地使用权的终止：土地使用权因土地灭失而终止；因土地使用者的抛弃而终止。

（5）土地使用权的续期：土地使用权出让合同约定的使用年限届满，土地使用者需继续使用土地的，应当最迟于期满前1年向土地管理部门提出申请。

3．国有土地使用权划拨

国有土地使用权划拨，是指县级以上人民政府依法批准，在用地者缴纳补偿、安置费用后,将该块土地交付其使用,或者将土地使用权无偿交给土地使用者使用的行为。划拨土地使用权的范围包括国家机关用地和军事用地;城市基础设施用地和公益事业用地;国家重点扶持的能源、交通、水利等项目用地;法律、行政法规规定的其他用地。

(五)闲置土地的处理

(1)在城市规划区内,以出让方式取得土地使用权,闲置1年以上按出让金的20%以下征收土地闲置费。延长开发建设时间,但最长不得超过1年。

(2)改变土地用途,办理有关手续后继续开发。

(3)政府采取招标、拍卖等方式确定新的土地使用者进行开发建设,对原用地单位给予经济补偿。

(4)未按建设用地批准书和土地使用权出让合同规定的期限开发建设的用地单位,连续2年以上未使用的,由县级以上人民政府无偿收回土地使用权并予以公告。

二、城市房屋拆迁管理制度认知

1. 城市房屋拆迁的概念

城市房屋拆迁是指取得房屋拆迁许可证的拆迁人,拆除城市规划区内国有土地上房屋及其附属物,并对被拆迁房屋的所有人进行补偿或安置的行为。

2. 城市房屋拆迁的主管机关

(1)国家城市房屋拆迁主管机构是指国务院建设行政主管部门——中华人民共和国住房和城乡建设部(以下简称建设部)。

(2)地方性城市房屋拆迁主管机构是指县级及县级以上地方人民政府负责管理房屋拆迁工作的部门,管理职责是对本行政区域内的城市房屋拆迁工作实施监督管理。

(3)县级以上地方人民政府有关部门,如工商、公安、规划、司法、文化、环境等行政部门,是拆迁的协管部门。

3. 房屋拆迁申请必须提交的资料

(1)建设项目批准文件;

(2)建设用地规划许可证;

(3)国有土地使用权批准文件;

(4)拆迁计划和拆迁方案;

(5)办理存款业务的金融机构出具的拆迁补偿安置资金证明。

4. 拆迁审批和《房屋拆迁许可证》的取得

《房屋拆迁许可证》是房屋拆迁的法律凭证。经审查批准拆迁的,房屋拆迁管理部门发给拆迁申请人《房屋拆迁许可证》。房屋拆迁管理部门发放《房屋拆迁许可证》时,应当向被拆迁人发出房屋拆迁公告。

5. 拆迁协议

拆迁人与被拆迁人必须在拆迁管理部门规定的拆迁期限内，就有关问题签订书面协议，以协议形式确定拆迁当事人双方的权利和义务。拆迁协议的主要内容包括补偿方式和补偿金额、安置用房面积和安置地点、搬迁期限、搬迁过渡方式和过渡期限、违约责任、解决争议的办法等，根据补偿方式不同，协议的内容可相应变化。

协议签订后是否公证，由双方当事人自主选择。但《拆迁条例》规定，拆除代管房屋，必须经过公证机关办理公证。

6. 拆迁的实施

拆迁的实施方式有两种：自行拆迁和委托拆迁。自行拆迁：已取得房屋拆迁许可证的建设单位即拆迁人自己，实施拆迁工作。委托拆迁：拆迁人自己不承担拆迁工作，而是把拆迁工作委托给具有拆迁资格的单位去承担。拆迁人委托拆迁的，应当向被委托的拆迁单位出具委托书，并订立委托合同。

房屋拆迁管理部门不得作为拆迁人，也不得接受拆迁委托。

7. 拆迁补偿安置资金的监管

县级以上地方人民政府房屋拆迁管理部门，应当加强对拆迁补偿安置资金使用的监督。拆迁人实施房屋拆迁的补偿安置资金应当全部用于房屋拆迁的补偿安置，不得挪作他用。

8. 补偿对象

拆迁人应当对被拆迁房屋的所有人（包括代管人、国家授权的国有房屋管理人）给予补偿。补偿的对象是被拆除房屋的所有人，而不是使用人。

9. 补偿方式

房屋拆迁补偿有两种方式：货币补偿和房屋产权调换。拆除非公益事业房屋的附属物，不作产权调换，由拆迁人给予货币补偿。

10. 补偿标准

《拆迁条例》规定了拆迁货币补偿标准确定的基本原则——等价有偿，采用的办法是根据被拆迁房屋的区位、用途、建筑面积等因素，以房地产市场评估的办法确定。

三、房地产开发经营管理制度认知

（一）房地产开发企业的设立条件

《城市房地产开发经营管理条例》（以下简称《开发经营条例》）对房地产开发企业设立、管理有明确的规定。设立房地产开发企业应符合下列条件：

（1）有符合公司法人登记的名称和组织机构。
（2）有适应房地产开发经营需要的固定的办公用房。
（3）注册资本 100 万元以上。
（4）有 4 名及 4 名以上持有资格证书的房地产专业、建筑工程专业的专职技术人员，2 名及 2 名以上持有资格证书的专职会计人员。
（5）法律、法规规定的其他条件。

（二）房地产开发企业资质等级

为了加强对房地产开发企业的管理，规范房地产开发企业，建设部于 2000 年 3 月发布了第 77 号令《房地产开发企业资质管理规定》。国家对房地产开发企业实行资质管理。房地产开发企业资质按照企业条件为一、二、三、四共四个资质等级。

（三）房地产开发企业设立的程序

新设立的房地产开发企业，应当自领取营业执照之日起 30 日内，持营业执照复印件等相关文件到登记机关所在地的房地产开发主管部门备案。

房地产开发主管部门应当在收到备案申请后 30 日内向符合条件的企业核发《暂定资质证书》。《暂定资质证书》有效期 1 年。房地产开发主管部门可以视企业经营情况，延长《暂定资质证书》有效期，但延长期不得超过 2 年。自领取《暂定资质证书》之日起 1 年内无开发项目的，《暂定资质证书》有效期不得延长。

（四）房地产开发企业资质管理机构与管理

国务院建设行政主管部门负责全国房地产开发企业的资质管理工作；县级以上地方人民政府房地产开发主管部门负责本行政区域内房地产开发企业的资质管理工作。

房地产开发企业资质等级实行分级审批。一级资质由省、自治区、直辖市建设行政主管部门初审，报国务院建设行政主管部门审批；二级及二级以下资质的审批办法由省、自治区、直辖市人民政府建设行政主管部门制定。

房地产开发企业资质实行年检制度。对于不符合原定资质条件或者有不良经营行为的企业，由原资质部门予以降级或注销资质证书。

（五）确定房地产开发项目的原则

（1）确定房地产开发项目，应当符合土地利用总体规划、年度建设用地计划和城市规划、房地产开发年度计划的要求；按照有关规定需要经计划主管部门批准的，还应当报计划主管部门批准，并纳入年度固定资产投资计划。
（2）房地产开发项目，应当坚持旧区改建和新区建设相结合的原则。
（3）房地产开发项目的开发建设应当统筹安排配套基础设施，并根据先地下、后地上的原则实施。

（六）房地产项目实行资本金制度

1996年8月23日国务院以国发（1996）25号发布了《关于固定资产投资项目实行资本金制度的通知》，该通知规定从1996年开始，对各种经营性投资项目，包括国有单位的基本建设、技术改造、房地产开发项目和集体项目实行资本金制度，投资的项目必须首先落实资本金才能进行建设。

项目投资资本金可以用货币出资，也可以用实物、工业产权、非专利技术、土地使用权出资。用非货币出资的，必须经过有资格的资产评估机构依照法律、法规评估作价，不得高估或低估。以工业产权、非专利技术作价出资的比例不得超过投资项目资本金总额的20%，国家对采用高新技术成果有特别规定的除外。

《开发经营条例》规定：房地产开发项目应当建立资本金制度，资本金占项目总投资的比例不得低于20%，房地产开发项目实行资本金制度，并规定房地产开发企业承揽项目必须有一定比例的资本金，这样可以有效地防止部分不规范的企业的不规范行为，减少楼盘"烂尾"等现象的发生。

（七）对开发项目实行质量责任制度

房地产开发企业应当对其开发建设的房地产开发项目的质量承担责任。勘察、设计、施工、监理等单位应当依照有关法律、法规的规定或者合同的约定，承担相应的责任。对质量不合格的房地产项目的处理方式有两种：①商品房交付使用后，消费者认为主体结构质量不合格的，可以向工程质量监督单位申请重新核验。经核验，确属主体结构质量不合格的，处理方式为消费者有权要求退房，终止房屋买卖关系，给消费者造成损失的，房地产开发企业应当依法承担赔偿责任；②消费者也有权采取其他办法，如双方协商换房。处理方式是选择退房而不是换房等，权利在消费者，这样规定的目的是为了确保购买商品房的消费者的合法权益不受损害。

（八）竣工验收制度

房地产开发项目需经验收方能交付使用。《开发经营条例》规定，房地产开发项目竣工，经验收合格后，方可交付使用；未经验收合格的，不得交付使用。住宅小区等群体房地产开发项目竣工，还应当按照下列要求进行综合验收：

（1）设计条件的落实情况；

（2）要求配套的基础设施和公共设施的建设情况；

（3）工程质量验收情况；

（4）方案的落实情况；

（5）管理的落实情况。

（九）项目手册制度

房地产开发企业实行项目手册制度是政府行业管理部门对房地产开发企业是否

按照有关法律、法规规定，是否按照合同的约定进行开发建设而建立的一项动态管理制度。房地产开发企业应当将房地产开发项目建设过程中的主要事项记录在房地产开发项目手册中，并定期送房地产开发主管部门备案。

（十）房地产广告

为了加强房地产管理、规范房地产广告制作单位、发布单位及房地产广告用语等行为，1996年12月30日国家工商行政管理局发布了《房地产广告发布暂行规定》，对房地产广告作了以下规范性的规定。

1．房地产广告应当遵守的原则

发布房地产广告，应当遵守《中华人民共和国广告法》、《城市房地产管理法》、《土地管理法》及国家有关广告监督管理和房地产管理的规定。房地产广告必须真实、合法、科学、准确，符合社会主义精神文明建设要求，不得欺骗和误导公众。房地产广告不得含有风水、占卜等封建迷信内容，对项目情况进行的说明、渲染，不得有悖社会良好风尚。

2．房地产广告的内容

房地产预售、销售广告，必须载明以下事项：

（1）开发企业名称。

（2）中介服务机构代理销售的，载明该机构名称。

（3）预售或者销售许可证书号。

广告中仅介绍房地产项目名称的，可以不必载明上述事项。

3．房地产广告的要求

（1）房地产广告中涉及所有权或者使用权的，所有或者使用的基本单位应当具有实际意义的完整的生产、生活空间。

（2）房地产广告中对价格有表示的，应当清楚表示为实际的销售价格，明示价格的有效期限。

（3）房地产中表现项目位置，应以从该项目到达某一具体参照物的现有交通干道的实际距离表示，不得以所需时间来表示距离。房地产广告中的项目位置示意图，应当准确清楚、比例恰当。

（4）房地产广告中涉及的交通、商业、文化教育设施及其他市政条件等，如在规划或者建设中，应当在广告中注明。

（5）房地产广告涉及面积的，应当表明是建筑面积或者使用面积。

（6）房地产广告涉及内部结构、装修装饰的，应当真实、准确，预售商品房广告，不得涉及装修装饰内容。

（7）房地产广告中不得利用其他项目的形象、环境作为本项目的效果。

（8）房地产广告中使用建筑设计效果图或者模型照片的，应当在广告中注明。

（9）房地产广告中不得出现融资或者变相融资的内容，不得含有升值或者投资回报的承诺。

（10）房地产广告中不得含有能够为入住者办理户口、就业、升学等事项的承诺。

（11）房地产广告中涉及贷款服务的，应当载明提供贷款的银行名称及贷款额度、年期。

（12）房地产广告中涉及物业管理内容的，应当符合国家有关规定；涉及尚未实现的物业管理内容的，应当在广告中注明。

（13）房地产广告中涉及资产评估的，应当表明评估单位、估价师和评估时间；使用其他数据、统计资料、文摘、引用语的，应当真实、准确并标明出处。

四、房地产税收制度认知

中国现行房地产税比较复杂，主要有：房产税、城镇土地使用税、耕地占用税、土地增值税、契税、固定资产投资方向调节税、营业税、城市维护建设税、教育费附加、企业所得税、个人所得税、印花税等。下面介绍几种主要的税种。

1. 房产税

房产税是以房产为课税对象，向产权所有人征收的一种税。凡是中国境内拥有房地产产权的单位和个人都是房产税的纳税人。房产税的课税对象是房产，征税范围为城市、县城、建制镇和工矿区，不包括农村。对于非出租的房产，以房产原值一次减除10%~30%后的余额为计税依据计算交纳，税率为1.2%。对于出租的房产，以房产租金收入为计税依据，税率为12%。

2. 城镇土地使用税

城镇土地使用税是以城镇土地为课税对象，向拥有土地使用权的单位和个人征收的一种税。纳税人是拥有土地使用权的单位和个人，其征收范围为城市、县城、建制镇、工矿区。

城镇土地使用税的计税依据是纳税人实际占用的土地面积，采用分类分级的幅度定额税率，每平方米的年幅度税额按城市大小分四个档次：大城市0.5~10元；中等城市0.4~8元；小城市0.3~6元；县城、建制镇、工矿区0.2~4元。

3. 耕地占用税

耕地占用税是对占用耕地从事非农业生产建设的单位和个人征收的一种税。凡占用耕地建房或者从事其他非农业建设的单位和个人，都是耕地占用税的纳税人。耕地是指用于种植农作物的土地，占用前3年内用于种植农作物的土地，也视为耕地。

耕地占用税实行定额税率，以纳税人实际占用耕地面积为计税依据，按照规定税率一次性计算征收。

4．土地增值税

土地增值税是对有偿转让国有土地使用权、地上建筑物及其他附着物的单位和个人征收的一种税。凡有偿转让国有土地使用权、地上建筑物及其他附着物，并取得收入的单位和个人为土地增值税的纳税人。

土地增值税的征税范围包括国有土地、地上建筑物及其他附着物。转让房地产是指转让国有土地使用权、地上建筑物和其他附着物产权的行为，不包括通过继承、赠与等方式无偿转让房地产的行为。

土地增值税和课税对象是有偿转让房产所得的土地增值额。土地增值税实行四级超额累进税率：增值额未超过扣除项目金额 50%的部分，税率为 30%；增值额超过扣除项目金额50%的部分，未超过 100%的部分，税率为 40%；增值额超过扣除项目金额 100%，未超过 200%的部分，税率为 50%；超值额超过扣除项目金额 200%的部分，税率为 60%。

土地增值税扣除项目包括：取得土地使用权时所支付的金额；土地开发成本、费用；建房及配套设施的成本、费用，或者旧房及建筑物的评估价格；与转让房地产有关的税金；财政部规定的其他扣除项目。

5．契税

契税是在土地、房屋不动产所有权发生转移时，当事人双方订立契约时对产权人征收的一种税。在中华人民共和国境内转移土地、房屋权属，承受的单位和个人为纳税人。纳税范围包括国有土地使用权出让；土地使用权转让，包括出售、赠与和交换；房屋买卖；房屋赠与；房屋交换。

契税的税率为 3%～5%，计税的依据是房屋产权转移时双方当事人签订的契约价格，征收契税，一般以契约载明的买价、现值价格作为计税依据。土地使用权交换、房屋交换，为所交换的土地使用权、房屋的价格的差价。

6．营业税、城市维护建设税和教育费附加

营业税是对提供应税劳务、转让无形资产和销售不动产的单位和个人开征的一种税。城市维护建设税（以下简称城建税）是随增值税、消费税和营业税附征并专门用于城市维护建设的一种特别目的税。教育费附加是随增值税、消费税和营业税附征并专门用于教育的一种特别目的税。

销售不动产的营业税税率为 5%；城建税实行的是地区差别税率，按照纳税人所在地的不同，税率分别规定为 7%、5%和 1%三个档次，具体是：纳税人所在地在城市市区的税率为 7%；在县城、建制镇的，税率为 5%，不在城市市区、县城、建制镇的，税率为1%；教育费附加的税率在城市一般为营业税的3%。

营业税、城市建设维护税和教育费附加通常也称作"两税一费"。

五、物业管理制度认知

（一）物业管理的含义

物业管理是指物业管理企业接受业主、业主委员会或者其他组织的委托，对物业进行维护、修缮、管理，对物业区域内的公共秩序、交通、消防、环境卫生、绿化等事项提供协助管理、服务的有偿活动。其中，委托和有偿是物业管理的基本特点。

（二）物业管理的基本内容

物业管理涉及的领域相当广泛，其基本内容按服务的性质和提供方式可分为：常规性的公共服务、针对性的专项服务和委托性的特约服务三大类。

1. 常规性的公共服务

这是指物业管理中公共性的管理和服务工作，是物业管理企业面向所有住用人提供的最基本的管理和服务。公共服务主要有以下八项：

（1）房屋共用部位的维护与管理。

（2）房屋共用设备设施及其运行的维护和管理。

（3）环境卫生、绿化管理服务。

（4）物业管理区域内公共秩序、消防、交通等协助管理事项的服务。

（5）物业装饰装修管理服务，包括房屋装修的申请与批准及对装修的设计、安全等各项管理工作。

（6）维修基金的代管服务。这是指物业管理企业接受业主委员会或物业产权人委托，对代管的房屋共用部位和共用设施维修基金的管理工作。

（7）物业档案资料的管理。

（8）代收代缴收费服务。

2. 针对性的专项服务

针对性的专项服务是指物业管理企业面向广大住户，为满足其中一些住户、群体和单位的一定需要而提供的各项服务工作。专项服务的内容主要有日常生活、商业服务、文教卫体、社会福利及各类中介服务五大类。

3. 委托性的特约服务

特约服务是为满足物业产权人、使用人的个别需求受其委托而提供的服务，通常指在物业管理委托合同中未要求、物业管理企业在专项服务中也未设立。特约服务实际上是专项服务的补充和完善。

（三）物业管理的主要环节

1．物业管理的策划阶段

（1）物业管理的早期介入：这是指物业管理企业在接管物业以前的各个阶段（项目决策、可行性研究、规划设计、施工建设等阶段）就参与介入。

（2）制订物业管理方案：房地产开发确定后，开发企业就应尽早制订物业管理方案，也可聘请物业管理企业代为制订。

（3）选聘或组建物业管理企业。

上述 3 个环节的特点是均由房地产开发企业来主持。

2．物业管理的前期准备阶段

（1）物业管理企业内部机构的设置与拟订人员编制。

（2）物业管理人员的选聘和培训。

（3）物业管理制度的制定。

3．物业管理的启动阶段

物业管理的全面正式启动以物业的接管验收为标志。

（1）物业的接管验收。包括新建物业的接管验收和原有物业的接管验收。

（2）用户入住。

（3）档案资料的建立。档案资料包括业主或租户的资料和物业的资料。

（4）首次业主大会的召开和业主委员会的成立。当物业销售和用户入住达到一定比例时（如 50%），业主应在物业所在地政府主管部门的指导下组织召开首次业主大会，审议和通过业主委员会章程和业主公约，选举产生业主委员会，至此，物业管理工作就从全面启动转向日常运作。

4．物业管理的日常运作阶段

（1）日常综合服务与管理。

（2）系统的协调。

（四）业主、业主大会及业主委员会

1．业主

业主是指房屋物业的产权人。在物业管理中，业主是物业管理企业所提供的物业管理服务的对象。业主是物业管理市场的需求主体。业主分为三个层次：单个业主；全体业主，即业主大会或业主代表大会；业主委员会。

2．业主大会

业主大会由物业管理区域内全体业主组成，业主人数较多的，也可以组成业主代表大会（业主大会或者业主代表大会统称为"业主大会"）。业主大会是代表和维护业主在物业管理活动中的合法权益，决定物业重大管理事项的业主自治管理组织。

业主大会分为定期会议和临时会议。业主大会一般每年召开一次，成为年度会议。经20%及以上的业主提议，业主委员会应当组织召开业主大会临时会议。

业主大会会议可以采用集体讨论的形式，也可以采用书面征求意见的形式。但是，应当有物业管理区域内持1/2以上投票权的业主参加。业主可以书面委托代理人参加业主大会会议。

业主大会作出决议，必须经与会业主所持投票权1/2以上通过。业主大会作出修改业主公约、业主大会章程、选聘或者解聘物业管理企业、专项维修资金使用、续筹方案的决议，必须经物业管理区域内全体业主所持投票权2/3以上通过。

3．业主委员会

业主委员会是业主大会的执行机构。业主大会应当在首次会议召开时选举产生业主委员会。业主委员会应当自选举产生之日起30日内，向物业所在地的街道办事处和区、县人民政府房地产行政主管部门备案。

一个物业管理区域应当成立一个委员会。业主委员会应当由5~10名的单数业主担任。

4．业主公约

业主公约是由全体业主承诺共同订立的，对全体业主（也包括非业主使用人）有共同约束力的有关业主在物业使用、维修和管理等方面权利义务的行为守则。

（五）物业管理的委托和物业管理合同

1．物业管理的委托方

（1）房地产开发企业。

（2）公房出售单位。

（3）业主委员会。

2．物业管理的委托方式

物业管理的委托有实行招标和不实行招标两种方式。不实行招标是指房地产开发企业或公房出售单位将物业直接委托给自己组建或选定的物业管理企业管理。实行招标是指房地产开发企业、公房出售单位或业主委员会以招标的方式，通过市场竞争将物业管理委托给中标的物业管理企业，物业管理工作招标有公开招标、邀请招标两种方式。

3．物业管理合同的类型

（1）《前期物业管理服务合同》。前期物业管理是指业主大会与物业管理企业签订的《物业管理合同》生效前实施的物业管理。

《前期物业管理服务合同》是房屋建设单位与物业管理企业之间签订的。

（2）《物业管理服务合同》。业主大会成立后，代表全体业主与选聘或中标的物业管理企业签订的《物业管理服务合同》。该合同生效时，原建设单位与物业管理企业所签订的《前期物业管理服务合同》自行失效。

4．物业管理合同的签订要点

（1）"宜细不宜粗"的原则。

（2）不应有无偿无限期的承诺。

（六）物业管理经费的来源

物业管理经费的来源主要有以下几个方面：

（1）定期收取物业管理服务费。

（2）物业管理企业开展多种经营的收入和利润。

（3）政府的扶持。

（4）开发建设单位给予一定的支持。

（七）物业管理收费原则

物业管理收费应当根据所提供服务的性质、特点等不同情况，分别实行政府定价、政府指导价和经营者定价。为普通居民住宅的物业产权人、使用人提供的公共卫生清洁、公用设施的维修保养和保安、绿化等具有公共性的服务及代收缴水电费、煤气费、有线电视费、电话费等公众代办性质的服务收费，实行政府定价。实行政府定价和政府指导价的物业管理服务收费标准，由物业管理企业根据实际提供的服务项目和各项费用开支情况，向物价部门申报，由物价部门征求物业管理行政主管部门同意后，以独立小区为单位核定。实行政府指导价的物业管理企业可在政府指导价格规定幅度内确定具体收费标准。

（八）维修基金

1．维修基金的性质和用途

维修基金属于全体业主所有，专项用于物业共用部位、共用设备设施保修期满后的大、中修和更新、改造。

（1）物业的共用部位是指物业主体承重结构部位，包括基础、承重墙体、柱、梁、楼板、屋顶、户外墙面、门厅、楼梯间、走廊通道等。

（2）物业的共用设备设施是指物业区域内，由全体业主共同拥有并使用的上下水管道、落水管、水箱、加压水泵、电梯、天线、供电线路、共用照明、消防设施、绿地、道路、沟渠、池井、非经营性停车场库、公益性文体设施和共用设施使用的房屋等。

2. 维修基金的筹集

商品住房在销售时，购房者与售房单位应当签订有关维修基金缴交约定。1998年，建设部、财政部发布了《住宅共用部位、共用设施设备维修基金管理办法》，办法规定购房者应当按照房款2%～3%的比例向售房单位缴纳维修基金；公房出售以后，维修基金由售房单位和购房人双向筹集。售房单位代为收取的维修基金属于全体业主共同所有，不计入住宅销售收入。但是从2008年2月1日起，按照建设部和财政部出台的《住宅专项维修基金管理办法》规定，商品住宅的业主，按照所拥有物业的建筑面积交存住宅专项维修资金。每平方米建筑面积交存首期住宅专项维修资金的数额，为当地住宅建筑安装工程每平方米造价的5%～8%。

目前在很多城市维修基金不是购房时一次性缴纳，而是每年按房价一定比例缴纳。

3. 维修基金的使用

业主委员会成立前，维修基金的使用由售房单位或售房单位委托的管理单位提出使用计划，经当地房地产行政主管部门审核后划拨；业主委员会成立后，维修基金的使用由物业管理企业提出年度使用计划，经业主委员会审定后实施。

4. 维修基金的管理

（1）业主大会成立前，维修基金由当地房地产行政主管部门代管。

（2）业主大会成立后，经业主委员会同意，房地产行政主管将维修基金移交给物业管理企业代管。

（3）物业管理企业发生变换时，代管的维修基金账目经业主委员会审核无误后，应当办理账户转移手续。

（4）维修基金应当在银行专户储存，专款专用。

（5）业主转让房地产所有权时，结余维修基金不予退还，随房屋所有权同时过户。

（6）因房屋拆迁或者其他原因造成住房灭失时，维修基金代管单位应当将维修基金账面余额按业主个人缴纳比例退还给业主。

课后思考与练习

（一）单项选择题

1．房地产业与建筑业既有区别又有联系，它们之间的主要区别是房地产业兼有生产（开发）、经营、管理和服务等多种性质，属于（　　　）。

　　A．第一产业　　　B．第二产业　　　C．第三产业　　　D．新兴产业

2．房地产开发是指在依法取得（　　　）土地使用权的土地上进行基础设施、房屋建设的行为。

A. 国有　　　　B. 外企　　　　C. 私有　　　　D. 社会

3. 1994年7月5日全国人大常委会通过了《中华人民共和国城市房地产管理法》，该法明确规定"国家依法实行国有土地（　　）使用制度。"

　　A. 无偿、无限期　　　　　　　　B. 有偿、无限期
　　C. 无偿、有限期　　　　　　　　D. 有偿、有限期

4. 我国房地产的法律法规建设体系已取得了显著成绩，现已颁布了三部法律，其中（　　）的颁布实施标志着中国房地产业的发展进入了法制管理的新时期，为依法管理房地产市场奠定了坚实的法律基础。

　　A.《中华人民共和国城市房地产管理法》
　　B.《中华人民共和国土地管理法》
　　C.《中华人民共和国城市规划法》
　　D.《中华人民共和国城市建筑法》

5. 下列不能发放房屋拆迁许可证的部门是（　　）。

　　A. 县级人民政府　　　　　　　　B. 省级人民政府
　　C. 市级人民政府　　　　　　　　D. 乡级人民政府

6. 房产税的课税对象是（　　）。

　　A. 工矿区的房屋所有人　　　　　B. 房屋承租人
　　C. 市区的房屋　　　　　　　　　D. 农村的房屋

7. 房地产交易管理的核心是对房地产交易（　　）的管理。

　　A. 对象　　　　B. 行为　　　　C. 价格　　　　D. 职能

（二）多项选择题

1. 十一届三中全会以后，我国进行了（　　）三项重大制度和体制的改革，推动了我国房地产业的发展。

　　A. 城镇住房制度　　　　　　　　B. 土地所有制
　　C. 经济体制　　　　　　　　　　D. 房地产生产方式

2.《城市房地产管理法》规定，（　　）要进行登记备案。

　　A. 房屋租赁　　　　　　　　　　B. 房地产评估
　　C. 设立房地产开发企业　　　　　D. 商品房预售

3. 旅游、娱乐用地的土地使用权出让时，有条件的必须采取（　　）的方式。

　　A. 政府定价　　B. 双方协议　　C. 拍卖　　　　D. 划拨

4. 不得抵押的房屋有（　　）。

　　A. 在建的教学楼　B. 在建的宾馆　C. 开放的图书馆　D. 博物馆

（三）判断题

1. 物业管理是一种非经营型、非企业化的管理，通过以质价相符的有偿服务为主、

多种经营为辅的方式来实现独立核算、自负盈亏、自我发展和自我完善。（　）

2. 所谓无偿无期限使用土地，是指从国家那里得到土地时不支付地价，在使用土地的过程中也不缴纳地租或土地使用费。同时国家在将土地划拨给这些使用者时，也没有规定具体明确的土地使用期限。即使遇到国家新的建设需要使用该块土地，土地使用者也可以无限期地占用下去。（　）

项目任务书

1. 收集归纳近三年房地产土地政策、税收政策及货币政策。

2. 某房地产开发企业建造商品房一幢，建房总支出3 000万元，有关费用为：①支付地价款200万元；②土地征用及拆迁补偿费120万元；③前期工程费180万元；④基础设施费200万元；⑤建筑安装工程费1 500万元；⑥公共配套设施费200万元；期间费用600万元，其中利息支出500万元（利息能按房地产项目分摊，并有金融机构贷款证明）。该房地产开发企业将商品房卖出，取得收入6 000万元，并按规定缴纳了营业税、城建税、印花税和教育费附加，请计算应缴纳多少土地增值税（扣除比例为5%）？

3. 案例分析

2004年8月，A市B房地产开发公司通过合法方式，在该市城市规划区内，取得了一块土地的使用权，出让合同约定由B房地产开发公司进行住宅小区建设，并缴纳了土地出让金。该项目计划总投资5 600万元，建设工期为16个月。B房地产开发公司通过招标方式，选择了C施工单位，工程合同价为4 000万元。同时通过招标方式，选择了E监理单位。B房地产开发公司为融通资金，准备通过预售其建设的商品房，取得部分建设资金。B房地产开发公司取得《商品房预售许可证》后，委托房地产经纪公司代理预售商品房。预售期间，B房地产开发公司与王某签订了书面预售合同，合同约定建筑面积为100平方米，并约定售房价格为3 000元/平方米。2006年1月，该住宅小区业主全部入住，并开展了物业管理。2006年2月，经确认登记，王某所预购的商品房建筑面积为107平方米。2006年5月，该住宅小区召开了首次业主大会，并重新选聘了D物业管理企业。根据案情请回答以下问题：

（1）按照国家有关规定，该地块可以采取哪些方式出让？

（2）按照国家土地使用权年限的有关规定，该地块出让的最高年限为多少年？

（3）B房地产开发公司在申请领取施工许可证时，其到位资金原则上不得少于多少万元？

（4）按规定，谁应与D物业管理公司签订物业服务合同？

（5）对于王某购买的商品房登记确认面积与合同约定建筑面积的差额，该怎么处理？

模块二 房地产经纪机构认知

学习目标

1. 了解房地产经纪机构设立的条件和程序。
2. 熟悉房地产经纪机构基本类型和经营模式。
3. 掌握房地产经纪机构业务范围。
4. 明确房地产经纪机构岗位设置。

案例导入

某房地产经纪机构在某市东城区创业后,想将业务拓展到其他区域以综合掌握该市各区的房地产信息,扩大机构规模,提高机构知名度,并能有效地协调各经营机构之间的关系。则该机构可以选择的最佳经营模式是哪种?

房地产经纪机构,是指符合执业条件,并依法设立,从事房地产经纪活动的公司、合伙机构、个人独资机构。另外,境内外房地产经纪机构在境内设立的分支结构也可以以自己的名义独立经营房地产经纪业务。

一、房地产经纪机构设立的条件和程序

(一)房地产经纪机构设立的条件

房地产经纪机构的设立应符合《中华人民共和国公司法》、《合伙企业法》、《个人独资企业法》、《中外合作经营企业法》、《中外合资经营企业法》、《外商独资经营企业法》等法律法规及其实施细则和工商登记管理的规定。

此外,设立房地产经纪机构应当具备足够的专业人员。

1. 设立公司制的房地产经纪机构

以公司形式设立房地产经纪机构的,应当有 3 名及以上持有《中华人民共和国地产经纪人执业资格证书》的专职人员和 3 名及以上持有《中华人民共和国房地产经纪

人协理从业资格证书》的专职人员，即分别至少有 3 名房地产经纪人和 3 名房地产经纪人协理。

2．设立合伙制房地产经纪机构

以合伙企业设立房地产经纪机构的，应当有 2 名及以上持有《中华人民共和国房地产经纪人执业资格证书》的专职人员和 2 名及以上持有《中华人民共和国房地产经纪人协理从业资格证书》的专职人员，即分别至少有 2 名房地产经纪人和 2 名房地产经纪人协理。

3．设立独资房地产经纪机构

以个人独资企业形式设立房地产经纪机构的，应当有 1 名及以上持有《中华人民共和国房地产经纪人执业资格证书》的专职人员和 1 名及以上持有《中华人民共和国房地产经纪人协理从业资格证书》的专职人员，即至少分别有 1 名房地产经纪人和 1 名房地产经纪人协理。

4．设立房地产经纪分支机构

根据《房地产经纪管理规定》第十七条之规定，房地产经纪机构的分支机构应当具有 1 名及以上持有《中华人民共和国房地产经纪人执业资格证书》的专职人员和 1 名及以上持有《中华人民共和国房地产经纪人协理从业资格证书》的专职人员，即至少分别有 1 名房地产经纪人和 1 名房地产经纪人协理。

设立房地产经纪机构，应当符合拟设立的房地产经纪机构所在地政府房产管理部门的规定。

（二）房地产经纪机构设立的程序

由当地房地产行政管理部门对其人员条件进行前置审查；经审查合格后，再向当地工商行政管理部门申请办理工商登记；房地产经纪机构在领取工商营业执照后的一个月内，应当持营业执照、章程、机构人员情况的书面材料到登记机构所在地房地产行政管理部门或其委托的机构备案。

二、房地产经纪机构的业务范围

房地产经纪业务活动可以贯穿房地产市场，并在各个环节不同程度地发挥其积极的作用。由于各国及我国各地区房地产市场的具体状况和管理制度不一样，房地产经纪业务经营的范围及运作方式也有所区别，总体上有两种。

1．投资顾问

在一级市场上，充当政府的顾问，进行市场调查分析，提供信息，对政府将要出让的土地使用权进行项目评价、拟订投资方案、制定投标方案、提出报价建议等。

在二级市场上为开发商提供咨询服务，如房地产政策、法规、信息咨询，市场调查研究、可行性研究、项目策划、建筑规划设计建议、营销策划等。

在二三级市场上为购房者作投资置业指导。

2．二、三级市场房地产经纪业务

（1）房地产二级市场中的土地转让或租赁。

（2）经纪房地产开发项目的转让或合作。

（3）经纪房地产二级市场的楼花和现楼。

（4）经纪房地产三级市场的楼宇转让或租赁。

（5）经纪互换房屋。

（6）代办房地产转让、赠与等有关事务，如纳税、按揭、办证等。

上述业务经营范围，从法律关系和政府规定来看，有些服务项目是各省市地方管理规定允许的，有的暂时尚未规范，也没有受到限制，有的属于公开市场，有的属于隐形市场，有的已经超越出了经纪人的活动范围，如代理人、咨询、策划等从法律关系上来说，是直接服务而不是居间行为。但随着房地产业的发展，房地产经纪服务在逐渐向综合性服务方向发展。

三、房地产经纪机构的权利与义务

1．房地产经纪机构的权利

（1）享有工商行政管理部门核准的业务范围内的经营权利，依法开展各项经营活动，并按规定标准收取佣金。

（2）按照国家有关规定制定各项规章制度，并以此约束在本机构中执业经纪人员的执业行为。

（3）委托人隐瞒与委托业务有关的重要事项、提供不实信息或者要求提供违法服务的，房地产经纪机构有权中止经纪业务。

（4）由于委托人的原因，造成房地产经纪机构或房地产经纪人的经济损失的，有权向委托人提出赔偿要求。

（5）可向房地产管理部门提出实施专业培训的要求和建议。

（6）法律、法规和规章规定的其他权利。

2．房地产经纪机构义务

（1）依照法律、法规和政策开展经营活动。

（2）认真履行房地产经纪合同，督促房地产经纪人认真开展经纪业务。

（3）维护委托人的合法权益，按照约定为委托人保守商业秘密。

（4）严格按照规定标准收费。

(5) 接受房地产管理部门的监督和检查。
(6) 依法缴纳各项税金和行政管理费。
(7) 法律、法规和规章规定的其他义务。

四、房地产经纪机构的类型

房地产经纪机构可根据不同标准进行分类。

(一) 按企业性质分类

1. 房地产经纪公司

房地产经纪公司是指在中国境内设立的经营房地产经纪业务的有限责任公司和股份有限公司。有限责任公司和股份有限公司都是机构法人。在资金来源于国外的房地产经纪机构中，按其资金组成形式不同，还可把房地产经纪公司分为中外合资房地产经纪公司、中外合作房地产经纪公司和外商独资房地产经纪公司。

2. 合伙制房地产经纪机构

合伙制房地产经纪机构是指依照《中华人民共和国合伙机构法》和有关房地产经纪管理的部门规章在中国境内设立的由各合伙人订立合伙协议，共同出资、合伙经营、共享收益、共担风险，并对合伙机构债务承担无限连带责任的从事房地产经纪活动的营利性组织。合伙人可以用货币、实物、土地使用权、知识产权或者其他财产权利出资；对货币以外的出资需要评估作价的，可以由全体合伙人协商确定，也可以由全体合伙人委托法定评估机构进行评估。经全体合伙人协商一致，合伙人也可以用劳务出资，其评估办法由全体合伙人协商确定。合伙机构存续期间，合伙人的出资和所有以合伙机构名义取得的收益由全体合伙人共同管理和使用。合伙人原则上以个人财产对合伙机构承担无限连带责任，但如果合伙人是以家庭财产或夫妻共同财产出资并把合伙收益用于家庭或夫妻生活的，应以家庭财产或夫妻共同财产对合伙机构承担无限连带责任。

3. 个人独资房地产经纪机构

个人独资房地产经纪机构是指依照《中华人民共和国个人独资机构法》和有关房地产经纪管理的部门规章在中国境内设立，由一个自然人投资，财产为投资人个人所有，投资人以其个人财产对机构债务承担无限责任的从事房地产经纪活动的经营实体。

(二) 根据业务类型分类

1. 实业型房地产经纪机构

以租售代理、居间业务为重点的实业型房地产经纪机构。这类机构可根据主要业务类型的不同分为代理机构和居间机构。目前代理机构主要以新建商品房销售代理为主要业务，居间机构则以二手房租、售的居间业务为主。当然，也有一些房地产经纪机构趋向于代理与居间并重，其中最常见的是兼营商品房销售代理和二手房租售居间。

2．顾问型房地产经纪机构

以房地产营销策划、投资咨询业务为重点的顾问型房地产经纪机构。这类房地产经纪机构对房地产市场的研究和认识较为全面，主要为房地产开发商和大型房地产投资者提供营销策划、投资分析等咨询类服务，并承担大型的国际酒店、写字楼、商铺工业楼宇等相关房地产的代理销售业务。

3．管理型房地产经纪机构

这类机构的经纪业务主要局限于其上级开发商推出的各类楼盘的租售代理及物业管理，适当兼营其他开发商的物业代理业务。此类机构专注于物业管理服务，在楼宇规划、建设、销售、管理等方面往往积累了比较丰富的经验。

4．全面发展的综合性房地产经纪机构

此类机构涉足于房地产服务业的多个领域，如经纪、估价、咨询、培训等，是一种综合性的房地产服务机构。这类机构在英国和我国香港地区较多，目前我国内地也有少数大型房地产经纪机构正朝这个方向发展。

此外，根据规模大小可将房地产经纪机构分为小型房地产经纪机构和大、中型房地产经纪机构。小规模房地产经纪公司的管理工作相对较少，房地产经纪机构所有人，除处理必要的行政管理工作外，还要做很多的销售工作。在这样的机构里，只有很少的专职或者可能只有兼职的工作人员在做一些后勤服务工作。与小规模的房地产经纪公司相比，较大规模的房地产经纪公司设立了新的业务部门，一般有财务部、成交结算部、抵押贷款部等。他们为所有的销售员服务，使他们能专心致力于销售工作。成交结算部主要的工作是对经纪人签订的合同进行审核，对相关的金额进行核对、确认。抵押贷款部主要是负责为买房人提供抵押贷款方面的服务。不同规模的房地产经纪机构一般有不同的组织结构。

五、房地产经纪机构的经营模式

（一）房地产经纪机构经营模式的概念与类型

房地产经纪机构的经营模式是指房地产经纪机构承接及开展业务的渠道及其外在表现形式。

1．根据房地产经纪机构是否通过店铺来承接和开展房地产经纪业务分类

根据房地产经纪机构是否通过店铺来承接和开展房地产经纪业务可以将房地产经纪机构的经营模式分为无店铺模式和有店铺模式。

（1）无店铺模式。房地产经纪机构并不依靠店铺来承接业务，而是主要靠业务人员乃至机构的高层管理人员直接深入各种场所与潜在客户接触来承接业务。这类机构通常有两种：一种是以个人独资形式设立的房地产经纪机构，往往没有固定的办公场所，其所面向的客户大多是零星客户；另一种是面向机构客户和大宗房地产业主的房地产经纪机构，如专营新建商品房销售代理的房地产经纪机构。商品房销售代理机构的业务开展似乎表现为有店铺——售楼处，但售楼处实质上并不是房地产经纪机构的店铺，不过这类机构通常有固定的办公场所。

（2）有店铺模式。有店铺模式是指依靠店铺来承接业务，通常面向零散房地产业主及消费者。又可根据店铺数量的多少分为单店铺模式、多店铺模式和连锁店模式。单店铺即只有一个店铺，通常也是经纪机构唯一的办公场所，这是大多数小型房地产经纪机构所采取的形式。多店铺模式是指一个房地产经纪机构拥有几个店铺的模式，通常的情况是这些不同店铺分别由房地产经纪机构及其设立的分公司来经营，这些店铺也是它们各自的办公场所。这是一些小型房地产经纪机构有了初步发展以后常采取的经营模式。连锁店模式是一些大型房地产经纪机构所采用的经营模式，采取信息共享、连锁经营的方式。这一模式包括直营连锁经营模式和特许加盟经营模式两种。

（3）网上联盟经营模式。房地产经纪行业内还出现了一个新的经营模式——由一家房地产专业网站联合众多中小房地产经纪机构乃至大型房地产经纪机构而组成的网上联盟经营模式，联盟内的各成员机构均可通过一个专业的房地产网站来承接、开展业务。从目前情况来看，参与这种网上联盟的房地产经纪机构大多主要从事二手房买卖和房屋租赁的居间、代理，通常还同时保留其有形的店铺。

2．根据房地产经纪机构下属分支机构的数量及分支机构的商业组织形式分类

根据房地产经纪机构下属分支机构的数量及分支机构的商业组织形式可将房地产机构的经营模式分为单店模式、多店模式和连锁经营模式，其中连锁经营模式又可根据房地产经纪机构与分支机构的关系分为直营连锁经营模式和特许加盟连锁经营模式。

值得注意的是，单店模式和多店模式中的"店"并不是指"门店"，而是指作为经纪机构经营活动的具体组织单元，它可以是经纪机构下属的分支机构（以门店或非门店的形式），也可以是独立的房地产经纪公司。

直营连锁经营和特许经营在形式上都表现为统一的标志系统、统一的经营方式，但对于房地产经纪机构而言，这两种方式却是大不相同。

（1）在直营连锁经营方式下，整个经纪机构是在一个相对封闭的组织下进行运作，各连锁店的整体上的利益关系是一致的；各连锁店隶属于同一个所有者和管理者，对于各连锁店具有绝对的控制权，作为房地产经纪机构更容易管理，更容易贯彻自己的经营理念，但是，会对房地产经纪机构的人力、财力提出更高的要求，其扩张成本也会相对提高。

(2) 特许经营模式：大型房地产经纪机构试图通过特许经营来实现低成本、高速扩张，抢占更多的市场份额；服务质量和服务水准是特许经营取得成功的基础，要求每家加盟店都按统一的标准提供服务是具有一定的难度的。在房地产经纪机构中，信息是每一家加盟店的重要资源，因而对信息的控制对于整个特许经营体系就显得更为重要。

（二）房地产经纪机构经营模式的选择

房地产经纪机构选择经营模式时，主要考虑三个方面：是否有店铺、企业规模、规模化经营的方式。

房地产经纪机构是否开设店铺主要是根据机构所面向的客户的类型。一般而言，面向零散客户的经纪机构通常需要开设店铺，而面向机构类大型客户的经纪机构不一定要开设店铺。随着计算机信息技术的推广，即使面向零散客户的经纪机构也可以网上虚拟店铺代替有形店铺。

经纪机构对企业规模的选择，首先要遵循规模经济的一般原理，其次要根据经纪机构的自身特点，着重考虑经营规模与以下三方面因素的匹配程序：信息资源、人力资源、管理水平。

当经纪机构发展到一定规模时，就必须认真考虑其规模化经营的具体方式。无店铺的经纪机构规模化运作时，需要考虑机构内部部门的扩张和结构更新或设立分支机构。有店铺的经纪机构规模化运作的主要方式是进行连锁经营。规模化使经纪机构对资金的需求大幅增长，这就要求考虑资金的来源渠道。目前，大中城市中出现了一些超大型的规模化房地产经纪机构，它们进行规模化经营的方式虽然各有不同，但最主要的为直营连锁经营和特许加盟经营两种。

六、房地产经纪机构的组织形式

（一）房地产经纪机构的组织结构

1. 直线—职能制组织结构形式

该组织形式是在直线制基础上发展起来的。其特点是为各层次管理者配备职能机构或人员，充当同级管理者的参谋和助手，分担一部分管理工作，但这些职能机构或人员对下级管理者无指挥权。

2. 分部制组织结构形式

一些大型房地产经纪机构由于规模很大、业务繁多，不适合采用高层管理者高度集权的直线—职能制形式，而需要采用分部制或事业部形式。分部制组织结构形式就是按组织的职能为基础进行部门划分，即把具有相同职能的工作岗位放在同一个部门。职能部门化是一种传统而基本的组织形式。

3. 矩阵制组织结构形式

矩阵制是介于直线—职能制与分部制组织结构之间的一种过渡形态，它可吸收这两种形式的主要优点而克服其缺点，但是矩阵制的双重领导违反了统一指挥原则，又会引起一些矛盾，在实际运用中高层管理者要注意协调职能部门与横向机构间出现的矛盾和问题。

4. 网络制组织结构形式

网络制是一种最新的组织形式，公司总部只保留精干机构，而将原有的一些基本职能分包出去，由自己的附属企业和其他独立企业去完成。公司成为一种规模较小、但可发挥主要商业职能的核心机构——虚拟组织，依靠长期分包合同和电子信息系统同有关各方面建立紧密联系。

（二）房地产经纪机构部门设置

1. 业务部门

（1）公司总部的业务部门可根据需要进行不同的设置：

1）根据物业类别不同进行设置，如住宅部、办公楼部、商铺部等。
2）根据业务类型不同进行设置，如置换业务部、租赁部、销售部等。
3）根据业务区域范围进行设置，如东区业务部、西区业务部等。

（2）连锁店（办事处）。在连锁店（办事处）必须有一名以上取得房地产经纪人执业资格的房地产经纪人，否则不得从事房地产经纪活动。

2. 业务支持部门

（1）交易管理部。
（2）评估部。
（3）网络信息部。
（4）研展部。

3. 客户服务部门

七、房地产经纪机构主要岗位

1. 销售序列

（1）销售员岗位。
（2）案场销售经理岗位。
（3）连锁店经理岗位。
（4）销售副总经理岗位。

2. 研发序列

（1）项目开发岗位。
（2）市场调研岗位。
（3）信息管理岗位。
（4）专案研究岗位。
（5）市场研究岗位。

3. 管理序列

（1）部门经理岗位。
（2）副总经理岗位。
（3）总经理岗位。

4. 业务辅助序列

（1）办事员岗位。
（2）咨询顾问岗位。

课后思考与练习

（一）单项选择题

1. 以合伙企业形式设立的房地产经纪机构，应当有（　　）名及以上持有《中华人民共和国房地产经纪人执业资格证书》的专职人员和2名及以上持有《中华人民共和国房地产经纪人协理从业资格证书》的专职人员。

　　A. 1　　　　　　　　　　　　　B. 2
　　C. 3　　　　　　　　　　　　　D. 4

2. 依《中华人民共和国公司法》以个人独资企业形式设立房地产经纪机构的应当有取得执业资格证的经纪人和协理经纪人员各（　　）名。

　　A. 1　　　　B. 2　　　　C. 3　　　　D. 4

3. 商品房代理机构的售楼处是房地产经纪机构的（　　）。

　　A. 店铺　　　　　　　　　　　　B. 办公场所
　　C. 经营场所　　　　　　　　　　D. 注册地

4. 房地产经纪机构规模化发展中，有店铺的经纪机构规模化运作的主要方式是（　　）。

　　A. 多店铺经营　　　　　　　　　B. 连锁经营
　　C. 单店铺经营　　　　　　　　　D. 网上经营

5. 在房地产经纪机构的组织形式中，有一种形式的特点是：为各层次管理者配备职能机构或人员,充当同级管理者的助手,但对下级管理者无指挥权,这是指( )形式。

A. 网络制　　　　B. 分部制　　　　C. 直线—参谋制　　D. 矩阵制

6. 关于大型的房地产经纪机构适合采用( )。

A. 分部制组织结构形式　　　　B. 网络式组织结构形式
C. 矩阵式组织结构形式　　　　D. 直线—参谋制组织结构形式

(二) 多项选择题

1. 下列哪些行业属于房地产中介服务业?( )

A. 房地产价格评估　　　　B. 房地产投资开发业
C. 房地产经纪业　　　　　D. 物业管理业

2. 房地产经纪机构,是指符合执业条件,并依法设立,从事房地产经纪活动的( )。

A. 个人独资机构
B. 房地产管理部门的附属经纪机构
C. 房地产经纪公司
D. 境内外房地产经纪机构在境内设立的分支机构

3. 房地产经纪机构依法设立的分支机构,能够( ),但不具有法人资格。

A. 再设立分支机构　　　　B. 独立开展房地产经纪业务
C. 独立核算　　　　　　　D. 承担有限责任

4. 在房地产中介行业中,特许经营的应用相当广泛,其主要原因在于这种模式有利于企业的快速发展。对于特许人而言,可以( )。

A. 得到受许人的指导和帮助,降低风险
B. 集中精力提高企业管理水平
C. 得到一个价值很高的品牌的使用权
D. 降低经营费用

5. 房地产经纪机构的经营模式主要包括( )。

A. 无店铺经营　　　　B. 网络制连锁
C. 特许加盟连锁　　　D. 事业部式连锁

6. 房地产经纪机构的组织结构形式包括( )。

A. 直线职能制　　　　B. 分部制
C. 领导—员工制　　　D. 直营连锁制

(三) 简答题

1. 房地产经纪机构有哪些权利和义务?
2. 房地产经纪机构有哪些经营模式?

项目任务书

1. 在互联网上查找五家国内知名房地产经纪机构，并将他们的经营模式和业务范围进行比较。

2. 实地调查一家房地产经纪公司，了解其组织机构类型、经营模式、业务范围及岗位设置。

3. 杭州市的小明在一家房产中介做了两年经纪人，积累了一些经验，想自己创业成立一家房地产经纪机构，他已获得了房地产经纪人资格证书，手上有资金 10 万元，请你帮小明设计拟成立什么类型的房地产经纪机构，采用什么样的经营模式比较合适。

模块三 房地产经纪人认知

1. 了解房地产经纪人职业资格。
2. 明确房地产经纪人的权利和义务。
3. 掌握房地产经纪人职业技能。

案例导入

据调查，在美国的二手房交易中，约 82% 的买方利用了经纪人提供的服务，85% 的卖方通过经纪人帮助他们实现销售，只有 15% 的卖方没有雇用经纪人。实际上，即使没有雇用经纪人，也有人在扮演着类似于经纪人的角色。经纪人成为美国人居家理财不可缺少的好帮手。如果委托人希望出售其房产，他的单方经纪人就会凭借丰富的房地产专业知识、从业经验和市场信息，详细地为委托人进行规划，欲出售的房产价值多少；有多少的投资回报；怎样操作最划算；需要交哪些费用；有什么具体手续；如果委托人下一步需要购置新房，应该选哪儿的房子；多大的户型适合；什么房屋适合委托人需要；怎样从大量的供应中选中最理想的房屋；选中的房屋合理价位是多少；需要考虑哪些实际问题；要交多少钱；怎样办理等。所有这些繁琐又专业的环节都由经纪人全权负责落实，委托人可以节省大量的时间和精力，并且避免了相当大的房产投资风险。从某种角度上来看，经纪人的定位实际上是类似于私人律师性质的房地产私人顾问，担负着真正的代理责任。经纪人由于其高水平的执业能力和专业水准，赢得了广泛的社会尊重与信赖。

根据材料思考：房地产经纪人应具备哪些知识和技能？

中国房地产业高速发展，已成为国家的支柱产业和国民经济新的增长点。随着我国房地产业的不断发展和从业人员的不断壮大，房地产经纪人作为房地产业中一个相对独立的专业化服务体系应运而生。

一、房地产经纪人的职业资格

根据可从事的房地产经纪业务范围的不同，房地产经纪人职业资格分为房地产经纪人执业资格和房地产经纪人协理从业资格两种。

房地产经纪人是指依法取得《中华人民共和国房地产经纪人执业资格证书》，并经申请执业，由有关管理部门注册登记后取得《房地产经纪人注册证书》，在房地产经纪机构中能以房地产经纪机构的名义独立执行房地产经纪业务，或可以自行开业设立房地产经纪机构或经从业的房地产经纪机构的授权，独立开展经纪业务，并承担责任的自然人。房地产经纪人执业资格可在全国范围内注册执业。

房地产经纪人协理是指依法取得《中华人民共和国房地产经纪人协理从业资格证书》，在房地产经纪机构中协助房地产经纪人从事非独立性房地产经纪工作的自然人。房地产经纪人协理只能在注册的地区内从业。

取得房地产经纪人执业资格是进入房地产经纪活动关键岗位和发起设立房地产经纪机构的必要条件。取得房地产经纪人协理从业资格，是从事房地产经纪活动的基础条件。

1. 申请参加房地产经纪人执业资格考试条件

（1）取得大学专科学历，工作满6年，其中从事房地产经纪业务工作满3年。

（2）取得大学本科学历，工作满4年，其中从事房地产经纪业务工作满2年。

（3）取得双学士学位或研究生毕业，工作满3年，其中从事房地产经纪业务工作满1年。

（4）取得硕士学位，工作满2年，从事房地产经纪业务工作满1年。

（5）取得博士学位，从事房地产经纪业务工作满1年。

2. 房地产经纪人协理从业资格考试报考条件

凡中华人民共和国公民，遵守国家法律、法规，具有高中以上学历，愿意从事房地产经纪活动的人员，均可申请参加房地产经纪人协理从业资格考试。

二、房地产经纪人的权利和义务

（一）房地产经纪人的权利

1．经营权利

房地产经纪人取得房地产经纪人资格证和执业证书后，受聘于某房地产经纪机构，或该机构领取营业执照后，从事房地产经纪活动，均属合法行为，应当受到国家法律保护。

2．知情权

房地产经纪人有权要求委托人提供与委托事务相关的资料及真实情况。

3．请求和获得报酬权利

房地产经纪人所提供的服务是有偿服务，当经纪人促成房地产买卖，双方达成了交易，或为顾客提供了咨询服务等，便有权要求支付合理的佣金，作为提供劳务的报酬。经纪人在完成受托的任务后，如果委托人拒不支付，受托人还有起诉权和胜诉权。

4．请求支付成本费用权利

房地产经纪人在开展经纪活动的时候，不可避免地要支出一些费用，如为寻找买主而支付的通信费、交通费、广告费，带客户看房时所支付的展示费等。经纪人在完成受托的任务后，有权要求支付这一类在经纪成本范围内的有关费用。甚至，即使经纪人未完成受托的任务，但确定支付了经纪成本费用，也可请求支付。处理委托事务的费用一般应事先取得，有时也可依照专门约定的时间取得，在签订经纪合同时，最好能在合同的有关条款中说明。

5．要求权

房地产经纪人有权要求委托人及时接受事务处理结果并承担责任。经纪人处理委托事务的行为，是受委托人的委托，为了委托人的利益而进行的，委托人对事务的处理结果要负责，不能无故拒绝委托事务处理结果，也不得故意拖延。

（二）房地产经纪人的义务

1．合法经营的义务

房地产经纪人在开展经纪业务时，必须遵守国家的有关法规、法令，严禁违法经营。如不得超越经营范围，不得为国家法律禁止流通的房地产进行中介，不得收取佣金以外的额外报酬或好处费等。

2. 办理委托事务的义务

委托人和受托人订立委托合同的目的，在于通过房地产经纪人办理委托事务来实现委托人所追求的结果，因此，办理委托事务便成为房地产经纪人在委托合同中承担的首要义务。《合同法》第399条规定："受托人应当按照委托人的指示处理委托事务。需要变更委托人指示的，应当经委托人同意；因情况紧急，难以和委托人取得联系的，受托人应当妥善处理委托事务，但事后应当将该情况及时报告委托人。"经纪人在履行这一义务时，应注意以下几点：

（1）房地产经纪人应当按照委托人的指示和要求忠实地在委托权限范围内办理委托事务，不得违背、曲解和擅自变更委托人的指示和要求，不得超越委托人委托的权限范围。要认真维护委托人的合法权益，想方设法尽力去完成委托事务。

（2）房地产经纪人应当根据委托人的指示亲自办理委托事务，以确保委托合同的人身属性。委托合同的订立和履行是以当事人双方之间的相互信任为基础的，因此，房地产经纪人不得擅自将自己受托的事务转托他人处理。

（3）房地产经纪人应当遵循诚实信用的原则，认真办理委托事务。

3. 报告义务

《合同法》第425条规定："居间人应当就有关订立合同的事项向委托人如实报告。居间人故意隐瞒与订立合同有关的重要事实或提供虚假情况，损害委托人利益的，不得要求支付报酬并应当承担损害赔偿责任。"为了维护委托人的合法权益，房地产经纪人在办理委托事务的过程中，根据委托人的请求或认为必要之时，应当及时向委托人报告委托事务处理的进展情况、存在的问题和可能的结果，并征求委托人的合理建议和指示。如果委托合同约定了报告时间，经纪人应当按时进行报告。经纪人在办理委托事务完毕时，应当向委托人全面报告委托事务的办理经过和结果。

4. 诚实介绍情况的义务

房地产经纪人在进行经纪业务的活动时，有必要将当事人应当知道的事实如实告知当事人，如对于房地产的置业者，就必须如实详尽地将有关房屋的质量、年代、位置、真实价格、城市规划的情况、权属情况等问题加以介绍。严禁房地产经纪人利用刊登虚假广告、隐瞒或夸大事实、弄虚作假等手段来欺骗消费者，损害当事人的利益。

5. 忠于职守公平中介的义务

房地产经纪人从事居间介绍活动时，应忠实地履行自己的义务，本着诚实信用的原则，按照委托人的要求，进行居间活动。对于双方当事人，必须保持其公平的地位，不得从各方面施加影响，诱导委托人或第三人在违背真实意思的情况下签订合同，不得为了自身利益或与第三人串通起来，损害另一方的利益。否则应负赔偿责任。

6. 交付义务

受托人应当按照委托合同的约定，将办理委托事务所产生的结果交付给委托人。

7. 保密义务

房地产经纪人因与委托人签订合同，接受委托事务，涉及委托人商业秘密的，或者委托人要求保密的，经纪人应负保守秘密的义务。

8. 接受管理监督与纳税的义务

房地产经纪人应服从当地房地产经纪主管部门的管理，接受财政及税务部门的监督，依法向国家缴纳规定的税费。

三、房地产经纪人的职业素养

（一）知识素养

1. 基础知识方面

随着知识经济时代的到来，一个房地产经纪人要做好自己的工作，对知识方面的要求越来越高。要认真学习和掌握基本法律知识，如民法、合同法、商标法、广告法、税法、反不正当竞争法、保护消费者权益法、经纪人管理办法，以及城市房地产管理法等与房地产经纪有关的法规。

随着计算机的普及，网络经济的出现，一个优秀的房地产经纪人必须掌握计算机知识等现代科学技术，如数据库技术、办公软件应用、网络技术等。

2. 专业知识方面

由于不同类型房地产商品有着各自的特定使用对象和流通渠道。因此房地产经纪人必须掌握一定的房地产专业知识，主要包括：房地产经纪、城市规划和环境、建筑工程、房地产金融与投资、房地产市场营销、物业管理、房地产测量、会计、统计等方面的知识。

3. 其他辅助知识

在房地产经纪活动中，除了要懂得如何评估房地产的价格、质量、折旧、维修，以及税收、抵押、信贷、保险、未来的升降值趋势等必需的专业知识和技能，还应当对地理知识、民俗风情、社区文化、家庭结构、人口变化和邻里关系等社会学、民俗学的知识有较多的了解。这些知识主要包括：社会学、心理学、历史学、人际关系学、传播学、广告学、演讲学等方面的知识。这些知识不会直接表现为具体的业务技能，但它可以使专业知识的运用得心应手、恰到好处，使经纪活动更具吸引力和艺术性。

此外，房地产经纪人还必须有较高的文化修养，应尽可能多的阅读和欣赏文学、艺术作品，提高自己的艺术品位和鉴赏力。

（二）能力素养

房地产经纪人应当具备的基本技能，包括基本能力与业务技能两个方面。

1．基本能力

（1）拓展能力。房地产经纪的工作重心是要得到市场，房地产经纪人必须具备一定的市场拓展能力才能生存和发展。

（2）语言表达能力。房地产经纪人要与各种各样的客户打交道，面对不同的客户，要善于运用恰当的表达方式与客户交往，并有效地说服客户，才能赢得客户的认可，最终促成交易。

（3）判断能力。准确的判断能够帮助房地产经纪人有效处理各种信息，抓住市场机遇，洞悉客户心态，以便采取相应措施，提高成功率。

（4）协调能力。房地产经纪人应当具备一定的组织协调能力，处理好买卖双方和经纪人与客户的关系，解决好交易过程中出现的各种问题。

（5）经营能力。房地产经纪人的服务是以盈利为目的的，不懂经营之道和缺乏经营能力的经纪人很难生存和发展。

（6）创造能力。房地产市场的发展需要不断创新，房地产经纪人走在市场的第一线，缺乏创造能力的经纪人，是很容易被市场淘汰的。

2．业务技能

房地产经纪人业务技能，是指具体工作的操作中必须掌握的规定、程序、手续、情况与技巧等。

（1）熟悉楼盘所在区域的规划与建设发展变化及前景。

（2）熟悉从业区域各个片区地理位置、环境、市政配套、生活配套、住宅小区配套等基本情况。

（3）熟悉从业地区的市场管理规定及市场运作状况。

（4）熟悉从业地区房地产市场信息、楼市动态、价格行情等相关情况。

（5）熟悉从业地区的有关购房手续，银行按揭、保险、税费、物业管理等方面的内容、操作程序及相关费用等。

（6）了解从业地区的房地产消费水平、消费结构、消费观念、消费心态的现状与趋势。

（7）熟悉经纪或代理的楼盘产品详细情况，包括位置、环境交通、建筑物情况、配套设施设备、特点、价格；了解产权状况、业主或发展商的信誉，有无法律纠纷、经济纠纷或其他问题；了解产品设计、生产、流通等各个环节的相关单位情况；熟悉竞争产品和对手；了解从业地区的房地产广告设计、媒体及其预算等情况。

（8）熟练掌握房地产销售接待、洽谈、成交的各种操作技巧。

（三）道德素养

在中介行业中，良好的职业道德是经纪人的无形资产，房地产经纪人应具有良好的职业道德，这是各国经纪行业中对房地产经纪人共同的最重要的要求。主要包括：

1. 诚实信用

具体表现在给客户的信息要真实，不欺诈误导客户，公平中介。

2. 有事业心

要热爱本职工作，敬业乐业，不断提高个人素质与理论水平，完善自己的知识结构，对业务精益求精是职业道德的基本要求，否则谈职业道德只是一句空话。

3. 有责任感

房地产经纪人忠于自己的客户，认真负责，为客户办好委托的业务，完全认真地履行合同，善始善终。

4. 加强自律

作为房地产经纪人要加强自律，自觉遵纪守法，遵守行规及公司管理规定，维护职业形象，不损害客户利益，同行不相互倾轧。

5. 为当事人保守秘密

房地产经纪人有为当事人保守商业秘密的义务。

四、房地产经纪人与房地产经纪机构之间的关系

（一）房地产经纪人与房地产经纪机构之间的执业关系

房地产经纪人从事经纪活动必须以房地产经纪机构的名义进行；房地产经纪人承办房地产经纪业务由房地产经纪机构统一承接，由房地产经纪机构与委托人签订经纪合同，再由房地产经纪机构指定具体的房地产经纪人承办房地产经纪业务；房地产经纪机构必须是由房地产经纪人组成的。没有房地产经纪人的加入，房地产经纪机构也是无法成立的。

（二）房地产经纪机构与房地产经纪人之间的法律责任关系

房地产经纪人在执业活动中由于故意或过失给委托人造成损失的，由房地产经纪机构统一承担责任，房地产经纪机构向委托人进行赔偿后，可以对承办该业务的房地产经纪人进行追偿；由于委托人的故意行为或过失给房地产经纪机构或房地产经纪

人造成损失的,应由房地产经纪机构向委托人提出赔偿请求,委托人向房地产经纪机构进行赔偿后,再由房地产经纪机构向房地产经纪人的损失进行补偿。由经纪机构统一承接经纪业务并承担法律责任有利于保护委托人、房地产经纪人和房地产经纪机构三方的合法权益,也有利于促使经纪机构加强对其下执业经纪人员的监督和管理。

（三）房地产经纪机构与房地产经纪人之间的经济关系

由房地产经纪机构统一向委托人收取佣金,并由房地产经纪机构出具发票。经纪机构收取佣金后应按约定给予具体承接经纪业务的经纪人报酬。

课后思考与练习

（一）单项选择题

1. 下列说法中,正确的是（　　）。
   A. 房地产经纪人执业资格考试合格人员取得《中华人民共和国房地产经纪人执业资格证书》后即可从事房地产经纪业务
   B. 房地产经纪人协理从业资格实行全国统一大纲、统一命题、统一组织的考试制度
   C. 房地产经纪人协理可以在全国范围内注册执业
   D. 房地产经纪人协理须在房地产经纪人的指导下执行各种经纪业务

2. 下面关于房地产经纪人协理的表述中,正确的是（　　）。
   A. 独立从事房地产经纪工作的自然人
   B. 可以在全国范围内从业
   C. 从事非独立性经纪工作,需要房地产经纪人的组织和指导
   D. 具有初中以上学历的人士,可以申请参加房地产经纪人协理从业资格考试

3. 下列关于房地产经纪人的表述中,不正确的是（　　）。
   A. 可以房地产经纪机构的名义独立执行房地产经纪业务
   B. 经所在机构授权可以订立房地产经纪合同
   C. 《房地产经纪人执业资格证书》在全国范围有效
   D. 只能在报名所在地注册执业

4. 房地产经纪人不得在（　　）家及其以上的房地产经纪机构从事房地产经纪活动。
   A. 2　　　　　　B. 3　　　　　　C. 4　　　　　　D. 5

5. 房地产经纪人必须拥有完善的知识结构,这一知识结构的核心是（　　）。
   A. 房地产相关专业基础知识　　　　B. 计算机知识
   C. 房地产经纪专业知识　　　　　　D. 文化修养

6. 下列关于房地产经纪人应当履行的义务的说法中,错误的是（   ）。
   A. 为委托人保守商业秘密
   B. 接受职业继续教育,不断提高业务水平
   C. 执行房地产经纪业务并获得合理佣金
   D. 向委托人披露相关信息

（二）多项选择题

1. 房地产经纪人职业技能的培养,主要注重以下（   ）等几个方面。
   A. 反复练习,不断实践   B. 认真学习有关操作方法
   C. 形成日常习惯   D. 灵活运用各种信息收集方法

2. 下列关于房地产经纪人的说法中错误的有（   ）。
   A. 房地产经纪人可以在全国范围内注册执业
   B. 从事房地产经纪活动的基本条件是取得房地产经纪人协理从业资格
   C. 未取得房地产经纪人职业资格证书的人员,一律不得执业
   D. 房地产经纪人应当在房地产经纪机构中承担关键岗位

3. 房地产经纪人是指（   ）。
   A. 取得《房地产经纪人注册证》
   B. 取得《中华人民共和国房地产经纪人执业资格证书》
   C. 大学本科以上学历
   D. 自行开业设立房地产经纪机构或经从业的房地产经纪机构授权独立开展经纪业务,并承担责任的自然人

4. 房地产经纪人协理是指（   ）。
   A. 协助房地产经纪人从事非独立经纪工作的自然人
   B. 取得《房地产经纪人协理注册证》
   C. 协助房地产经纪人从事独立经纪工作的自然人
   D. 取得《中华人民共和国房地产经纪人协理从业资格证书》

5. 房地产经纪人享有的权利有（   ）。
   A. 要求委托人提供与交易有关的资料
   B. 从事房地产经纪业务并获得合理佣金
   C. 依法发起设立房地产经纪机构
   D. 自主订立房地产经纪合同

（三）简答题

1. 房地产经纪人有哪些权利和义务?
2. 房地产经纪人应具备哪些职业素养?

项目一　房地产经纪认知

 项目任务书

1. 案例分析

一个月前，门店经纪人小赵接到一对小夫妻客户，二人请小赵帮忙选房，因为小赵与客户都是处于奋斗时期的年轻人，双方的沟通非常融洽，小赵真诚地为客户服务。看房后，客户二人看中了1套大一居。小赵与这对客户的关系日渐密切，无意中使这对客户得到了更多的交易信息，于是客户不断地讨价还价。直至有一天，这对夫妻独自找到业主家里，与业主讨价。业主是个爽快人，本来房子价格可以再有一定的浮动空间，但是客户的长期犹豫不决、直接到访加之一些对房子的否定言论激怒了业主，业主决定此房绝对不再卖给这二人。于是交易搁浅了，小赵的这次服务失败了。

请分析，小赵把自己最真诚的服务奉献给客户，但是收到效果如此之差，这是为什么呢？房地产经纪人在从事经纪业务中，应注意哪些问题和细节？

2. 案例分析

客户马某通过某房地产经纪公司出售一套二手房。与经纪公司签订了委托代理合同，出售总价为37万元，并做出公证委托书。后该经纪公司将此房以39万元出售。马某得知后，以该公司违规赚取差价为由，投诉该经纪公司。经调查，该公司在两万元的差价中包括交易中各种税费、供暖费、电视费等各项费用9290元，剩余10710元为服务费用。但其中部分费用无交费票据。

请分析，此案例给房地产经纪人什么样的启示？

项目二 房地产经纪信息收集与利用

项目概要

房地产经纪信息反映房地产经纪活动并为房地产经纪活动提供服务,是房地产经纪人的重要资源,是开展房地产经纪活动的前提。它通常包括房地产市场信息、房源信息和客源信息三个方面,本项目学习房地产经纪信息的内容、开拓与利用,为后面具体业务的开展打好基础。

模块一　房地产市场信息收集与利用

学习目标

1. 熟悉房地产市场信息的主要内容。
2. 掌握房地产市场信息收集的渠道。
3. 能对房地产市场信息进行整理与利用。

案例导入

上海市人民政府印发《上海市开展对部分个人住房征收房产税试点的暂行办法》，办法规定从2011年1月28日起对上海居民家庭新购第二套及以上住房和非上海居民家庭的新购住房征收房产税，税率因房价高低分别暂定为0.6%和0.4%。

办法明确对上海居民家庭给予人均60平方米的免税住房面积（住房建筑面积）扣除。即：对居民家庭新购且属于第二套及以上住房的，合并计算的家庭全部住房面积人均不超过60平方米（含60平方米）的，其新购的住房暂免征收房产税；人均超过60平方米的，对属于新购住房超出部分的面积，按规定计算征收房产税。

同时，实行差别化比例税率，即一般适用税率暂定为0.6%，但对应税住房每平方米市场交易价格低于上年度新建商品住房平均销售价格2倍（含2倍）的，税率可暂减为0.4%。"上年度新建商品住房平均销售价格"由统计部门每年公布。

重庆市政府2011年1月27日召开新闻发布会宣布，重庆作为个人住房房产税改革试点，从2011年1月28日开始向个人房产征收房产税。重庆主城九区内存量、增量独栋别墅，新购高档商品房，外地炒房客在重庆购第二套房，将被征收房产税，其税率为0.5%～1.2%。

重庆市房产税改革试点采取分步实施，首批纳入征收对象的住房包括：个人拥有的独栋商品住宅；个人新购的高档住房，高档住房是指建筑面积交易单价达到上两年主城九区新建商品住房成交建筑面积均价2倍（含2倍）以上的住房；在重庆市同时无户籍、无企业、无工作的个人新购的第二套（含第二套）以上的普通住房。未列入征税范围的个人高档住房、多套普通住房，将适时纳入征税范围。

重庆市个人住房房产税税率征收标准为：独栋商品住宅和高档住房建筑面积交易单价在上两年主城九区新建商品住房成交建筑面积均价3倍以下的住房，税率为

0.5%；3倍（含3倍）至4倍的，税率为1%；4倍（含4倍）以上的税率为1.2%；在重庆市同时无户籍、无企业、无工作的个人新购第二套（含第二套）以上的普通住房，税率为0.5%。

（资料来源：新浪网）

1. 房产税出台的背景是什么？
2. 比较重庆和上海房产税有什么不同点？
3. 征收房产税对房地产业有什么影响？

房地产市场是一个信息不充分的市场，房地产交易双方通常并不知道交易对方的存在，也不可能完全掌握房地产市场上所有的供求信息，或是虽然能够获得有用信息，但需支付较高费用。因此，房地产经纪人就要收集大量房地产信息，来促进房地产经纪业的发展。一个优秀的房地产经纪人就是要通过自己所掌握的大量经纪信息将闲置资源加以利用，来降低市场效率低下等不利情况。

一、房地产经纪信息概况认知

（一）房地产经纪信息的作用

房地产经纪信息是房地产经纪人的重要资源，是开展房地产经纪活动的前提。具体而言，它有以下三方面的作用。

1. 实现房地产经纪活动的基本功能

房地产交易的成功与否就在于是不是能够找到匹配的交易双方。客户由于受到自身情况的限制，缺乏充分的信息，所以常常不能找到合适的交易对象。房地产经纪人由于掌握了大量的房地产信息并具备针对问题快速有效搜集信息的技能，因而能尽快找到匹配的交易双方，使交易尽早完成，从而实现房地产经纪的基本功能。

2. 有利于提升房地产经纪服务的附加值

房地产经纪人拥有的许多房地产经纪信息能够使房地产经纪人更好地为客户服务，提高房地产经纪服务的附加值。在房地产经纪活动中，向房地产开发企业传递有价值的信息，就能让开发企业及时了解市场状况，减少盲目开发，提高房地产的有效供给，增加企业的经营效益；向消费者提供有用的信息，能使消费者在交易过程中减少人力、物力、财力的付出；通过向交易双方提供信息，可在一定程度上避免因信息不对称而使交易中一方处于优势而另一方处于劣势，减少交易纠纷，规范房地产市场。

3. 有利于活跃和规范房地产经纪行业

房地产经纪信息还有利于房地产经纪人和房地产经纪机构充分了解和把握同行业的发展现状和趋势，及时有效地修正自身的业务运作方式，提高业务运作水平，从而活跃和规范整个房地产经纪行业。

（二）房地产经纪信息的特征

1．数量多

房地产是人们生产、生活的基础，随着住房制度改革的不断深入，房地产越来越受到人们的关注。由于房地产具有独特性、地域性、功能的多样性等特点，加上大量媒体广告所传播的房地产经纪信息，使房地产经纪信息数量不断增多，它涉及房地产宏观政策、法律、法规信息，房地产行业信息，经济环境信息，社会环境信息，城市规划信息，消费者行为信息等。

2．时效性强

房地产经纪信息在房地产经纪活动中是动态的、不断变化的，国家政策的变化，新法规、新条例的出台，房屋的再交易，委托人心理的变化等，都要求房地产经纪人要及时处理数据，及时更新信息，才能做好代理、居间等服务。

3．多维性

房地产经纪信息对使用者来说是因人而异的，不同的环境、不同的目的、不同的时段，需要不同的信息，即一条房地产经纪信息在具有不同的价值观或不同的认识层次的人那里会有不同的价值含义。房地产市场的发展和人们需求的变化，对同一房地产经纪信息有不同的认识，当经纪信息的属性和内容与人们的需求相联系时，其使用价值就能发挥出来。因此，不同层次的信息需求必须分类提供相应的信息。

4．积累性

房地产经纪信息的价值并不是一次性的，它常常可以重复使用，而且随着信息的累积，将会有新的价值产生。在房地产经纪活动中，房地产经纪人必须注意这一点，在信息使用后，也要加以保存，不能以为使用过就丢弃一旁。通过对积累信息的分析还能加深对市场的了解。

二、房地产市场信息的内容

（一）房地产市场宏观环境信息

1．政治法律环境信息

政治法律环境信息包括政府有关房地产开发经营的方针政策。如用地政策、土地定级及房地产价格政策、开发政策、房地产税收政策、房地产金融政策、人口政策。各级政府发展规划、土地使用规划、城市规划；政府有关法律法规，如环境保护法、土地管理法、城市房地产管理法、广告法；政局的变化；国际和国内政治形势变化、政府的重大人事变动等。

2. 经济环境信息

包括国家、地区或城市的经济特点，经济发展规模、趋势、速度和效益；国民经济产业结构和主导产业；项目所在地区的对外开放程度和国际经济合作的情况，对外贸易和外商投资的发展状况；项目所在地区的经济结构、人口及其就业状况、就学条件、基础设施情况、地区内的重点开发区域、竞争情况；居民收入水平、消费构成和消费水平；利率水平、获取贷款的可能性、物价水平及通货膨胀；与特定房地产开发类型和开发地点相关的因素等。

3. 社会文化环境信息

包括城镇居民职业结构、接受教育的程度、文化素养；家庭人口数及组成；居民家庭生活习惯、审美观念及消费价值取向；消费者民族与宗教信仰、社会习俗等。

（二）本地社区环境信息

社区环境包括社区繁荣程度、购物条件、文化氛围、居民素质、交通和教育的便利性、安全保障程度、卫生状况、水源质量及人文景观等方面。

（三）房地产市场需求信息

1. 房地产消费者数量信息

房地产消费者数量信息包括房地产消费者对某类房地产的需求总量、房地产市场需求发展趋势；当前与潜在消费者数量及结构，如地区、年龄、民族特征、性别、文化背景、职业、宗教信仰；消费者的经济来源和收入水平；消费者的实际支付能力；消费者对房地产质量、价格、服务等方面的需求和意见等。

2. 房地产消费者动机信息

房地产消费者动机信息主要包括消费者的购买愿望、影响消费者购买动机的因素和消费者购买动机的类型等。

3. 房地产消费者行为信息

房地产消费者行为信息主要有消费者购买房地产商品的数量和种类；消费者对房屋设计、价格、质量及位置的要求；消费者对本企业房地产商品的信赖程度；房地产商品购买行为的主要决策者和影响者情况等。

（四）房地产市场供给信息

房地产市场供给信息主要包括以下内容：整个地区房地产市场现有的供给总量、供给结构、供给变化趋势、市场占有率；房地产市场的销售状况与销售潜力；房地产市场产品的市场生命周期；房地产产品供给的充足程度、房地产企业的种类和数量、是否存在着市场空隙；同类房地产企业的生产经营成本、价格、利润的比较；整个房地产产品价格水平的现状和趋势，客户能接受的价格；新产品定价及价格变动幅度；现有房地产租售客户和业主对房地产的环境、功能、格局、售后服务的意见，以及对房地产产品的接受程度；新技术、新产品、新工艺、新材料的出现及其在房地产业的应用情况；建筑设计及施工企业的有关情况。

（五）房地产价格信息

房地产价格信息主要包括影响房地产价格变化的因素，尤其是国家价格政策对房地产企业定价的影响；房地产市场供求情况的变化趋势；房地产商品价格需求弹性和供给弹性的大小；不同的价格策略和定价方法对房地产销售的影响；国际、国内相关房地产市场的价格；所在城市及街区房地产市场价格等。

（六）房地产营销信息

房地产营销信息包括房地产营销渠道的选择、控制与调整；房地产市场营销方式的采用情况及其发展趋势；销售代理商的数量、素质及其租售代理的情况；房地产租售客户对租赁代理商的评价等。

（七）房地产市场竞争情况

房地产市场竞争情况包括与本公司竞争企业的数量、规模、实力状况；竞争企业的管理能力、技术装备水平和社会信誉；竞争企业所采用的市场营销战略、策略及新产品的开发情况；对房地产企业未来市场竞争情况的分析、预测。

三、收集房地产市场信息的渠道

1. 通过公开传播媒介获取房地产经纪信息

通过公开传播媒介是获取房地产经纪信息最重要的渠道。报纸、电视、广播已深入千家万户，这些公开媒介已通过各种方式向房地产经纪人传播了大量的信息，有的是报道或解读与房地产相关的政治、经济、法律等方面的宏观信息，有的是介绍某一楼盘项目，有的是本周、本月或本年的房地产供给、成交等相关信息，而有些就是房源的信息。这些公开传播的信息都是房地产经纪人应高度关注并应积极收集的。

2. 从有关单位内部获取房地产经纪信息

如果想获取某一特定项目的信息，就可以通过直接调查或信函形式联系房地产企业收集相关资料。还可通过房地产经纪企业之间相互交流共享信息。

3. 现场收集房地产经纪信息

房地产经纪人还应到售楼处收集售楼书、房地产企业内部刊物等资料；实地考察与房源调查，可以排除一些不准确的信息。

4. 利用网络获取房地产经纪信息

随着网络的普及，通过网上获取房源的信息成为年轻人的首选。目前从国家到地方，再到企业都有房地产官方网站，利用这些网站可搜集大量信息。同时还可以利用搜索引擎、邮件列表服务、电子公告板 BBS 等收集房地产经纪信息。

5. 通过政府部门收集房地产经纪信息

查阅政府有关部门的房地产交易登记等资料，如房地产产权转让时成交价格的资料、交易登记资料、近期政府出让土地使用权的资料，政府确定公布的基准地价、标定地价和房屋重置价格资料等。

四、房地产市场信息的整理和利用

通过各种渠道获取的房地产经纪信息，其本身的内容、形式各种各样，这给查询、储存、利用带来了很大的难度，所以需要进行房地产经纪信息的加工整理。加工整理的程序通常包括登记、核验、筛选、分类、整理、利用这几步。

1. 信息的登记

对收集到的房地产经纪信息进行初次登记，初选有用的经纪信息，再对初选的有用信息进行第二次登记。

2. 信息核验

信息真真假假，必须通过核验进行判断。核验的主要内容有检查收集资料的方法是否正确，核验各资料项目之间的关系是否清楚，核验收集到的数据是否充分，各数据是否衔接，核验这些资料是否符合市场基本情况等。

3. 信息筛选

不是所有房地产信息都是有用的，这就要对原始信息进行取舍判断，淘汰虚假信息及部分价值不大的信息，确定保留有用的信息，确定哪些信息可以直接采用，哪些信息需要进一步加工整理。

4. 信息分类

将房地产经纪信息按一定标准进行分类，如宏观层面的、行业层面的、企业层面的信息；住宅方面的信息、写字楼方面的信息、商铺方面的信息；对本公司有利方面的信息，不利方面的信息等。将收集到的房地产信息与所需要的房地产中介信息进行比较，判断收集到的信息的质与量是否符合要求，如果收集的资料不符合实际，则应该进行补充收集和进一步的分类整理。

项目二 房地产经纪信息收集与利用

5. 信息整理

将前面经过处理的信息进行整理,用文字、图片、表格形式系统规范地表现出来。

6. 利用信息

利用房地产经纪经营环境信息来指导房地产经纪的业务活动,几乎贯穿于房地产经纪业务活动的全过程。如通过对市场和竞争对手的分析,能够及时把握市场方向、竞争对手目前的状况,便于很好地开展房地产经纪活动。在新楼盘销售过程中,通常要通过对市场、客户及交易楼盘等信息的分析,才能合理制订市场推广计划、销控计划,并进行广告设计、价格调整等一系列步骤。

最后将宏观信息及对宏观信息的解读发布到公司的网站上,也可在地方报纸上进行发布,以扩大公司的影响。将房源信息发布到网站、报纸、店铺上,供客户选择。

（一）单项选择题

1. 房地产经纪业是以（　　）为主要资源的服务业。
   A. 人力　　　　B. 财力　　　　C. 信息　　　　D. 关系
2. 房地产经纪信息是房地产经纪业务运作中的（　　）,也是房地产经纪机构的无形财富。
   A. 一般资源　　B. 重要资源　　C. 有用信息　　D. 一般信息
3. 一条房地产经纪信息在具有不同的价值观或不同的认识层次的人眼中,会有不同的价值含义,这是指房地产经纪信息的（　　）特征。
   A. 多维性　　　B. 积累性　　　C. 时效性　　　D. 增值性
4. 房地产经纪信息常常可以重复使用,而且随着信息的累积,将会有新的价值产生,这是指房地产经纪信息的（　　）特征。
   A. 多维性　　　B. 积累性　　　C. 时效性　　　D. 增值性
5. 房地产经纪信息收集的重要途径为（　　）。
   A. 现场收集　　　　　　　　　B. 网络收集
   C. 公开传播信息的收集　　　　D. 有关单位内部收集
6. 对房地产经纪信息的准确性、真实性、可信性进行分析,判断误差的大小和时效的高低,是房地产经纪信息加工整理过程中（　　）环节的主要内容。
   A. 鉴别　　　　B. 筛选　　　　C. 整理　　　　D. 利用
7. 在房地产经纪信息发布的过程中,发布时首先应注意的是（　　）。
   A. 投入的资金的多少
   B. 发布的目标是什么,希望通过发布获得何种反应

C. 信息投放量及所选择的媒体

D. 发布媒体的触及面、出现率、影响及价格

（二）多项选择题

1. 房地产经纪信息通常包括（　　）等几方面的内容。
   A. 房源信息　　　　　　　　　　B. 房地产市场信息
   C. 房地产评估信息　　　　　　　D. 房地产经纪行业信息
2. 房地产经纪信息的基本构成要素主要有（　　）。
   A. 图表要素　　B. 载体要素　　C. 纸张要素　　D. 语言要素
3. 房地产经纪信息主要有（　　）等几个方面的特征。
   A. 增值性　　　　　　　　　　　B. 数量多，涉及面广
   C. 时效性　　　　　　　　　　　D. 一次性
4. 房地产经纪信息的作用有（　　）。
   A. 实现房地产经纪活动的基本功能
   B. 有利于提高房地产经纪服务的附加值
   C. 有利于房地产保值增值
   D. 促进房地产经纪信息的系统化

（三）简答题

1. 房地产信息有哪些主要特征？
2. 房地产市场信息有哪些内容？

项目任务书

1. 收集公开传播的房地产信息，将资料填入表 2-1：

表 2-1　房地产信息刊出情况统计表

媒　体	栏　　目	主　要　内　容	刊 出 时 间	刊 出 频 率
报纸				
报纸 1				
报纸 2				
报纸 3				
⋮				
电视				
频道 1				
频道 2				
频道 3				
⋮				
杂志				
杂志 1				
杂志 2				
杂志 3				
⋮				

项目二 房地产经纪信息收集与利用

2. 通过网络收集房地产信息资料（每项三条以上）。
(1) 利用搜索引擎（baidu、yahoo）收集信息。
(2) 对网站进行跟踪（连续多天跟踪某一大型房地产公司或中介公司或官方房产网站）。
(3) 电子公告板 BBS。
3. 调查本地房地产消费水平、消费结构、消费心态的现状与发展趋势。
4. 调查本地房地产市场信息、楼市动态、价格行情等具体情况。

模块二　房源的开发与利用

1. 熟悉房源的特点。
2. 掌握房源信息收集的渠道。
3. 能有效地管理和利用房源。

 案例导入

房源A在某年1月份完成了买卖，但其新业主住了一段时间后想将其卖出，换购一套更大的房子住。甲房地产经纪人在对该"不活跃房源"进行访问时，发现了这一情况，从而获得了一个"活跃房源"的信息。至于一些租赁的成交个案，其房源更是经常在"活跃"与"不活跃"之间变换，因为每一次的租期往往有限，而当上一次租期届满时，就会从原来的"不活跃"状态转换为"活跃"状态。据此案情请思考下列问题：

1. 哪些房源是"活跃房源"？哪些是"不活跃房源"？
2. 如何将"不活跃房源"激活为"活跃房源"？

在房地产开发中，开发商生产房屋、销售房屋才能获得资本的增值，在房地产经纪业务中，必须有房地产的需求者和供给者，经纪人才能利用房地产产品进行经纪活动。因此，房地产经纪活动首先必须有可供委托人和相对人进行交易的对象，即房源。狭义的房源通常被认为是委托房地产经纪人出售或出租的房屋。广义的房源不仅包括委托出售出租的房屋，还包括委托转让的土地使用权，甚至还包括拥有房屋和土地的委托人。

一、房源的特点

这里只介绍狭义的房源特点。

1. 区位性

房地产具有不可移动性,其价格的形成和区位紧密相关,房地产经纪的成功很大程度上取决于房源的区位。买房人往往会重视房源的周围环境、景观,它与重要场所如市中心、机场、港口、火车站、政府机关等的距离,交通的便捷性及购物商场、菜市场、银行、休闲娱乐等社会服务的便捷性,甚至在某地区生活居住的习惯性、孩子上学的远近,也是是否成交的考虑因素,这些因素都是区位因素。在一个按同一建筑设计方案建造的住宅小区里,每一幢房屋都有不同的区位,如在出入方便性、景观、通风、采光、受噪声影响程度等方面各不相同;在同一幢房屋中,不同楼层的住房之间也存在差别;而在同一楼层中,每一套住房又有景观、朝向等方面的差别。这些差别决定了每一套住房都具有自己的区位特点,因而其市场价格也就不尽相同。优越的区位使房地产的土地价格升高,一套位于市中心的全新公寓,其使用价值当然比地处郊区偏僻之地的全新公寓要高,前者的市场价格可以是后者的数倍。

2. 独特性

与其他商品不同的是,房地产商品具有显著的个别性,世界上不存在两套完全相同的房地产。例如,经纪房源的外观、结构、设备、装修、土地的形状、基础设施完备程度、新旧程度等各不相同,房源的面积、朝向、户型,组合完成的功能,质量的好坏,物业管理的优劣都将会影响成交。一般情况下,房地产产品本身属性在交易过程中是固定不变的,房源的本身属性决定了房源的使用价值,即自己独特的内在价值。

对于二手房来说,其价格的特殊性则表现得更加突出。除了上面提到的各种差别之外,二手房在保养、装修状况等方面存在的差别也会影响其内在价值和市场价格。

正因为房地产存在着明显的个别性,因此一般情况下,由需求人来适应房屋,这就需要房地产经纪人在充分了解需求人和房源特性的基础上,进行合理搭配。

3. 权利属性

房源的权利属性,指房地产的经纪交易不是一般商品的"物流",而是房地产权属的移动。房地产的权益是房地产无形的、不可触摸的部分,包括权利、利益和收益,房源的权益是以房地产的权利为基础的,包括房地产的所有权、使用权及受到其他房地产权利限制的房地产抵押权、典当权,一幢房屋的价值既受建筑结构、设备、区位等影响,同时也受产权是否完整等权益状况的影响。例如,所经纪的房源的产权是完全产权还是部分产权,如一般商品住房就是完全的产权;经济适用住房的交易可能由于土地的划拨,使再次交易需要补交土地出让金;共有的产权,经纪交易时,必须经过其他共有人的书面同意；房改成本价、房改标准价购买的住房，其产权形式不同，政府政策不同，个人享有的处分权不同；违法建筑还是非违法建筑，其价值有很大的差异；法院查封、限制的房地产，其转让受到限制；抵押的房地产再转让时往往价格偏低或制约其再次交易。所以，两宗实物状况相同的房源，如果权益不同，价值就可能有很大的不同。房地产经纪过程中，房地产经纪人必须查清房源的权利状况，向交易相对人交代清楚，依据权利状况经纪，避免不必要的节外生枝。

房源的权属状况一般由特定的法律性文件反映，如"国有土地使用证"、"房屋所有权证"等，其内容主要包括产权性质、业主姓名、土地使用年限等。房源的权属状况也可能随着客观环境的变化而改变。

4. 房源的变动性

在房地产经纪业务中，房源是动态的。经现场踏勘、调研后的经纪房源不是一成不变的，而是处于变动状态，房源的变动性主要包括两个方面：一是其价格因素的变动，二是其使用状态的变动。由于房源存在变动性这一特征，要求房地产经纪人不间断地与业主（委托人）联系，以便在房源的某些指标发生变动时及时进行更新。

房源使用状态的变动一般较少发生，它是指在委托期间，房屋的使用状态如闲置、居住或办公等发生变化，如原本闲置待出售的房屋，业主（委托人）决定先租给他人居住，但并没有因此拒绝有兴趣的买家去看房、购买等。

综上所述，在获知目标房源的资料后，房地产经纪人必须及时对其进行核实、了解，力争在最短的时间内使之成为有效房源。而且，因为房源具有变动性等特点，其有关资料会随时变化，如上周获取的这一个房源资料在当时还是有用的，但到了本周，因为该套房屋已被人购买，该房源资料就变成无用的了，或者是暂时无用。因此，房地产经纪公司对房源的开拓必须及时对房源的有关信息进行更新，以保证房源的有效性。

5. 可替代性

房源虽然有其自身的独特性，但处在同一供求圈的房屋具有可替代性。两个相距不到一百米、只有一街之隔、其他条件都相似的开发项目，购买者必然会进行反复比较，最后定夺。即使不在同一区域，价位、档次相近的楼盘也具有替代性。在现实生活中，人们对房屋的需求却并不是非某一套不可。具有相似地段、相似建筑类型、相似户型的房屋，在效用上具有相似性，对于特定的需求者而言，他们是可以相互替代的。这就使房源具有可替代性这一特征。

买家（或租客）在寻找房屋时，往往不只考虑一个房源，这正是房源具有可替代性的特征所致。同时，房源的可替代性特征也为房地产经纪人的经纪业务提供了更广阔的操作空间。如一位原本看上甲房的买家，因为价格问题无法成交，这时房地产经纪人就可向这位买家提供与甲房相似的乙房资料，买家看过乙房后，发现其各方面的品质与甲房相似，而且价格较便宜，因此最终决定购买乙房。

二、房源信息的基本要素

一条有效的房源信息，应包括房屋业主资料、房屋状况、放盘要求等基本要素。

业主资料主要包括房屋业主（委托人）的姓名、联系电话、通信地址等，必要时还可让业主（委托人）留下身份证号码，以保证其资料的真实性。

房屋状况是指房屋的位置、产权证（如房地产证）、产权性质（如商品房、已购公有住房、经济适用住房等）、用途、面积、户型、楼层、朝向、装修、家具电器、物业管理收费标准及是否抵押等。经纪人应尽可能要求业主详细地提供房屋状况的信息，以方便经纪业务的开展。

放盘要求主要是指房屋业主（委托人）所定的出售或出租价格，以及交房日期、税费支付方式等。

另外，对于房源的其他信息，如信息来源、业主（委托人）是否愿意独家代理等，也应尽量在房源信息库里备注清楚。

为了便于查询，房地产经纪人也常常会利用某些"查询要素"在房源信息库中查找合适的房源信息。较常用的查询要素主要有房屋名称、地址（或物业所处行政区域）、用途、面积、户型、出售或出租价格等。在录入或更新房源信息时，要特别注意这些常用的查询要素，保证其真实性、有效性。

三、房源信息的收集

充足的房源信息是房地产经纪业务的关键资源。房地产经纪人应当掌握搜集房源信息的渠道，并由此获取丰富而有效的房源资料，促进房地产经纪业务的开展。

1. 报纸广告

报纸广告是房地产经纪公司最常用的传播方式之一。报纸信息具有传递迅速、传播面广、可以收藏等特点，比较适合传播房源信息。一般来说，房地产经纪公司除了在广告中刊登"放盘热线电话"及"放盘地点"（一般为房地产经纪公司及其分支机构的办公地点）等"放盘"信息外，还会发布一些被该公司所掌握的房源信息，尽可能充分地利用广告资源，吸引各类目标客户。

2. 路牌广告

在某些街边、路口发布路牌广告，或在大厦和住宅小区出入口等的宣传栏上张贴房地产经纪公司的宣传海报，吸引过路者观看，也是房地产经纪公司树立公司形象从而开拓房源的一种较好方式。虽然路牌广告的信息传播面较窄，总体影响力有限，不及报纸广告，但是作为就地传播的一种方式，它目标性强，会给周边居民留下深刻印象。

项目二　房地产经纪信息收集与利用

3. 派发宣传单

派发宣传单即选择一些目标客户，通过寄发、当面派发房地产经纪公司的宣传单，以引起客户关注，获取房源信息。这种方式比路牌广告的目标性更强，成本也较低，被许多房地产经纪公司所采用。但此类信息如果过多过滥，会引起信息接收者的反感，起不到应有的效果。因此，采用这一方式的房地产经纪公司，应努力在宣传单的设计和发送方式上进行创新，以保证宣传效果。

4. 电话访问

在获知目标客户的电话号码后，对其进行电话访问，咨询其房屋资料，是可以立即见效的一种开拓房源的方法。采用这种方法开拓房源时应当注意两点：一是负责电话访问工作的人员应掌握高水准的业务操作技巧，保证电话访问的效果，同时注意树立公司的良好形象；二是电话访问的效率要高，避免投入过高的成本。

5. 互联网

随着IT技术的应用，互联网已成为人们传播、获取各类信息的新渠道。因此，在网上刊登广告也成为房地产经纪公司的一种重要选择。尤其是在购房者年龄越来越趋年轻的形势下，这一渠道被不少房地产经纪公司看好。较大型的、连锁经营的房地产经纪公司都建立了自己的网站，不仅能够及时发布房源的供求信息，同时还可以在网站上实现与客户的"现场互动"，使客户可以随时将自己的房源信息传输到该网站上。

6. 直接接触

房地产经纪人直接与目标客户接触，从而获取有关的房源资料，也是目前较常用的一种开拓房源的渠道。在这里，可以将与目标客户的直接接触分成两种：一种是对于一些可能会出租、出售的房屋，房地产经纪人上门找到其业主了解洽谈；另一种是在某些公共场合，如房地产拍卖会、房地产展销会、楼盘的售楼部等，房地产经纪人主动与现场的买家（或潜在买家）接触，以获得房源信息。

四、房源管理

在房地产经纪业务中，房源信息的管理包括房源信息的收集、筛选、编辑、分析和更新几方面。本部分着重介绍房源的分类、更新。

（一）将房源分类

根据房源的特点，可对其进行不同分类。如按房源可分为新房与二手房。按产权性质不同可分为私房与公房。按使用功能的不同可分为商业用房、工业用房与住宅。

这里所讲的房源的分类,是根据房地产经纪人实际工作的需要,通常将房源分为套盘、笋盘、新盘、散盘四类。

1. 套盘

套盘指房地产开发项目,通常有项目名称,如"××花园"等。同一项目的房源,往往存在基本统一的信息,如地址、物业管理费、交通条件、新旧程度等,而朝向、户型、面积等房屋状况也较为接近,它们之间的"替代性"强,常常可用甲单元替代乙单元。因此将这类房源归为一类,形成套盘,可便于房源信息的管理。

2. 笋盘

笋盘是指符合或低于市场价格、极易成交的房源。笋盘来自广东方言,"笋"是超值的意思。在某些情况下,房地产经纪人开展经纪业务的注意力集中在"笋盘"房源上,可提高成交率。在可能的条件下,房地产经纪公司应建立自己的"笋盘库",便于及时满足客户购买超值房屋的需求。

如房地产经纪人张某接到一个客户的电话,该客户在电话中说想购买一套价格超值的小户型住房。张某一边跟该客户通电话,一边在公司的"笋盘库"里进行查询,很快查询到一套接近该客户要求的住房,然后他立即约该客户去看房。没过两天,这一宗交易就成交了。

3. 新盘

新盘指新收集到的楼盘信息。将在最近一段时间内刚刚收集到的房源信息,录入"新盘库",便于房地产经纪人掌握这些信息;同时也是提高工作效率的一种重要方法。当房地产经纪人已将公司拥有的所有合适的房源向某位客户进行了推介,但该客户一直不太满意时,房地产经纪人就需要留意公司的"新盘库"的信息,一旦其中出现了合适的房源,及时向该客户进行推介,这样才能节省时间和精力,促成交易。

4. 散盘

散盘是指没有固定的特点,除套盘、笋盘、新盘三种之外的一些房源。散盘也是房源信息库的一个组成部分,同样不能轻视。

在上述分类的基础上还可进一步分类,如以收集房源的时间为序。先收集的编号为前,后收集的编号为后,如001、002、003;以房屋的区域为序,如东、西、南、北四个方向分别为D001、X001、N001、B001;以小区名称为序,如东华小区为DH001、曙光小区为SG001;以房屋楼层为序,如一楼的房源为F1001,二楼的房源为F2001。

(二)房源信息的更新

在录入或更新房源信息时,要特别注意这些常用的查询要素,保证其真实性和有效性。另外,一些处在待售或待租状态的房源属于"活跃房源",它们在经纪业务

项目二 房地产经纪信息收集与利用

中的作用不言而喻。已完成交易的房源属于"不活跃房源",它们的作用有时会被房地产经纪人忽略,因而也就将它们"打入冷宫",不再注意对它们进行更新,这种做法是不科学的。因为随着时间的推移,这些"不活跃房源"也有可能再次变为"活跃房源",从而再次实现交易。因此房地产经纪公司要不断对房源信息进行更新,以保证其有效性。一般来说,对房源信息的更新要注意两点。一是要对房源的业主(委托人)进行周期性访问,以保证房源信息的有效性。对于一些较为"冷门"的房源,也应该定期访问,确保不被遗忘。二是不断地累积信息。对房源的每一次访问,都应将有关信息记录下来,它可以反映业主(委托人)的心态变化,为以后的再次访问提供参考,提高工作效率。

五、房源的利用

(一)及时查找房源信息

房地产经纪人在经纪业务开展中,常常会利用某些"索引条件"在房源信息库中查找合适的房源信息。较常用的查询要素(即"索引条件")主要有房屋名称、地址(或物业所处行政区域)、面积、用途、户型、出售或出租价格等。

(二)发布信息吸引客户

收集房源的目的,就是为了将信息发布出去,以吸引客户。信息发布时,首先要注意发布的目标是什么,希望通过发布获得何种反应。然后,由任务的不同,决定资金投入多少。资金投入的多少又影响信息投放和所选择的媒体。信息投放牵涉房地产经纪信息的投放量、信息的选择和信息的表述等。媒体选择要考虑到媒体的触及面、频率、影响、主要媒体的类型、特定的媒体工具和时机。在完成任务的同时,节省资金。

(三)信息的再利用

有一些房源尽管已经利用了,但过了一段时间还会再利用。例如,完成了租赁经纪的房源,租赁期到了该房源就成了新房源。至于一些租赁的成交个案,其房源经常在"活跃"与"不活跃"之间变换,因为每一次的租期往往有限,而当上次租期届满时,就会从原来的"不活跃"状态转换为"活跃"状态。

(四)房源信息的共享

房源信息共享有利于提高房源的利用质量和效率,提高房地产经纪机构的效率。A公司在东区,对于西区的业务开展得较少,这时,就可将获得的西区的房源信息提供给B公司,同样,B公司也会将本公司不从事而A公司从事的相关信息交给A公司。再如,A公司有位客户需要购买一套别墅,而A公司没有这样的房源,A公司就可向 B 公司征求房源。这样 A、B 公司的房源利用率大大提高，同时，两公司的业务也会提升。

房源信息的共享方式，世界各国以及各城市的市场状况不同，有不同的运行制度。各房地产经纪公司可以根据自身的特点（不同规模、不同发展阶段）进行选择。下面介绍私盘制、公盘制和分区公盘制三种房源信息的共享方式。

1. 私盘制

房源信息由被委托的房地产经纪机构独家拥有称为私盘制。当房源信息由接受业主（委托人）委托的房地产经纪机构录入后，其他房地产经纪机构只能看到房源的基本情况，业主的联络方式只有接受委托的房地产经纪机构拥有。其他房地产经纪机构要联系该业主（委托人），只有通过该房地产经纪机构。当其他房地产经纪人促成交易后，该房地产经纪机构可分得部分佣金。在美国流行的 MLS（Multipe Listing Service），其实质是私盘制。MLS 即多重房源上市服务系统，房地产经纪人凭密码进入该系统查询房源，带领客户看房，最终实现交易。而提供房源信息的房地产经纪人，则一般可以分得交易佣金的 50%。

私盘制的优点是，保障了搜集房源信息的房地产经纪机构的利益，有利于提高其搜集房源信息的积极性。因为房地产经纪人搜集的房源信息越多，促成交易的机会就越大，所分到的佣金也就越多。而且，在这种制度下，房地产经纪人一般不会存在"留盘"行为，即将搜集到的房源信息"据为己有"，不与其他同事分享。

私盘制的缺点是，多数情况下，每宗交易需要两个房地产经纪机构跟进，一个是搜集房源信息的房地产经纪机构，一个是接触需求方的房地产经纪机构，工作效率较低。如果两个房地产经纪机构配合不当，还可能导致交易的失败。

2. 公盘制

公盘制是指各房地产经纪机构将所有房源信息完全共享。目前，我国大部分房地产经纪公司采用的是公盘制。

公盘制的优点是，使每个房地产经纪人的"生意面"达到最广，工作效率也较高，一般情况下，一宗交易只需要一个房地产经纪人跟进。

公盘制的缺点是，不利于激发房地产经纪人搜集房源信息的积极性，部分房地产经纪人为了个人的利益，会出现"留盘"行为，而且房源信息较容易外泄。因为房地产经纪人开展经纪业务时存在着明显的区域性，如在 A 区工作的房地产经纪人甲一般不会去做 B 区的业务，这时甲就有可能将自己在公司里获知的 B 区的房源信息，透露给在 B 区为其他房地产经纪公司工作的经纪人。

3. 分区公盘制

分区公盘制是在同一区域工作的房地产经纪机构可共享该区域的所有房源信

项目二 房地产经纪信息收集与利用

息,如果需要跨区去开展业务,则要与其他区域的房地产经纪机构合作,从而拆分佣金。在中国香港特区,一般房地产经纪公司采用的是公盘制,部分大型房地产经纪公司则采用分区公盘制。

分区公盘制的优点是,在一定程度上,综合了公盘制与私盘制的优点,既保证了房地产经纪人搜集房源信息的积极性,又使每位房地产经纪人的"生意面"都比较广,工作效率也较高。这主要是因为房地产的地域性很强,房地产经纪人主要在自己所在店铺附近拓展业务,"跨区"的个案较为少见。

分区公盘制的缺点是,房地产经纪公司对于分区的处理较为复杂。一些处于分区边缘的店铺,较难界定其业务拓展范围。

课后思考与练习

(一)单项选择题

1. 房源的变动性主要包括两个方面:一是其(　　)的变动,二是其使用状态的变动。

　　A. 价格因素　　　　　　　　B. 政策因素
　　C. 经济因素　　　　　　　　D. 项目因素

2. 从房源所包括的各项指标来看,它不仅有物理属性、法律属性,还有非常关键的(　　)。

　　A. 物质属性　　　　　　　　B. 心理属性
　　C. 权利属性　　　　　　　　D. 社会属性

3. 房源的价格是由(　　)决定的。

　　A. 买卖双方　　　　　　　　B. 经纪公司
　　C. 业主　　　　　　　　　　D. 经纪人

4. (　　)是房地产经纪业务的"粮草",是中介公司的重要资源。

　　A. 房地产开发商　　　　　　B. 房地产代理商
　　C. 房地产经纪人　　　　　　D. 房源

5. 房地产经纪人把一些基本情况相似或接近的房源信息归集为一类,以便于管理和可以替代,这种方法称为(　　)。

　　A. 笋盘　　　　　　　　　　B. 套盘
　　C. 底盘　　　　　　　　　　D. 公盘

6. 处在待售或待租的房源称为(　　)。

　　A. 实际房源　　　　　　　　B. 有效房源
　　C. 基本房源　　　　　　　　D. 活跃房源

7. 在房地产经纪业务中，房源一般按照其使用性质可以分为（　　）。
    A. 住宅、商铺、收益性物业、仓库、厂房
    B. 住宅、土地、写字楼、车库、厂房
    C. 住宅、商铺、写字楼、仓库、车库、厂房
    D. 收益性物业、商铺、写字楼、库房

（二）多项选择题

1. 属于房源特性的是（　　）。
    A. 公共性　　　　B. 互动性　　　　C. 可替代性　　　　D. 变动性
2. 一个有效的房源信息应当包括的基本要素有（　　）。
    A. 业主资料　　　　　　　　　　B. 物业状况
    C. 市场行情　　　　　　　　　　D. 收购条件
3. 在房源的开拓渠道中，针对小业主房源的开拓渠道主要有（　　）。
    A. 互联网　　　　　　　　　　　B. 电话访问
    C. 派发宣传单　　　　　　　　　D. 报纸广告和路牌广告

（三）简答题

1. 房源信息私盘制的缺点有哪些？
2. 房源收集有哪些渠道？

项目任务书

1. 写出本地三家房地产网站，并分别从每个网站上查找三条房源信息。
2. 案例分析一

一些地段不错、屋内条件齐全、价格极具诱惑力的房源信息频频出现在杭州某大型房产专业网站上，"某某新村，1室1厅1卫，41平方米，水、电、煤气、天然气、有线电视、热水器、空调、彩电、家具一应俱全，装修一般，租金500元/月。"

分析讨论：作为房地产经纪人，应通过哪些渠道和途径判别上述信息的真伪？

3. 案例分析二

甲房地产经纪公司（以下简称甲公司）在新城市中心区开辟了第一间门店，并举行了隆重的开业仪式。在开业第一个月内，甲公司集中精力在新门店所在区域拓展了500多条房源，虽然新门店的经营业绩并不高，但却为甲公司的其他门店带来了大量成交。根据案情分析下列各题：

（1）门店选址需考虑的外部因素有哪些？
（2）甲公司拓展房源体现了房源开拓的什么原则？
（3）甲公司采用的是哪种房源共享形式？

项目二 房地产经纪信息收集与利用

模块三 客源的开发与利用

学习目标

1. 熟悉客源的构成与特征。
2. 能利用所学知识开拓客源。
3. 能有效利用客源。

案例导入

房地产经纪人小张对客源的开发很用心,以前的客户,不论是租房的,还是卖房的,也不论房子是否已卖出,过段时间就会去拜访,建立良好的关系。很多客户被小张的敬业精神和热忱的态度所感动,当有新的需求时首先想到他,还为他介绍了不少的新客户。根据此材料思考下列问题:

1. 客源与房源有什么关系?
2. 客源开拓渠道有哪些?
3. 对于使用过的客源如何再利用?

在房地产经纪业务中,房地产经纪人有了房源信息,就需要寻找和房源相匹配的房源需求人,即房源的购买人、承租人,我们把对购买或租赁房屋有现实需求或潜在需求的客户称为客源。房屋的供给方和需求方是房屋交易达成所不可缺少的前提。房屋的供给方即房源,而房屋的需求方即客源,客源与房源共同构成了经纪活动的基本条件。

一、客源的构成和特征

(一)客源的构成

客源由需求者及其需求意向、支付能力三个条件构成。

1. 需求者

需求者包括个人和单位。个人的信息包括姓名、性别、年龄、职业、住址、联系方式等;单位的信息包括单位名称、性质、地址、法定代表人、授权委托人、联系方式等。

2. 需求意向

需求意向包括需求类型（购买或租赁）、房屋的位置、面积、户型、楼层、朝向、价格（或租金）、产权和购买方式、特别的要求等信息。

3. 支付能力

支付能力将决定房地产需求者购置房产的类型及支付的方式等。

（二）客源的特征

1. 分布广泛性

由于经纪的房屋以散客为主，因此，客源的分布一般较广泛，不具有明显的规律性，需要房地产经纪人利用各种关系、媒介、可疏通渠道，获得更多客源。客源的广泛性，既给房地产经纪人带来经纪的契机，又给房地产经纪工作的开展带来一定的难度。

2. 时效性

客户的需求是有时间要求的，客户在表达购买或租赁需求时，均会有时间选择，半个月或是几个月。没有时间限定的需求，需要确认是否有效，即一个持币待购的投资者，在提供信息时都需沟通和确认现在是否仍然需要。

3. 不稳定性

客源严格意义上是潜在客户，是具有成交可能意向的购房或租房的人，他们的需求只是一种意向，而不是像订单客户那样肯定，他们能否成为真正的买方或租家，不仅取决于房地产经纪人提供的房源服务，还取决于客户本身的要求、客户的性格等。

4. 谨慎性

很多客户都是积攒一生储蓄来购房，因此对于房源的要求很苛刻，对于购房行为很谨慎，有的经过多次谈判，还是最终放弃，有的租房客户不仅关心房屋本身，还关心和房屋相关的所有因素，某一项不合要求，就会放弃承租的愿望。因此，房地产经纪人应对客源的谨慎性做好充足的准备。

二、客源的开拓

（一）客源开拓的策略

客源的开拓就是不断地扩大客户的规模。客源多是需求旺盛的体现，也是房地产经纪活动顺利开展的基本条件。房地产经纪人的一个重要工作就是客源开拓。

1. 善于发展和客户之间的关系

交易从客户开始，以客户结束。不同的客户有不同的需求和兴趣，要善于与不同客户打交道，探询客户的兴趣，了解他们的需求，帮助他们解决问题，帮助他们节约时间和金钱，这是房地产经纪人的吸引力和价值所在。房地产经纪人只有时时为客户着想，自觉维护客户的利益，与客户建立良好的关系，才能赢得更多的客户。而这些客户带来的价值往往比完全从市场中寻找陌生客源大得多，也容易得多。房地产经纪人应从关注客户需求、满足客户需求出发，逐渐使其成为自己的终生客户。这是经纪人员战胜竞争对手，取得源源不断业务的最重要保证。

2．养成发掘潜在客户的习惯

房地产经纪人在日常工作中，要注意培养自己敏锐的观察力与正确的判断力，养成随时发掘潜在客户的习惯，并且每日记录新增加的潜在客户。房地产经纪人在中介活动过程中，要多听多看多观察，并判断出"最有希望的买家"、"有可能的买家"和"购买希望不大者"。在此基础上，对客户进行分级，以选择重点投入精力。一个成功的房地产经纪人要随时随地、连续不断地发掘、搜集客户信息，并形成习惯，不要放过任何一个认识潜在客户和接触潜在客户的机会，如参加培训和会议及其他社会活动。对于发现的客户信息，应及时记录下客户或潜在客户的姓名、电话和其他联络方式，日后需要时使用。

3．培养客户

培养客户是客源开拓中的重要策略，潜在客户希望经纪人员传递有关信息，交流与沟通，帮助他们做出正确的决定。房地产经纪人在初次接触客户之后，用自己的专业知识、经验和市场信息为客户提供咨询，从而建立信任。房地产经纪人提供的信息越有价值，提供的解决方案和咨询越有帮助，客户就会越信任，越易达成交易和建立长期关系。有时，客户也会有不切实际的价格期望和要求，房地产经纪人通过市场信息的提供和分析，引导客户调整期望，缩小供求差距，满足他们的期望与需求。

4．加强房屋的营销，吸引各地的客户

房地产经纪机构有一批诱人的楼盘或优质的房源是吸引众多的客户的最好办法。采用市场营销的直接回应法也是有效的。直接回应法是通过提供一个诱人的价位或某一种好处，从而从预先希望获得的客户那里得到一个直接的回应，去取得客户的策略。如为一个具有投资吸引力的房地产打出"××地段出租回报率可达 10%的公寓"的广告，那么它将会吸引那些对此地段有投资兴趣的潜在客户。实施这种策略需要房地产经纪人对客户需求进行简单的定位，然后设计宣传方式进行促销，才能源源不断地带来真正的潜在客户。

5．与客户建立长期联系的策略

房地产经纪人长期面对的挑战是在不断扩大客户数量、提高交易量的同时，尽量降低营销费用和获取客户的成本。要想解决这一矛盾，留住客户、培养长期客户无疑是最好的选择。

一般而言，客户均可分成初次购买（服务）的客户和重复购买、推荐购买的客户。由于不同的客户与房地产经纪机构发生业务的次数和业务量的不同，成本不同，因而其价值不同。通常，重复购买的客户的价值大于一次性购买的客户的价值，推荐购买的客户的价值高于陌生的、初次购买的客户的价值。国外的调查研究显示，得到一个新客户的费用是维持一个老客户所需费用的 5～10 倍。因而有意识地致力于开发长期客户的价值、培养忠诚客户，是房地产经纪人业务源源不断的保证，也是竞争力的基础。

（二）客源开拓的方法

一个成功的房地产经纪机构必须拥有足够客户与潜在客户的数量，才能开展房地产经纪业务。为此，需要充分开拓有关客源。从实际出发，房地产经纪人必须熟练掌握下列几种开拓客源的方法。

1．门店揽客法

利用房地产经纪机构的店铺或办公场所争取上门客户的方法称为门店揽客法。这是目前房地产经纪机构的一种主要争取客源的方法。这种方法简便易行，成本低，而且上门客户通常意向较强，信息较有效。通过房地产经纪人对上门客户的主动交流与沟通、需求询问、信息提供和置业咨询，客户有可能最终达成购房或租房意向，并留下姓名、联系电话及其所需房屋的地段、面积、户型和特殊的要求。

2．广告揽客法

以报纸宣传栏、广播电视及宣传单为主的广告方式吸引客户的方法为广告揽客法。揽客广告可以单独发出，更多的是与房源销售广告一起发出的。从房源和客源两方面来做宣传，广告形式的选择取决于传播对象的范围、广告成本和广告效果。随着传媒业的发展，广告越来越多样化，除了传统的报纸、广播电视和路牌广告外，现在又增加了网络广告和直投广告。这些都是房地产经纪机构可以利用的方式。与其他揽客方式相比，广告揽客时效性强，效果明显。

3．人际传播揽客法

以自己认识的人及亲朋好友的信赖为基础，进行人际传播介绍客户的揽客方法称为人际传播揽客法。这种揽客法不受时间、场地的限制，是房地产经纪人个人可以操作的方法。房地产经纪人应培养自己的交际能力，不断结识新朋友，维护老朋友，以自己的人格魅力和诚信争取他们的支持。这种揽客法无需成本，简便易行，介绍来的客户质量高，成交可能性大。但其传播的速度和范围不如广告揽客法。

4．客户介绍揽客法

利用服务过的客户来介绍客源的方法称为客户介绍揽客法。以往服务过的客户是对房地产经纪机构服务的最佳证人，在过去的服务中，通过接触在客户心中所建立的信赖是房地产经纪人的宝贵资源。一项交易的过程就是关系的建立过程，依托这种

项目二　房地产经纪信息收集与利用

信赖和良好的客户关系，老客户可以帮助经纪人发展新客源，从而成为经纪人的信息源、宣传员和新客户的源泉。房地产经纪人的职业生涯时间越长，口碑越好，客户资源积累就越多，客源信息就会源源不断。

老客户介绍潜在客户的前提是对房地产经纪人过去的服务十分满意。房地产经纪人要具备良好的职业素质，在服务过程中尊重客户的需求，自觉维护客户的利益，坚持互利互惠的原则，让客户满意，这样主动介绍新客户就顺理成章了。客户介绍揽客法是一种非常有效的开拓客源的方法，而且成本低，效果好，但基础工作要求扎实。

5．讲座揽客法

通过向社区或团体或特定人群举办讲座来发展客源的方法称为讲座揽客法。讲座内容可以是房地产知识介绍，也可以是房地产市场分析，或房地产交易流程、产权办证问题的介绍与咨询。通过讲座可以发掘潜在客户，启发购房欲望，可以促成需求实现。在讲座时经纪人可以发放介绍自己、公司和服务的免费资料，创造客户接触机会。通过讲座，可以培养客户对房地产经纪人和房地产经纪公司服务的信赖和专业信任，同时也可以传播房地产信息和知识。这种方法取得成功的关键，是主讲人的素质和讲座的主题、时间、场地的设计。

6．会员揽客法

通过成立客户俱乐部或客户会的方式吸收会员并挖掘潜在客户的方法称为会员揽客法。这种方法通常是大的房地产经纪机构或房地产开发商为会员提供的特别服务和某些特别的权益，如服务费打折、信息提供等方式。入会的会员因为利益牵引而在需要买房或租房时成为客户，发生交易。会员资料是房地产经纪人能够利用的重要资料，这些资料在促成交易时将发挥很大的作用。会员揽客法的不利方面是难度大。

7．团体揽客法

以团体、组织或机构为对象开拓客源的方法称为团体揽客法。房地产经纪机构可以利用与团体的联系发布信息，宣传公司，从而争取客户的委托。这种方法通常和讲座揽客法或服务费打折、提供特殊服务的方式一并使用。

8．互联网揽客法

在互联网上建立自己的网站，或者发表广告，传播房地产经纪机构的各种信息，如房地产行情信息、经纪公司信息、房源信息、服务信息等，以吸引客户上门的方法称为互联网揽客法。这是一种新方法，尤其适合于年轻的、喜欢上网的客户。

除上述八种方法外，还有其他一些方法，如房展会、上门拜访法、邮件揽客法等。在实际房地产经纪活动中，房地产经纪人应不断地创新，探索出新的揽客方法。

三、客源的管理

客源是指对购买或租赁房屋有现实需求或潜在需求的客户，是房地产经纪公司主要经营内容。只有取得稳定、广泛的客源，才能促使房地产经纪业务开展起来，并且在经纪成功的前提下，获得应得的酬金，因此，客源也是房地产经纪业务的衣食父母，是房地产机构必须重视、重点管理的内容。

（一）管理的原则

1. 有效原则

客户需求的信息量大，内容杂，而且通常有些模糊。房地产经纪人在处理客源信息时，必须进行有效的询问、区分。清楚描述出较为准确的需求信息，当客源信息未加判断和引导时，获得的信息则会是含混的，有太多选择的，不确定的，这种客源信息在利用时会增加难度。另外，客户的需求信息也可能是不断变化的，如地址、联系方式和需求的变化，因而要及时调整更新，房地产经纪人只有对客户的信息及时进行处理，才能确保客源内容的准确和有效。

2. 合理使用原则

客源是房地产经纪人和房地产经纪公司的宝贵资源，只有合理使用才能发挥其价值促成交易，客源的合理使用包括恰当保存和分类，信息共享和客户跟进，保守客户秘密，不得滥用。

3. 重点突出原则

面对数量庞大的客源信息，房地产经纪人要通过对客源资料的分析找出重点客户，挖掘出近期可以成交，需求意向强烈的客户作为近期重点客户，那些潜在的、创收潜力大的客户可作为中期重点客户，而有长期需求的意向客户则作为未来重点客户来培养，这样去管理客源会为房地产经纪人创造持续的成交机会。

4. 轮单制度

可采用轮单制度来接待客源及跟单。例如，一共有五个经纪人在工作，第一个客户来，分给 A 员工，第二个则分给 B，依此类推。

（二）客源管理的内容

1. 基础资料

基础资料即客户姓名、性别、年龄、籍贯、家庭地址、电话、传真、E-mail、家庭人口、子女数量、年龄、入学状况、职业、工作单位、职务、文化程度等。

2. 需求状况

需求状况主要包括所需房屋的区域、类型、户型、面积；目标房屋的特征，如层高、景观、朝向；特别需要，如车位、通信设施、是否有装修；单价和总价、付款方式、按揭比例；对配套因素，如商场、会所、幼儿园、学校、医院等的要求。

3. 交易记录

交易记录主要包括委托交易的编号、时间；客户来源；推荐记录、看房记录、洽谈记录、成交记录；有无委托其他竞争对手等。

客源管理实际上就是建立一个以客户为中心的记录或数据库，并对客源信息进行分类和系统管理。它不仅包括曾经作为委托人完成交易的人，也包括那些提出需求或打过电话的潜在客户和与交易活动有关的关系人或供应商，还包括那些被房地产经纪人列入目标想进行交易的潜在客户或委托人。

客源管理从搜集信息、整理信息和存档开始。房地产经纪人随身携带的便携式计算机是搜集信息的重要工具，而分类整理填入表格和输入计算机是最终结果。房地产经纪机构越来越依赖于客户管理数据库和房源管理软件。

四、客源的利用

客源的挖掘和建立是为了更有效地促成交易，满足买卖双方的需求；同时，经纪机构赚取相应的服务佣金。合理利用客源，提高成交率是房地产经纪人的主要工作目标之一。通过对客户需求的持续跟进和对潜在客户的跟踪服务，可将潜在客户变为签约客户和成交客户。如何有效利用客源信息，可从以下几方面入手。

1. 对客源资料的共享、更新，保持与客户联系

在房地产经纪机构内部或房地产经纪团队中，客源资料只有共享才能产生效益。那种试图垄断客源的做法只会使客户流失，造成成交率低的后果。客源的资料更新也很重要。客户的需求实际上是不断变化的，如客户的联络方式变化、需求变化等，如果不及时更新，客源信息就会过时而成为无用信息。

因此，房地产经纪机构应有人负责与客户保持联系，更新客源资料，这样才能使客源信息有效、准确，才能使今天的客户线索成为明天的交易客户。

2. 对每一个客源信息穷追不舍，直到潜在的客户购买或者离去

房地产经纪人不要轻易放弃一个客户线索，应不停地和客户联系直到得到回应。尽管也许最终的成交率是10%或20%，但必须为那10%或20%的客户成交而与90%或80%的潜在客户联系，没有100%的争取就没有10%或20%的成交。

3. 要善用陈旧的客源信息

客源信息越陈旧，竞争就越不激烈，这是一个最简单的道理。房地产经纪人往往将焦点放在开发新客户上，而旧的客源信息并不意味着没有价值。成功的房地产经纪人要善用旧的客源信息，其实那里面也有"宝藏"。

五、客源和房源的关系

1. 互为条件，缺一不可

房源和客源都是促成一项交易不可或缺的条件，有客无房或有房无客，均不可能达成交易，一个房地产经纪公司的竞争力表现在其房源和客源的充裕度及房地产经纪人的撮合能力上，一个房地产经纪人的能力也表现在其获取和利用房源、客源和撮合的能力上。在成熟的市场环境下，一个房地产经纪公司或房地产经纪人可以只有房源或只有客源，但必须在另一个房地产经纪公司或房地产经纪人处获取相对应的客源或房源，大家合作完成交易，因而从整个交易的完成来看，两者也是缺一不可的。

2. 在房源和客源的市场营销活动中，两者相得益彰

房源开拓和客源开拓有共同的手段，也有不同的做法，有些营销行动既增加客源，也增加房源，侧重点可以不同，但两个目标可兼顾。房源广告可以吸引很多客户，客源广告也可以吸引众多的房源信息。对某一个客户而言，既可能成为客源也可能成为房源的提供者，在同一时间或不同时间角色互换或重叠，因而房源、客源都是客户信息的不同方面，市场营销往往可达一石二鸟、相得益彰的效果。

3. 互为目标，不断循环

在房地产经纪活动中，某些时候是有了房源需要去找客户，这时的起点是房源；另外一些时候则是有了客户需求去寻找合适的房源，这时的起点是客户，目标对象是房源，正是在这种不断的目标对象转换中沟通供给与需求信息达成交易。一个客户有效需求可能要提供几个甚至几十个可选择的房源，一套房屋如果要出手也可能需找几个甚至几十个客户去看房和洽谈，无论起点是什么，房地产经纪人必须认定一方为确定的信息，否则便无从下手，无法推进。

综上所述，房源管理、客源管理是房地产经纪公司运作相辅相成的两个方面，两者缺一不可，房源是房地产经纪公司最重要的资源，房源管理决定了一个房地产经纪公司生存、发展的空间与潜力，客源管理能力水平和状态直接决定了房地产经纪成交比率和成交效率，也是达成客户满意的基本条件。

课后思考与练习

（一）单项选择题

1. 按客户的需求类型，客源可分为（　　）。
   A. 买房客户和租房客户　　　　B. 机构客户和个人客户
   C. 住宅客户和商铺客户　　　　D. 工业厂房客户和写字楼客户

2. 对客源的获取、记录、储存、分析和利用的一系列活动，就是（　　）。
   A. 信息管理　　　　　　　　　B. 市场调研
   C. 客源管理　　　　　　　　　D. 客户调查

3. 在房地产经纪业务的客源管理中，客源管理要以（　　）为中心。
   A. 客户的意向需求
   B. 现时客户的个人信息和需求信息
   C. 潜在客户的个人信息和需求信息
   D. 收集信息、整理信息和存档

4. 房地产经纪人应把那些潜在的、创收潜力大的客户作为（　　）。
   A. 近期重点客户　　　　　　　B. 短期重点客户
   C. 中期重点客户　　　　　　　D. 长期重点客户

5. 房地产经纪人在接受委托后售卖或出租房屋时，可根据房屋情况资料清单向业主收集房屋情况资料，房屋情况资料清单不包括（　　）。
   A. 房屋地址　　　　　　　　　B. 法定用途
   C. 建筑面积　　　　　　　　　D. 业主家人姓名

6. 房地产经纪人通过（　　），引导客户调整期望，缩小供求差距。
   A. 满足客户不切实际的期望和要求
   B. 市场信息的提供和分析
   C. 说服客户降低交易条件
   D. 向客户提供更多的房屋

（二）多项选择题

1. 客源开拓的方法主要有（　　）。
   A. 门店揽客法　　　　　　　　B. 广告揽客法
   C. 人际关系揽客法　　　　　　D. 会员揽客法

2. 在房地产经纪机构的客户资料中最重要的报表为（　　）。
   A. 日报表　　　　　　　　　　B. 周报表

C. 来人登记表 D. 月报表

3. 房源管理要遵循下列哪些原则？（　　）。
   A. 合理原则
   B. 有效使用原则
   C. 重点突出原则
   D. 轮单制度

4. 房地产经纪人对客源资源有效利用的前提是（　　）。
   A. 客源资料的共享
   B. 客源资料的整理、建档和保管
   C. 客源资料的更新
   D. 与客户保持经常的联系

（三）简答题

1. 简述房源和客源的相互关系。
2. 开拓客源有哪些渠道？

 项目任务书

1. 案例分析一

某房地产经纪公司在某城市开设了20多家连锁店，各连锁店之间房源和客源信息使用计算机联机系统进行统一管理，实现资源完全共享。业主王某在该房地产经纪公司的甲连锁店登记，拟将一套二手房出售，甲连锁店房地产经纪人李某接待了他。根据案情分析讨论下列问题：

（1）该房地产经纪公司房源信息的共享方式是哪种？

（2）张某通过报纸广告得知上述房源信息，到甲连锁店查询。李某负责接待，应如何做？

（3）张某很喜欢该套房屋，但对售价一时拿不定主意，此时李某应如何洽谈？

2. 案例分析二

甲房地产经纪公司开业后，赵某委托该公司出租乙房产，随后钱某来到该公司要求承租乙房产。请根据案情分析讨论下列问题：

（1）本案例中谁是客源？

（2）甲房地产经纪公司在接待赵某时，应该怎样操作？

（3）甲房地产经纪公司为了避免赵某、钱某私下成交，应如何操作？

（4）若赵某接到丙房地产经纪公司人员电话，称已按其开出的条件将乙房产出租给钱某，则说明可能存在哪几种情形？

项目二 房地产经纪信息收集与利用

模块四 房地产经纪信息管理系统

学习目标

1. 了解房地产经纪信息管理系统的作用。
2. 熟悉房地产经纪信息管理系统的主要类型。
3. 掌握一种房地产经纪信息管理软件的使用。

房地产经纪信息管理系统由两部分组成：企业网站和房地产经纪信息管理系统。前者对外树立形象，提供房源信息；后者则主要基于公司内部管理，包括房源、客源、跟进、成交、任务、计划、统计等企业的日常经营管理。目前，北京、深圳、广州、上海等各大城市大中型中介公司都同时拥有两套系统：在"网上"通过网站向外发布房源信息，在"网下"通过业务管理软件来进行公司的日常经营管理，两者相辅相成，共同构建企业的信息化系统。

一、房地产经纪信息管理系统的作用

房地产经纪是以信息为经营资源的中介公司，为了对房地产经纪信息实施有效管理就必须借助于计算机管理系统。目前国内一些大型的房地产经纪机构都非常重视自己企业的计算机信息管理系统。具体来说，房地产经纪信息管理系统在房地产经纪信息管理中的应用，体现在以下几个方面。

1. 改善资料的存储方式

在房地产经纪活动中，如楼盘的代理，房地产经纪机构会拥有该物业的各种规划档案、物业的总平面图、各层平面图、物业设施设备的管道图、小区景观设计图等资料，这些资料往往是相当庞杂的。利用计算机，不但可以把所有资料有效地保存，而且可以直接使用相关资料，有利于营销策划、项目推广。开发项目、零散房源信息、各种图样、各类照片、客户登记资料、跟踪资料等统统加入到管理系统中，使查找、翻阅、修改、复制等都非常方便、快捷。

2. 进行日常业务的统计分析

房地产经纪信息量巨大，利用计算机可以将各项信息分门别类而又相互关联地存储起来,随时进行统计分析,甚至自动判断、提示房地产经纪人哪些资料不完善,还有哪些客户需进行进一步跟踪活动等。在房地产经纪信息管理系统中,它往往是以表格的方式由房地产经纪人填写日常收集的各项信息,而后自动以统一的格式显示或打印出来,并以图表方式显示统计结果。

3. 实现财务电算化

房地产经纪公司的财务管理是非常繁琐的,各式各样的表格、凭证,不但要做到账目清晰,更要保证数字万无一失,采用计算机和相应的财务管理软件则可以使这种状况大为改观,计算机不但可以记录房地产经纪活动的各项广告费、交通支出、活动支出等费用,而且大大简化了统计、制表、核查、分析等工作。如房地产由于价值大,有时购房人愿意办理抵押贷款,利用计算机不仅便于计算每月还款额,而且便于查询。

4. 提高房地产经纪信息管理效率

房地产经纪信息管理系统一方面以功能非常强大的应用软件有效地改善着房地产经纪活动中传统的处理事务的方式;另一方面,计算机的规范化操作又促使房地产经纪活动按规范执行,提高了房地产经纪人处理事务的效率和自身素质,从而提高房地产经纪活动的质量。

二、房地产经纪信息管理系统的主要类型

1. 数据管理的信息系统

这类系统把现有房源信息、销售合同、费用凭证、客户需求等都以一定的数据格式录入到计算机里,以数字的形式保存起来,可以随时查询,实现企业内部信息的数字化,并可通过局域网连接互联网来实现企业与外部信息的交流。

2. 具有流程控制功能的信息系统

这类系统把企业已经规范的一些流程以软件程序的方式固化下来,使得流程所涉及岗位员工的工作更加规范高效,减少人为控制和"拍脑袋"的管理行为,同时也能提升客户满意度。比如客户前来付款,财务人员打开信息系统,输入客户的名称和交易代码,就可以直接显示该客户的详细交易信息,如何时前来咨询、何时登记、何时签订合同等信息,并且显示出该客户已付了多少款,本次应支付金额,以及下次需支付金额和时间等信息,而这些都是通过不同岗位的信息得到的。

3. 具有辅助决策功能的信息系统

这类系统通过对那些信息化的原始数据进行科学的加工处理,运用一定的计算模型,起到对管理和决策的支持作用。比如说成本和费用控制是每个管理者都重视

项目二　房地产经纪信息收集与利用

的内容，但以前我们只能在每个月报表出来后才知道哪儿超了、哪儿省了，那是事后控制。运用信息化手段，第一层面的工作完成后，也就是每笔费用、销售收入都录入计算机以后，就可以清晰地归纳各科目费用，可以按岗位、按部门、按项目来汇总。同时可以对那些关键控制的费用或费用率给出一个计划值，并计算实际发生值与计划值的差额，一旦超标立即报警，或停止授权，这样就可以对这些费用进行实时控制。

三、房地产经纪信息管理系统功能

这里以千百度房介通管理系统 2009 为例加以说明。下面这幅截图（图 2-1）是千百度房介通管理系统首页界面，主要包括房源管理、客户管理、好友管理、业务动态、广告管理、业务设置、系统设置等功能。下面分别介绍其主要功能。

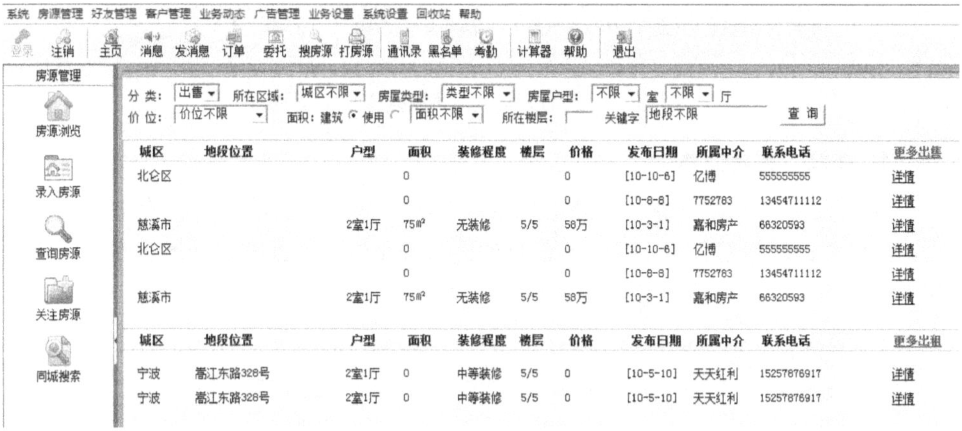

图 2-1　千百度房介通管理系统首页界面

1. 搜索网上个人房源、客源信息

本软件系统中的搜索网上个人信息功能为软件用户即时提供同城内各大房产网站上个人发布的房源、客源信息，使软件用户第一时间内快速查询所需的房源客源信息。本软件中千百度房产搜索引擎时时自动搜索房源客源信息，解决了房地产中介企业通过人工在各大网站上查询信息的工作，既快捷又高效。

2. 搜索网上中介房源、客源信息

本软件系统中搜索网上中介信息功能为软件用户即时提供同城各大房产网站上中介企业、房产经纪人发布的房源、客源信息，使软件用户第一时间内快速查询所需要合作的房源、客源信息。本软件系统中千百度房产搜索引擎为软件用户时时自动搜录同城内各大房产网站上的信息，既快捷又高效。

3. 搜索同城中介盟友发布的房源、客源信息

房地产中介企业当自有房源信息或客源信息不能满足客户需求时，可以通过软件系统中的同城搜索功能，查找连锁店、加盟店或其他房地产中介企业的房源、客源信息，如图2-2所示。软件系统内有同城房地产中介企业之间的房源、客源信息共享库，进行互通（房源、客源联系方式等内部信息不能互通）。通过信息共享，优势互补，解决了有房无客、有客无房、不能满足客户需求、流失客户等难题。

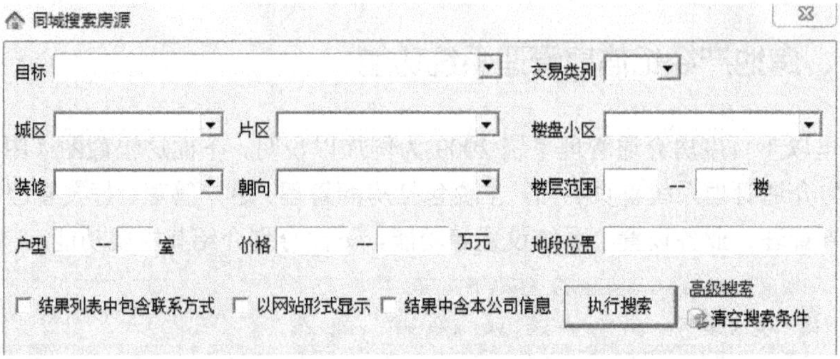

图 2-2 千百度房介通同城搜索房源界面

4. 房源、客源信息

软件系统用户的房源、客源信息权限分级管理，多次动态加密存储，加密传输，信息数据网络双备份，保证了信息的绝对安全性。千百度房介通房源信息界面如图2-3所示，千百度房介通客源信息界面如图2-4所示。

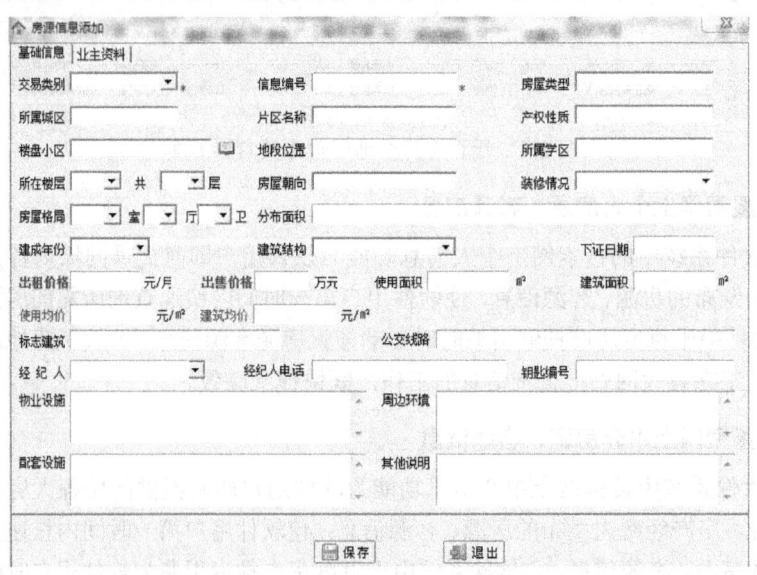

图 2-3 千百度房介通房源信息界面

项目二 房地产经纪信息收集与利用

图2-4 千百度房介通客源信息界面

5. 盟友即时通信系统

软件系统内有自主研发的即时通信系统,让在线中介盟友之间像使用QQ一样进行互通有无的信息即时通信,既省钱又高效。

6. 房源信息管理系统

软件系统内有房源信息添加、修改、转移、跟进、匹配、打印、导出、签单、删除、广告管理、关注房源管理等管理功能。

7. 房源信息快速查询系统

软件系统内有本地搜索、远程搜索、特殊查询功能,可供用户快速查找信息,如图2-5所示。

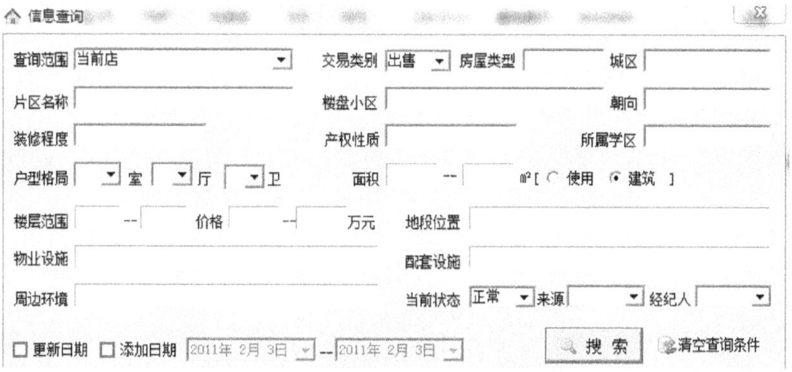

图2-5 千百度房介通信息查询界面

8. 辅助办公系统

软件系统内有多功能计算器、楼盘字典、承租到期扫描、跟进小贴士提醒、通讯录、黑名单、公司消息等辅助办公功能。

9. 个性化系统设置

软件系统内用户可根据自己的操作习惯设置软件界面、用户员工的操作权限、房源编号等。

10. 连锁店、加盟店联网系统

软件系统实现了同一城市的连锁店、加盟店房源信息的共享交流，便于软件用户各店之间共享房源。

项目任务书

1. 到互联网上下载一个免费的千百度房介通软件，安装到计算机上，并注册用户名。
2. 在本地房产网站上搜集三条房源信息，输入到千百度房介通管理系统中。
3. 模拟三位客源情况，输入资料到房介通管理系统中。

项目三　房地产经纪咨询业务

项目概要

房地产经纪咨询，是指为房地产活动当事人提供法律法规、政策、信息、技术等方面服务的经营活动。根据服务对象的不同，房地产咨询可以分为两大类：第一类是为房地产投资者提供包括法律咨询、政策咨询、决策咨询、工程咨询、经营管理咨询在内的各种咨询服务；第二类是为房地产市场交易行为中的客户提供信息咨询、技术咨询等中介服务。目前，房地产经纪咨询业务中最常见的工作是为客户置业提供购房指南等。本项目主要学习后一种咨询业务，为客户提供价格、税费、金融及投资置业方面的咨询服务。

模块一　房地产经纪价格咨询业务

学习目标

1. 掌握房地产价格咨询业务的操作流程。
2. 熟悉房地产价格的构成。
3. 能分析影响房价的因素。

案例导入

某市土地储备中心以拍卖方式出让一宗住宅用地，甲、乙两家房地产开发公司拟参加竞买，甲公司委托丙房地产估价机构进行价格评估，最高应价评估结果为 12 000 万元。乙公司委托丁房地产估价机构评估出的最高应价为 15 000 万元。

房价是房地产中最敏感的因素，所有与房地产相关的因素最终都要通过价格反映出来，无论对开发商还是对居民个人来说，房地产买卖都是大宗交易，其价格的构成及影响因素都非常复杂。对于客户来说，一般价格咨询包括三个方面：房地产估价、一手房价格咨询及二手房价格咨询。

一、房地产估价原则

1. 合法原则

合法原则要求房地产估价应以估价对象的合法权益为前提进行。合法权益包括合法产权、合法使用、合法处分等方面。

2. 最高最佳使用原则

最高最佳使用原则要求房地产估价应以估价对象的最高最佳使用为前提进行。最高最佳使用是指法律上许可、技术上可能、经济上可行，经过充分合理的论证，能使估价对象的价值达到最大的一种最可能的使用。

3. 替代原则

替代原则要求房地产估价结果不得明显偏离类似房地产在同等条件下的正常价

格。类似房地产是指与估价对象处在同一供求范围内,并在用途、规模、档次、建筑结构等方面与估价对象相同或相近的房地产。同一供求范围是指与估价对象具有替代关系,价格会相互影响的房地产所处的区域范围。

4. 估价时点原则

估价时点原则要求房地产估价结果应是估价对象在估价时点时的客观合理价格或价值。

在实际估价中,通常将"估价作业期"(估价的起止年月日,即正式接受估价委托的年月日至完成估价报告的年月日)或估价人员实地查勘估价对象期间的某个日期定为估价时点,但估价时点并非总是在此期间,也可因特殊需要将过去或未来的某个日期定为估价时点。

二、房地产估价的程序

(一)明确估价的基本事项

在实际进行房地产评估的过程中,会涉及许多方面的问题,需要处理的事项也较多。有些事项直接关系到估价作业的全过程,对估价额也有较大的影响,这些事项被称为估价的基本事项,必须预先明确。一般来说,估价的基本事项包括估价对象、估价目的、估价时点及评估前提四个方面。

1. 明确估价对象

明确估价对象即要明确评估对象是什么、范围如何。估价的是土地,还是建筑物,或是房地合一,包括坐落位置、面积、用途、结构等;如估价的是写字楼,是否包括其中配备的设备;如是酒店,是否包括其中的家具等。还要明确所评估的是何种物权,是所有权,还是使用权或抵押权等。

2. 明确估价目的

估价目的可具体分为买卖、交换、租赁、入股、抵押、典当、保险、课税、征用、拆迁补偿、投资决策、清产核资、区域规划、分析等。不同的评估目的对于估价方法的选择和估价结果有一定影响,明确了评估目的,也就相应地确定了所要评估的价格类型,如买卖价格、租赁价格、入股价格、抵押价格、征用价格、课税价格等。

3. 明确估价时点

房地产价格受多种因素影响,是不断变化的。对于同一宗房地产来说,在不同的时点上,其价格可能有较大的差别。通常所说的某宗房地产的价格都是指该房地产在某个特定时点上的时价，我们所要评估的也正是这种时价。

4．明确评估前提

由于特殊情况的需要，以及评估对象与其他事物之间所存在的关系，在评估上还要明确评估的前提条件，主要包括如下四种：①独立估价；②部分估价；③合并估价或分割估价；④变更估价。

（二）拟定估价作业计划

明确了估价的基本事项，就可以基本把握住整个估价任务。为了保证估价工作高效率、有秩序地展开，应预先拟定出合理的作业计划，其主要内容包括如下几个方面：

（1）初选估价方法或评估的技术路线，以便于以后的工作有目的地进行。

（2）确定投入人员。这是估价作业计划的关键内容。应根据评估任务量的大小、性质及难易程度确定，在确定时应充分考虑估价人员的专长。

（3）制定评估作业日期及进度安排。评估作业日期一般是按委托人的要求确定的。

（4）评估作业所需经费预算。

（三）实地勘察

估价人员必须亲临现场，实地查明有关情况。实地勘察的内容主要包括如下几方面。

1．对象房地产的位置及其周围环境

实地勘察时，除应查明地号或门牌号码外，还应对照地籍图判明对象房地产的边界及其与邻地和道路的关系，这样才能准确把握估价对象的位置、形状和土地面积等。同时，还要观察附近的建筑布局、绿化、卫生状况、地势高低、日照、通风及周围土地利用程度等，并进行实地拍照。

2．对象房地产的使用情况及现状

首先要核实对象房地产的实际用途。如果属于有收益的房地产，还要查明其出租或经营上的收益与费用；其次要查明建筑物的结构、建成时间、新旧程度、完损等级及内部装修等（应对建筑物进行内外拍照），并了解建筑面积、使用面积或可供出租和营业用的面积等。

（四）收集分析相关资料

1．房地产价格的一般影响因素资料

从总体来看，一般影响因素对房地产价格的作用是错综复杂的，分析这些影响

因素对估价对象、对价格究竟产生何种影响更是一个难度很大、非常复杂的问题。但是，当房地产市场走势比较稳定，价格变动比较平稳时，可运用统计规律和预测方法来确定房地产价格的平均增减量、平均增长速度或价格变化。在分析过程中，应善于根据具体情况确定对评估对象或某类物业的价格变化有较大影响的关键因素，从而既可简化分析的难度，又可提高分析的精确性。

2. 区域市场资料

区域市场资料主要包括一般影响因素在区域市场上的体现，包括该地区的经济、社会、城市建设、城市规划的发展变化，也包括该地区的市场特征及交易情况等。

3. 实例资料

实例资料主要包括市场交易实例资料、开发建造实例资料和房地产运用收益实例资料。在评估过程中，无论是否直接运用这些资料，都应尽量收集，以供参考。对于搜集到的实例资料，应整理成表格形式，以便于利用。

4. 评估对象的情况

该资料的收集是在实地勘察时完成的，一般是按固定的表格填写。必须指出，运用不同的估价方法，收集资料的侧重点是有较大差异的。

三、市场比较法

（一）市场比较法的基本原理

市场比较法是将估价对象与估价时点近期有过交易的类似房地产进行比较，对这些类似房地产的已知价格作适当的修正，以此估算估价对象的客观合理价格或价值的方法。

市场比较法的关键是选择类似房地产。类似房地产是指与估价对象处于同一供求圈内，并在用途、规模、档次、建筑结构等方面与估价对象相同或相近的房地产。市场比较法依赖于活跃的房地产市场所提供的市场资料和交易实例，是以发育健全的房地产市场为基本条件，同时还应掌握充足的交易实例资料。具体来说，可选取的交易实例应数量充足，一般要求理想的交易实例资料有 10 个以上，其中最基本、与待估房地产状况最接近的实例要有 3~4 个。

（二）市场比较法的操作步骤

市场比较法的操作步骤如图 3-1 所示。

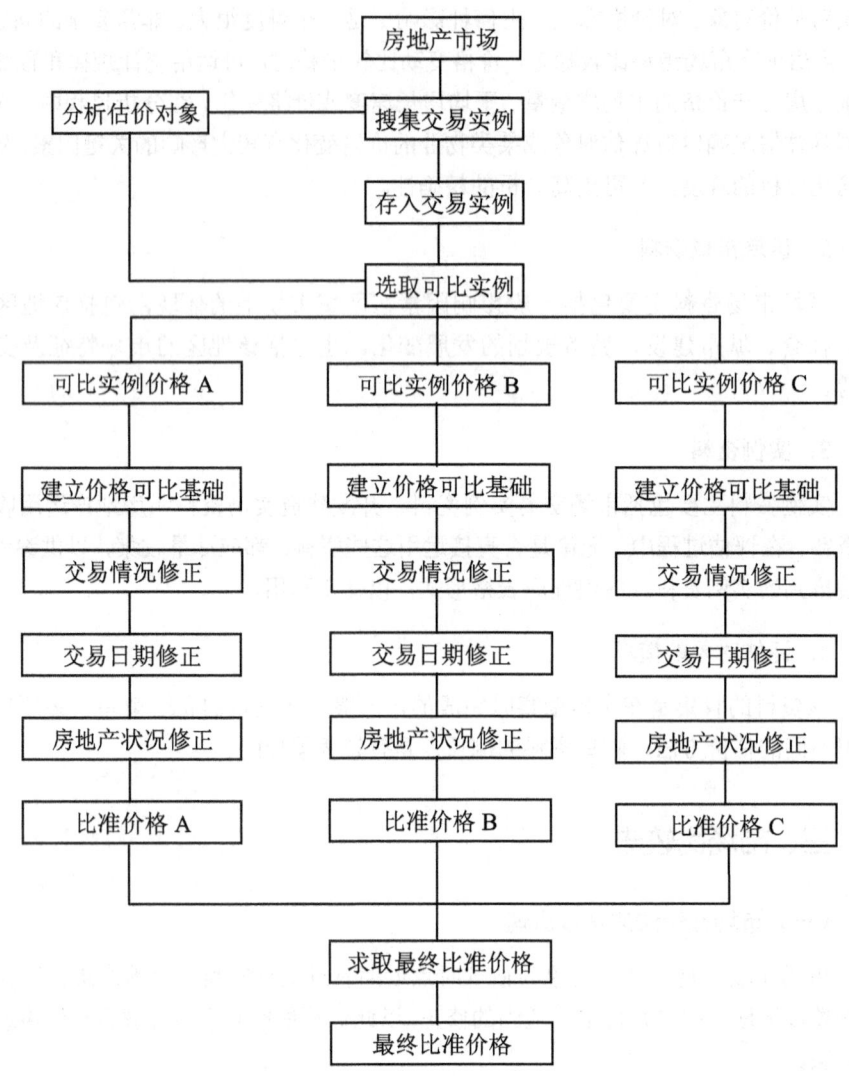

图 3-1 市场比较法的操作步骤

1. 交易实例的搜集

运用市场比较法估价必须搜集、掌握充分的市场交易资料,搜集交易实例时,应针对性地搜集如下内容。

(1)交易双方的基本情况:包括交易双方的名称、性质、法人代表、住址等基本情况及交易目的、交易双方有无利害关系等,以便进一步判断交易是否属于正常交易。

(2)交易实例房地产状况:包括权益状况、实物状况、环境状况等。如坐落位置、面积、用途、交通、土地容积率、建筑物剩余使用年限、周围环境景观等。

（3）成交价格及付款方式：房地产价格有房地产总价格、房屋总价格、土地总价格及相应单价，同时还应注意价格类型，如土地拍卖价格、招标价格、协议价格。

（4）成交日期：以确定交易实例的可比性进行日期修正。

（5）付款方式：付款方式包括一次性付款、分期付款、抵押贷款的方式及比例等。

（6）交易情况：如交易税费的负担方式，有无隐价瞒价情况及有无债务清偿、人为抬价或亲友间交易、合并土地的买卖等特殊交易情况。

2．可比实例的选取

可比实例应符合下列基本要求：

（1）与估价对象类似的房地产。应选择与估价对象用途、建筑结构、所处地段相同的实例。

（2）交易日期与估价对象房地产的估价时点应相近。一般选取的可比实例房地产的成交日期距估价时点的间隔越短，在进行交易日期修正时的准确性越高。因此，最好选择近期1年内成交的交易实例作为可比实例。

（3）与估价对象房地产的价格类型应相同。这种价格类型主要指大类价格类型，房地产大类价格类型主要是指：①买卖价格；②租赁价格；③抵押价格；④入股价格；⑤征用价格；⑥典当价格；⑦课税价格；⑧投保价格等。

（4）成交价格为正常价格，或可修正为正常价格。所谓正常价格，是指在公开的房地产市场上，交易双方均充分了解市场信息，以平等自愿的方式达成的交易实例价格。这类交易实例应当首选为可比实例。如果市场上正常交易实例较少，不得不选择非正常交易实例作为可比实例时，也应选取交易情况明了且可修正的实例作为可比实例。

3．价格可比基础的建立

可比基础是指：单价的含义统一、面积的内容统一、货币的单位统一。因为已选取的若干个可比实例之间及其与估价对象之间，可能在付款方式、成交单价、货币种类、货币单位、面积的内涵和面积的单位等方面存在不一致，无法进行直接的比较修正，因此，需要对它们进行统一换算处理，使其表述口径一致，以便进行比较修正，为后面进行交易情况、交易日期和房地产状况修正打下基础。

4．交易情况修正

交易情况修正指排除交易行为中的特殊因素所造成的可比实例成交价格偏差，将可比实例的成交价格调整为正常价格。造成成交价格偏差的原因很多，如有特殊利害关系人之间的交易，父子之间、兄弟之间、亲友之间、母子公司之间、公司与其职工之间的房地产交易，成交价格通常低于其正常的市场成交价格。急于出售或急于购买的交易，前者往往造成价格偏低，后者往往造成价格偏高，这样就需要对实例交易情况进行修正。

实际估价中常采用百分率法进行交易情况修正。

例 3-1

某宗房地产交易,买卖双方在合同中写明,买方付给卖方 2 325 元/平方米,买卖中涉及的税费均由买方来负担。该地区房地产买卖中应由卖方缴纳的税费为正常成交价格的 7%,应由买方缴纳的税费为正常成交价格的 5%。

则该宗房地产交易的正常成交价格为

正常成交价格 – 应由卖方负担的税费 = 卖方实际得到的价格

应由卖方负担的税费 = 正常成交价格 × 应由卖方缴纳的税费比率

正常成交价格 = 卖方实际得到的价格 ÷(1 – 应由卖方缴纳的税费比率)

= 2 325 ÷(1 – 7%)

= 2 500(元/平方米)

5. 交易日期修正

交易日期修正,实际上是房地产状况修正,经过交易日期修正就将可比实例在其成交日期时的价格变成了在估价时点时的价格。实际估价中常采用百分率法进行交易日期修正,其公式为

可比实例在成交日期时的价格 × 交易日期修正系数 = 在估价时点时的价格

6. 房地产状况修正

房地产状况修正,是将可比实例在其房地产状况下的价格调整为在估价对象房地产状况下的价格。房地产状况修正包括区位状况修正、权益状况修正和实物状况修正。

房地产状况修正一般采用评分的办法,以估价对象的房地产状况为基准(通常定为 100 分),将可比实例的房地产状况与其逐项比较打分。如果可比实例的房地产状况劣于估价对象的房地产状况,打的分数就低于 100;相反,打的分数就高于 100。然后将所得的分数转化为修正价格的比率。

7. 综合修正计算

经过交易情况、交易日期、房地产状况三方面的修正后,就把可比实例房地产的实际成交价格变成了估价对象房地产在估价时点的客观合理价格。如果把这三大方面的修正综合起来,计算公式如下:

估价对象价格 = 可比实例价格 × 交易情况修正系数 × 交易日期修正系数 × 房地产状况修正系数

四、收益法

收益法,在土地经济理论和土地估价时又称为地租资本化法。是预计估价对

象未来的正常净收益，选用适当的资本化率将其折现到估价时点后累加，以此估算估价对象的客观合理价格或价值的方法，采用收益法估价求得的价格称为收益价格。

收益法适用于有收益或有潜在收益，并且收益和风险都能够量化的房地产，如商业、旅馆、餐饮、写字楼、公寓、游乐场、厂房、农地等房地产；而对于收益或潜在收益难以量化的房地产价格的评估则不适用，如政府办公楼、学校、公园、图书馆、博物馆等公用、公益房地产的估价，收益法大多不适用。

（一）收益法的操作步骤

（1）搜集有关房地产收入和费用的资料。

（2）估算潜在毛收入。

（3）估算有效毛收入。

（4）估算运营费用。

（5）估算净收益。

（6）选用适当的资本化率。

（7）选用适宜的计算公式求出收益价格。

其中，潜在毛收入、有效毛收入、运营费用、净收益均以年度计。

（二）收益法的计算公式

根据收益法的基本原理，假设净收益和资本化率都已知的条件下，来讨论收益法的各种计算公式。

1. **基本计算公式**

根据资金的时间价值，我们将收益法的基本原理公式化，其公式为

$$V = \sum_{i=1}^{n} \frac{a_i}{(1+r)^i} \tag{3-1}$$

式中，V——房地产收益价格；

a_i——房地产第 i 年净收益；

r——房地产的资本化率。资本化率又称还原化率、收益率，是把资本投入到不动产所带来的收益率；

n——房地产自估价时点起至未来可获收益的年限。

图 3-2 为现金流量示意图。

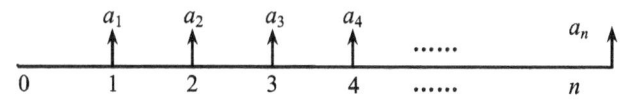

图 3-2 现金流量图

因未来各年度的净收益无法准确预测，因此，该公式只有理论上的意义，在现

实中难以操作。根据房地产未来获取净收益流量的类型，我们可以推导出下述各种公式。

2. 净收益及其他因素不变的公式

净收益及其他因素不变的公式有无限年期和有限年期两种。

（1）无限年期：

$$V = \frac{a}{r} \qquad (3-2)$$

此公式的假设条件是：①净收益每年不变为 a；②资本化率 r 每年不变且大于零。

该公式可直接用于估计土地的收益价格，因为土地的收益是无限期的；对于房地合一的房地产，当建筑物提取折旧时，其收益价格也可运用该公式。

例 3-2

有一房地产正常情况下的年纯收益为 20 万元，资本化率为 10%，其经济耐用年限为无限年，则该房地产的收益价格为

$$V = \frac{a}{r} = 20 \div 10\% = 200 \text{（万元）}$$

（2）有限年期：

$$V = \frac{a}{r}\left[1 - \frac{1}{(1+r)^n}\right] \qquad (3-3)$$

该公式的假设和限制条件为：①房地产的收益年限为 n 年；②资本化率 r 每年不变且大于零；③待估房地产的净收益每年均相等为 a。

图 3-3 为使用现金流量图。

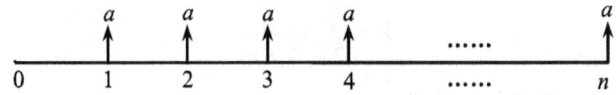

图 3-3 使用现金流量图

例 3-3

某房地产是在政府有偿出让的土地上开发建造的，土地出让年限为 50 年，现已使用了 10 年；该房地产正常情况下的年净收益为 20 万元，资本化率为 10%，则该房地产的收益价格为

$$V = \frac{a}{r}\left[1 - \frac{1}{(1+r)^n}\right]$$

$$= \frac{20}{10\%}\left[1 - \frac{1}{(1+10\%)^{50-10}}\right]$$

$$= 195.60\text{（万元）}$$

3. 净收益在前若干年有变化的公式

净收益在前若干年有变化的公式具体有两种情况：一是无限年，二是有限年。

（1）无限年的公式：

$$V=\sum_{i=1}^{t}\frac{a_i}{(1+r)^i}+\frac{a}{r(1+r)^t} \qquad (3-4)$$

式中，t——净收益有变化的年限。

该公式的假设前提是：①净收益在前 t 年（含第 t 年）有变化，在 t 年以后无变化为 a；②资本化率 r 大于零。

（2）有限年的公式：

$$V=\sum_{i=1}^{t}\frac{a_i}{(1+r)^i}+\frac{a}{r}\left[1-\frac{1}{(1+r)^{n-t}}\right]\cdot\frac{1}{(1+r)^t} \qquad (3-5)$$

式中，t——净收益有变化的年限。

该公式的假设前提是：①净收益在前 t 年（含第 t 年）有变化，在 t 年以后无变化为 a；②资本化率不等于零为 r；③收益年限为有限年 n。

图 3-4 为现金流量图。

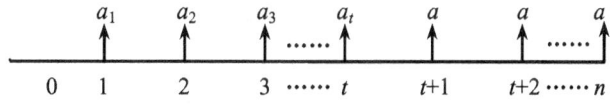

图 3-4 现金流量图

该公式有重要的实用价值，在实际估价中，一般很难准确预测在房地产的整个使用周期内每年的净收益，但可以根据估价对象的经营状况和市场环境，对其在未来 3~5 年或可以预测的更长时期的净收益做出估计，并且假设从此以后的净收益将不变，然后对这两部分净收益进行折现处理，计算出房地产的价格。

例 3-4

某宗房地产，通过预测得到其未来 5 年的净收益分别为 20 万元、22 万元、25 万元、28 万元、30 万元，从第 6 年到未来无穷远，每年的净收益将稳定在 35 万元左右，该类房地产的资本化率为 10%。该宗房地产的收益价格为

$$\begin{aligned}V &= \sum_{i=1}^{t}\frac{a_i}{(1+r)^i}+\frac{a}{r(1+r)^t} \\ &= \frac{20}{1+10\%}+\frac{22}{(1+10\%)^2}+\frac{25}{(1+10\%)^3}+\frac{28}{(1+10\%)^4}+\frac{30}{(1+10\%)^5}+\frac{35}{10\%\times(1+10\%)^6} \\ &= 310.2（万元）\end{aligned}$$

五、房价构成

房地产是大宗商品，其价格构成比较复杂，本部分将分别介绍新房和二手房的房价构成。

（一）一手房房价构成

商品房价格的构成因素很多，其中最主要的是土地费用和拆迁安置费用、房屋开发费用、市政公用设施费用及各种税费和开发商的利润。

1．地价成本

包括土地出让金及相关费用，如郊区的耕地补偿、劳动力安置等。这部分约占房价的20%～30%。

2．拆迁安置费用

这部分约占房价的10%～20%。

3．房屋开发费用

如勘察设计、招标、监理、施工等，以及开发商经营费用，包括办公管理费、销售经营费及融资利息等。这部分约占房价的20%～30%。

4．各项税费

约占房价的30%左右。

5．开发商利润

大约20%左右的开发商利润。

开发商将开发成本加利润分摊到单位建筑面积上，再通过绿化、小区配套、朝向、户型设计等相关指标的优劣比较，就确定出了具体的每套商品房价格。

当然这只是在理论上的房价构成，在实际运用过程中，房价的成本计算方式相当复杂，包括周边环境的搭配、供求关系、投机者的炒作哄抬及购房者不理性等因素在内。

（二）二手房房价构成

二手房价格相对于一手房更为复杂，不仅涉及原业主购买时的成本，还涉及折旧和装修，以及更为复杂的交易税费。

1．购房成本

购房成本主要包括当时的购房总价、购房税费、利息支出、物业管理费、维修基金及保险费等。这些主要费税在后面将会详细介绍。

2. 折旧

二手房的折旧按所售房屋的重置价格（即根据当年、当地的建筑技术和工艺水平、建筑价格、人工和运输费用等条件，重新建造与评估对象具有相同结构、式样、标准、质量和效用的房屋所需的费用）结合房屋成新折旧评定房屋的合理价格。当然这种方法计算起来很麻烦，必须有专业的房产评估机构来进行，在居民个人购房中并不常用。一般来说，将房屋抵押给银行进行贷款时，所售房成本价年折旧率通常多层按2%计算，小高层和高层按1.5%来计算。对于那些经过大修或设备更新的二手房的折旧年限，则需要按相关规定重新评估。

3. 装修费

判断装修材料价格和人工费必须依据当前市场的价格，而不是装修时的价格。按照一般的装修市场惯例，装修折旧按5年制计算，折旧方法为第一年10%、第二年20%的递进折旧法计算。一般超过5年以上的装修，其价格可以忽略不计。通过上述方法，购房者可以大致估算出需购房的装修价格，将装修价从房屋总价中剔除，再与同类型的毛坯房进行比较，就很容易看出该套二手房房价的高低。

4. 税费

二手房税费较复杂，税费总额占房价10%左右，将在后面作详细介绍。

六、影响房价的因素

影响房价的因素非常复杂，除上面讲到的房价构成因素对房价有直接影响外，还有许多其他因素。本部分主要介绍住宅价格的影响因素。

（一）一手房价格影响因素

1. 地段与交通

房价的高低首先决定于该房屋所处的地段。位于市区黄金地段的房源属于稀缺资源，拥有它意味着就可享受便捷的交通资源、完善的商业配套资源、成熟的生活配套资源等，房价则不言而喻。一般情况下，市中心区域的房价与郊区房价相比能产生一倍甚至好几倍的价差。

2. 商业配套、社区配套

商业及社区配套齐全是所有购房者最为向往和满意的新居状态。如果所居住的房产周边分布着大型的商场、卖场及商业板块，同时社区配套中的菜场、超市、银行、邮局、医院、餐饮店等齐全，购房自住就会很便利；如果投资购房，房产变现能力就会增强，当然房产的价格也就高了。通常情况下，如果房屋的周边部分设施配套不齐或缺失，售价则按相应比例减少 5%～15%。

3．小区环境及物业管理

居住环境是大多购房者购房前重点考虑的问题，它也是评判房价高低的一个重要因素。在大量楼盘的广告中，我们不难发现一些这样的词语"临山"、"临湖"、"亲水"等，说明良好的生态环境已成为商家打造全新商品房项目的一大卖点，因此良好的环境价值也直接反映到了房价上。房价因为居住环境的优劣而上下浮动，现代城市人生活节奏快，工作压力大，且城市环境污染较为严重，小区内有"山"、有"水"、有"花"、有"草"，肯定能够提高房屋居住的舒适度，房价自然会略高于一般小区，而相反房屋周边有垃圾场、变电站或烟囱等降低居住环境质量的设施，其所在房屋的价格就会大打折扣。

随着人们对居住环境要求的增长，小区物业管理情况也成了评判房价的一项标准，因为物业管理的优劣状况会直接影响到人们日后居住环境的卫生、便民服务及日常安全等重要问题。

4．楼层

房源所在楼层位置也是产生价差的一个因素，如对于小高层、高层而言，由于楼层越高，通风采光性越好，且电梯费越多，因此楼层越高，房价越高。同一栋楼里最便宜的次低层与最贵的次高层，价差约 10%。

多层楼房的价差要小一些，在 5% 以内，价格最贵的房源为中间的三、四层。底层由于阴暗、潮湿、噪声大、灰尘重，还有可能下水道排水不畅致使污水倒流或臭气倒逼等原因，房价一般和顶楼一样最低。顶楼价低的最大原因就是因为时间久了，屋顶可能会漏水。现在开发商基本上都考虑到了这点，底楼下面有一层车库，很多底楼带有户外花园，顶楼加了层阁楼，或带有屋顶花园，这样一来，底楼顶楼的价格比中间还要高了。

5．朝向

朝向对房价的影响可达 5%。购房者大都喜欢南北朝向的房子，因为这样的房子通风条件良好，同时采光性能也好。

6．房型

房屋按居室数量分为套一、套二、套三等，这些均被称之为房型。房型设计的合理性直接影响到人们对房屋价格的评判。在同一地段，且建筑面积相同的情况下，套二比套一的房价高，房屋厅面积的大小对价格也有影响。如房屋客厅开间在 3.9 米以上，面积在 20～30 平方米，较适宜人体居住及室内活动，房价会相应高些。明厨、明厕的房型较一般暗厨、暗厕的房型更有利于室内气体流通，其价格也占有一定的优势。

7. 供求关系

房屋同所有商品一样，都会受到供求关系的影响，当房屋供应量过大时，房屋价格就会出现下降。当房屋需求量增加，经济状况走好，房地产市场行情看涨时，房屋价格也会随之上涨。因此在评估房价时除需关注上述几项硬性条件外，还应考虑市场供求关系对房价造成的影响。

（二）二手房价格影响因素

对于二手房来说，除了以上的房价影响因素外，还应特别考虑如下因素。

1. 房龄

房屋的新旧程度，直接关系到购房人的利益。而房屋自修建完毕后，就进入了折旧期。砖混结构房屋折旧期限为 50 年，每年的折旧率为 2%左右，钢混结构房屋折旧期限为 70 年，每年的折旧率为 1.5%左右。

2. 装修

据一些房地产经纪人介绍，目前市场上约 80%以上的二手房交易时不另计装修费，入住 3~4 年、装修费在 10 万元及以下的房屋成交价中，基本包含了装修成本。从理论上说，装修费应按年限来估算，但目前我国这方面的法律法规还是空白。如今市场上较多采用 5 年制折旧方法，最后留有 20%的残值，折旧以第一年 10%、第二年 20%的递进方法估算，通常第一年就应有折旧。但精装修的房屋通常另算装修费，一年内的装修成本全计，装修折旧不以年限来估算。已购公房由于居住年代长、简装居多，所含的装修费相对较少。

3. 小区环境与配套

房屋配套设施的完善与否，对居家来说尤为重要。在同一地段，二手房的小区环境会逊色于新住宅区，根据小区平面布局、设施、绿化、运动设施的配备及房屋的外观造型等情况，售价需减少 3%~5%。

4. 卖方的动机

卖方的动机对房价也有较大的影响。如果卖方是投资者，纯粹是为了赚取差价获利，或卖房换房的，一般价格都比较坚挺。如果因为生意亏损、离婚或要出国急于现金等，这时房价会有所松动。

5. 税费

二手房税费不可忽视，在没有任何优惠政策的情况下，二手房的税费相当于总房价的 10%左右。二手房税费将在后面详细学习。

七、楼盘价格

很多客户到售楼处,听到各种不同价格术语,一头雾水,因此房地产经纪人应准确地向咨询者解读楼盘价格的不同含义。

1. 起价

起价是指房地产商所销售房屋价格中的最低价格,一般是位置、采光、楼层等最差的那套房子的价格。通常情况下,如果是多层住宅而且不带花园,一楼或顶楼的价格最低,也就是起价,如果一楼带花园,顶楼的价格就是起价。如果是小高层及高层住宅,一楼的价格最低,也就是起价。

2. 销售均价

销售均价是指楼盘开盘后对外公示的价格。从理论上说,销售均价是指所有房屋的销售价格总数除以所有房屋建筑面积的总数。然而实际上的均价却并不一定是这样,在实际销售情况中,销售均价往往是楼盘的营销性价格,是代表楼盘销售策略的价格。真正的销售均价一般会比报出的均价高。

3. 最高价

最高价是指房产商所销售房屋价格中的最高价格。通常位置最好、楼层适中、朝南,有良好景观的房屋价格最高。

4. 成交价

成交价是经过买卖双方交涉,在你情我愿的情况下成交的价格。

5. 总价

总价是指每套房子的单价乘以面积所得出的价格,是购房者购买该套房屋所要付出的全款。

6. 底价

底价为开发商委托销售公司销售的最低价格底线,销售的成交价与底价两者之间并无固定价差,基本每平方米有几十到几百元的差价。

7. 成交均价

成交均价是指楼盘的实际成交价格,由房屋的实际成交金额除以房屋的建筑面积得出。成交均价是考虑了房子的楼层、采光、朝向、户型面积大小甚至景观等因素,根据当前的市场情况,定下的整栋楼基准价格。

项目三 房地产经纪咨询业务

课后思考与练习

（一）单项选择题

1. 估价报告书中说明的（　　）限定了其用途。
   A. 估价原则　　　　　　　　B. 估价方法
   C. 估价目的　　　　　　　　D. 估价对象状况

2. 影响房地产价格的环境因素不包括（　　）。
   A. 大气环境　　　　　　　　B. 声觉环境
   C. 卫生环境　　　　　　　　D. 治安环境

3. 在影响房地产价格的各种因素中，"城市化"属于（　　）。
   A. 社会因素　　　　　　　　B. 环境因素
   C. 人口因素　　　　　　　　D. 行政因素

4. 房地产估价中，估价方法的选择，是由（　　）综合决定的。
   A. 估价对象的房地产类型
   B. 估价方法适用的对象和条件
   C. 估价人员的技术水平
   D. 委托人的特殊要求

5. 在评估投资价值时，折现率是（　　）。
   A. 社会一般的收益率
   B. 收益法中的资本化率
   C. 投资者要求的满意收益率
   D. 投资者要求的最低收益率

6. 某房地产土地总价为60 000万元，土地单价为10 000元/平方米，容积率为2，则该房地产的楼面地价为（　　）元/平方米。
   A. 10 000　　　B. 6 000　　　C. 5 000　　　D. 无法计算

（二）多项选择题

1. 下列关于房地产价格影响因素的表述中，正确的有（　　）。
   A. 不同的房地产价格影响因素，引起房地产价格变动的方向和程度是不尽相同的
   B. 房地产价格影响因素对房地产价格的影响与时间无关
   C. 理论上，房地产价格与利率因素呈负相关
   D. 房地产价格影响因素对房地产价格的影响均可用数学公式或数学模型来量化

2. 影响房地产价格的经济因素有（　　）。
   A. 经济发展状况、储蓄、消费、投资水平
   B. 社会发展状况、房地产投机和城市化
   C. 财政收支及金融状况、利率
   D. 物价、汇率、居民收入

3. 从某种意义上讲，房地产价格是（　　）。
   A. 个别人的价值判断
   B. 估价人员的主观定价
   C. 由市场力量决定
   D. 市场参与者集体竞价的结果

4. 引起房地产价格上升的原因主要有（　　）。
   A. 对房地产本身进行投资改良
   B. 通货膨胀
   C. 需求增加导致稀缺性增加
   D. 外部经济

5. 影响房地产价格的金融政策主要是房地产信贷政策，包括（　　）等。
   A. 严格控制或适度放松房地产开发、购房贷款
   B. 上调或下调金融机构存款基准利率
   C. 提高或降低最低购房首付款比例
   D. 提高或降低最高房地产抵押贷款乘数

6. 下列情况中会导致房地产价格下降的是（　　）。
   A. 上调贷款利率
   B. 收紧房地产开发贷款
   C. 开征房地产持有环节的税收
   D. 减免房地产持有环节的税收

（三）判断题

1. 明确估价对象的实物状况，是指搞清楚估价对象的位置、交通、周围环境和景观、外部配套设施等。　　　　　　　　　　　　　　　　　　　　（　　）

2. 大多数估价是对将来的价值进行评估，一般以实地查勘估价对象期间或者估价作业期内的某个日期为估价时点。　　　　　　　　　　　　　　（　　）

3. 在实际估价中，估价程序中的各个工作步骤之间不是完全割裂的，相互间可以有某些交叉，但不会出现反复。　　　　　　　　　　　　　　（　　）

4. 完成任何一个房地产估价项目，都不得随意省略房地产估价程序中的工作步骤和工作内容。　　　　　　　　　　　　　　　　　　　　　　（　　）

项目三　房地产经纪咨询业务

项目任务书

1. 搜集调查本地房地产交易实例，将调查内容填入表3-1。

表3-1　交易实例调查表

名　　称		
坐　落		
卖　方		
买　方		
成交价格		
付款方式		
房地产状况说明	区位状况说明	
	权益状况说明	
	实物状况说明	
交易情况说明		
坐落位置图	建筑平面图	

调查人员：　　　　　　调查日期：　　　　年　　月　　日

2. 某新建商业房地产出租经营，欲评估其转让价格。现选择了三个经营规模不同的类似出租商业房地产作为可比实例，测算估价对象房地产的净收益。已知每个可比实例在估价时点前连续三年的平均年净收益分别为280万元、300万元和350万元；依据最高最佳使用原则选取了350万元作为估价对象房地产的年净收益。

请问：

（1）这样的做法有哪些错误？

（2）若估价对象的年净收益保持不变，具体可采用哪些方法求取估价对象的年净收益？

3. 某公司于5年前在公开市场上以2 000万元购得一宗出让性质的办公用地，投入1 000万元建成办公用房一幢。目前，该办公用房的市场价值为4 000万元，若5年来房屋建安工程造价水平基本稳定，则有观点认为该宗土地的重新取得价格上涨了1 000万元。请问上述观点是否正确？为什么？

4. 某城市房管部门直管公房，产权证载明其用途为住宅，地处繁华商业区内，建筑面积为1 500平方米，占地2 900平方米，土地使用权性质为划拨，房屋建于1955年，后经过两次大修，目前处于正常使用状态。现政府拟将该房地产出售，委托房地产估价机构评估其市场价值。经过调查了解，该区域内建筑容积率为3及以下的商业用途土地价格为2万元/平方米，商品住宅销售均价为1.2万元/平方米。

据此，估价师拟定了以下两种估价思路：

（1）以商品住宅销售均价为基础估价；

(2)以商业用途土地价格为基础估价。

请问:
(1)上述两种估价思路中哪种较合适?说明理由。
(2)针对你所选的估价思路,描述其估价技术路线。

模块二 个人住房贷款咨询业务

学习目标

1. 熟悉房地产贷款种类。
2. 能针对客户基本情况,帮助客户选择合适的还款方式。
3. 能为客户提前还贷提供咨询服务。

案例导入

李先生42岁,有一孩子上中学,听新闻说又要加息了,就把自己银行里的存款、股市上的资金、基金等能变现的变现,能赎回的赎回,再加上父母的支持,总算凑够30多万元,准备提前将自己三年前买的一套住房的贷款结清,免得一听到"银行加息"的消息心里就不痛快。根据案例思考:哪些情况适合提前还贷?哪些情况不适合提前还贷?

房地产业是资金密集型的行业,在房地产经纪活动中,有一些关于房地产经纪金融方面的咨询,由于房地产经纪人在从事房地产经纪活动中更主要是面对居民个人,因此,本部分主要学习房地产经纪活动中居民个人住房贷款的咨询。

一、房地产贷款的种类

(一)房地产贷款的概念

对房地产贷款可有如下三种理解:①发放的贷款是用于房地产方面的,即为房地产贷款,包括用于房地产开发、房屋改造、修缮、装修;②用于购买房地产(其中典型的是城镇居民购买商品住房),用于租用房地产(但比较少见);③以房地产作担保所取得的贷款,而贷款用于房产外的其他消费。

（二）房地产贷款的种类

1. 按贷款对象不同划分

按贷款对象的不同，房地产贷款可分为房地产开发类贷款和个人住房贷款。房地产开发类贷款是向房地产开发企业和利用自有土地建设经济适用住房的单位发放的用于房地产开发项目的土地征用和房屋拆迁、前期工程、基础设施建设、房屋建筑安装及公共配套设施建设等的贷款。

个人住房贷款是向购买、建造、改造、修缮、装修各类住房的自然人发放的贷款。

2. 按贷款方式不同划分

按贷款方式的不同，房地产贷款可分为信用贷款和担保贷款。信用贷款是指凭借款人的信誉所发放的房地产贷款。担保贷款又可分为保证贷款、抵押贷款和质押贷款。保证贷款是指由第三人提供保证所发放的房地产贷款。保证是指保证人和债权人约定，当债务人不履行债务时，保证人按照约定履行债务或者承担责任的行为。房地产抵押贷款是指以房地产作为抵押物所发放的贷款。房地产抵押是指债务人或者第三人以其合法的房地产以不转移占有的方式向债权人提供债务履行担保，在债务人不履行债务时，债权人就该房地产的变价款优先受偿。质押贷款是指贷款人按《担保法》规定的质押方式以借款人或第三人的动产或权利为质押物发放的贷款。可作为质押的质物包括：国库券（国家有特殊规定的除外），国家重点建设债券、金融债券、AAA级企业债券、储蓄存单等优价证券。

由于房地产不可移动、寿命长久，具有保值增值性，是一种良好的用于提供债务履行担保的物品，因此，单位和个人向银行申请贷款时，银行为了减少自身的风险，往往要求借款人或第三人以其合法的房地产作为抵押物。因此，在房地产贷款中，房地产抵押贷款是最主要的贷款形式。

3. 按贷款利率是否变化划分

按贷款利率是否变化，房地产贷款可分为固定利率贷款和浮动利率贷款。固定利率贷款是事先确定贷款利率，贷款利率在整个贷款期限内固定不变的贷款。采用固定利率贷款时，在整个贷款期限内，贷款利率不受未来利率变化的影响，偿还贷款的方式和期限通常也是固定不变的。当银行采用这种方式发放贷款时，将面临未来利率上升的风险，所以，银行为了降低风险，通常情况下会将贷款利率固定在一个较高的水平上。而对于借款人来说，采取这种贷款方式可以准确地测算未来的利息支出，但要承担比目前的利率要高的贷款利率。当然，未来的利率也有上升的可能。

为了防范和化解利率风险，出现了浮动利率贷款。其中的一种浮动利率贷款是根据市场利率指标，按照借贷双方约定的条件，调整贷款利率和还款方式的贷款。浮动利率贷款虽然可以避免利率风险，但借款人却无法知道未来的具体利息支出情况。

4. 按贷款期限长短划分

按贷款期限的长短,房地产贷款可分为短期贷款、中期贷款和长期贷款。短期贷款是指贷款期限在一年以内(含一年)的贷款。中期贷款是指贷款期限在一年以上、三年以下(含三年)的贷款。长期贷款是指贷款期限在三年以上的贷款。

(三)居民个人购房贷款种类

居民购房贷款有三种:住房公积金贷款;商业性住房抵押贷款;住房公积金贷款和商业性住房抵押组合贷款。

1. 住房公积金贷款

住房公积金是指国家机关、国有企业、城镇集体企业、外商投资企业、城镇私营企业及其他城镇企业、事业单位(以下简称单位)为其在职职工缴存的长期住房储金。职工个人缴存的公积金是个人长期储蓄的住房基金;单位缴存的公积金是单位对职工住房分配从实物分配向货币分配的转化。两者都归职工个人所有。因此,我国的住房公积金制度是城镇住房制度改革的产物,其目的是在国家、企业、个人三者共同负担的情况下筹集住房资金,并在筹集住房资金的过程中,通过长期的储蓄积累,逐步增强职工个人住房支付能力。

公积金贷款最大的优点是利率最低,可以享受比商业贷款低的还款年利率。同样是 20 年期 40 万元的贷款,采用等额本息还款,公积金贷款(利率按 4.77%)比商业贷款(利率按 7.11%)总共要节省利息 129 247.33 元。

2. 商业性住房抵押贷款

商业性住房抵押贷款是指贷款申请者将所购房产到申请银行进行抵押,其利率在基准利率上进行浮动,较公积金贷款利率要高的贷款。一般申请者没有住房公积金账户或贷款额度超过住房公积金贷款额度时,采用商业性住房抵押贷款。

3. 住房公积金贷款和商业性住房抵押组合贷款

尽管公积金贷款利率最低,但是有额度限制,一旦贷款总额超过了公积金贷款额度,购房者就可以选择组合贷款,即在公积金贷款额度内选择公积金贷款,超过部分选择商业贷款。采用组合贷款时,贷款抵押物的抵押权人为公积金管理中心和委托贷款银行。

二、个人住房抵押贷款的基本要素咨询

(一)个人贷款额度

住房贷款额不是固定不变的,一般情况下,可贷最高限额是购房总价的 70%,但会受购房者月还款能力、还款期限的影响,如果月收入低,且年龄较大,则所贷最高限额就会较低;另外还会随着房地产政策的变化而变化。如美国次债引起的金融危机后,为

了刺激经济增长,我国政策规定从2008年11月1日起,首次购房90平方米以下住宅的,贷款额为所购(建造、大修)住房全部价款或评估价值的80%;首次购房90平方米以上的普通住宅,贷款额为所购(建造、大修)住房全部价款或评估价值的70%,购买第二套以上住宅的,贷款额为所购(建造、大修)住房全部价款或评估价值的60%。

住房公积金贷款额度的计算,要根据还贷能力、房价和最高限额三个条件来确定,三个条件算出的最小值就是借款人最高可贷数额。计算方法如下。

1. 按照还贷能力计算住房公积金贷款额度

计算公式为:贷款额度=[借款人月工资总额×(还贷能力系数+借款人所在单位住房公积金缴存比例)+借款人配偶月工资总额×(还贷能力系数+借款人配偶所在单位住房公积金缴存比例)]×12(月)×借款期限。

其中借款人工资总额=月缴金额÷(单位缴存比例+个人缴存比例)。

2. 按照房屋价格计算住房公积金贷款额度

计算公式为:贷款额度=房屋价格×贷款比例

其中贷款比例根据购建修房屋的不同类型来确定,购买商品房、经济适用住房、私产住房或其他已取得《房屋所有权证》的房屋,贷款额度不超过所购买住房价款(住房评估价值)的70%;购买危改还迁住房、集资建造住房、合作建房、公有现住房,以及建造、翻建、大修自有住房的,贷款额度不超过所购买住房价款(住房评估价值)或者建造、翻建、大修住房所需费用的70%。

3. 由贷款的最高限额来决定公积金贷款规模

住房公积金贷款最高限额每个城市不一样,并且各城市根据实际情况会不断做出调整。如果根据还贷能力和房屋价格计算的公积金贷款额度超过所在城市住房公积金贷款最高限额,则按照最高限额放贷。

(二)个人贷款期限

个人贷款最长贷款期限均不超过法定退休年龄,即男性60岁,女性55岁。商品房最长贷款期限为30年;私有产权转让房、拍卖房最长贷款期限为20年。

(三)个人贷款利率

贷款利率在中国人民银行公布的同期同档次商业贷款利率基础上,按比例进行浮动。具体浮动比例由当地银行分支机构根据国家住房信贷政策和借款申请人资信状况综合确定。

贷款利率是国家宏观调控的重要货币政策工具,会随着经济发展状况发生调整,住房贷款利率执行前一年最后一次确定的利率。所以如果采用浮动利率贷款,可能每年的贷款利率都会不一样。

三、居民购房按揭贷款还款方式咨询

目前，随着房贷在银行贷款业务中比重的不断增加，各大银行纷纷推出多样的房屋贷款方式，以满足各种不同人群的需要，扩大业务范围。

1. 等额本息还款方式

这种还款方式是把按揭贷款的本金总额与利息总额相加，然后平均分摊到还款期限的每个月中。等额本息还款方式尤其适合收入处于稳定状态的人群。作为还款人，每个月还给银行固定金额，但每月还款额中的本金比重逐月递增、利息比重逐月递减。这种还款方式便于借款人安排收支。

2. 等额本金还款方式

等额本金还款方式是指每月归还本金的金额不变，而利息却逐月递减。这样随着时间的推移所还的本息和越来越少，从而还款压力也就越来越小。如果客户现在的收入状况很好，并不觉得生活负担很重，那么应该尽量建议客户选择"等额本金还款法"。因为，随着年龄的增大，收入可能会有所下降，这个时候如果每月的还款额也同步下降，生活就不会有太大的压力。

等额本金还款方式特别适合四十多岁目前收入稳定的家庭。当然如果已确定还款时间二十年以上，对刚大学毕业或刚成家的年轻人也较适合，因为一旦有了孩子，随着孩子长大所支付的学费等费用也会越来越高，到还款后期正是孩子上高中和大学的时期，这时每月所支付的利息很小，每月还款总额差不多就只剩下本金部分。

等额本息还款法和等额本金还款法是银行最常用的两种中长期贷款的还款方法。两种还款方式的区别举例说明如下：

例 3-5

一笔房贷，商业贷款 10 万元，期限 20 年（2008 年 1 月 1 日～2027 年 12 月 31 日），年利率为 6.12%，分别用等额本息及等额本金还款方式进行试算。

等额本息还款方式：首月月还款金额为 723.37 元，其中本金 213.37 元，利息 510 元，以后每月还款金额不变，但月还本金逐月增加，月还利息逐月减少。

期末，利息总计为 73 609.07 元，本息合计为 173 609.07 元。

等额本金还款方式：首月月还款金额为 926.67 元，其中本金 416.67 元，利息 510 元，以后每月月还本金不变，月还款金额与月还利息逐月减少。

期末，利息总计为 61 455.00 元，本息合计为 161 455.00 元。

正常还款情况下，两者的差额为 173 609.07–161 455=12 154.07（元）。

正常还款情况，两者的比较，见表 3-2。

表 3-2 等额本息还款方式与等额本金还款方式比较（单位：元）

时间	等额本息还款方式				等额本金还款方式		
	已还金额	所还利息	所还本金	剩余本金	已还金额	所还利息	剩余本金
一月	723.37	510	213.37	99 786.63	926.67	510	99 583.33
两月	1 446.74	1 018.91	427.83	99 572.17	1 851.21	1 017.88	99 166.67
一年	8 680.45	6 046.94	2 633.51	97 366.49	10 979.75	5 979.75	95 000.00
两年	17 360.91	11 928.12	5 432.79	94 567.21	21 653.50	11 653.30	90 000.00
三年	26 041.36	17 633.09	8 408.27	91 591.73	32 021.25	17 021.25	85 000.00
五年	43 402.27	28 469.36	14 932.91	85 067.09	51 838.75	26 838.75	75 000.00
十年	86 804.54	51 608.76	35 195.78	64 804.22	96 207.50	46 027.50	50 000.00
十五年	130 206.80	67 515.80	62 691.00	37 309.00	132 566.25	57 566.25	25 000.00
二十年	173 609.07	73 609.07	100 000	0	161 455.00	61 455.00	0

注：1. "已还金额"一栏是指已经归还的本金和利息之和。
    2. "所还利息"一栏是指已还金额中的利息部分。
    3. 等额本金贷款每月所还的本金数相同，该案例中，皆为 416.67 元。
    4. 可以看出在正常还款约 15 年的时候，等额本金还款的已还金额会逐渐少于等额本息还款。

上面例子给客户的感觉肯定是等额本金还款方式比较合算，因为其本息合计比等额本息还款方式的要少。但是货币是有时间价值的，简单地说，今天的钱和明天的钱的价值是不一样的。等额本金还款方式始还款的金额要比等额本息还款方式多，首月还款金额在案例中分别为 926.67 元与 723.37 元，相差 200 元之多。所以，到底选择哪种方式还款，还是要由客户根据自己情况来作出决定。

3．双周供还款方式

"双周供"在国外是很普遍和成熟的房贷业务，该业务在我国台湾被称为"双周缴"，汇丰银行等金融机构通常称之为"两个星期供款计划"。所谓"双周供"是对应于"月供"而言的，指还款方式从原来每月还款一次改变为每两周还款一次，每次还款额为原月供的一半。对于房贷客户来说，还款压力不变，但由于还款频率增加，贷款本金减少速度加快，这就意味着相应还款期内的贷款利息少于"月供"时的贷款利息，同时，相应的供款期也会缩短，但每月供房压力加大。

例 3-6

一笔 50 万元 30 年的按揭贷款按基准利率 5.94% 计算，采用双周供还款可以比按月等额还款法节省利息 124 112 元，节省比例高达 21.7%；缩短还款期 67 个月，即 30 年的月供还款采用双周供，贷款将在 25 年还清。

"双周供"适合一些收入较为稳定和均衡的客户，如除了月收入以外还有其他的较为定期的收入来源。

4. 接力贷还款方式

中国农业银行推出的"父贷子还"的接力贷是指所购房屋的所有权归子女（或子女与其配偶）所有，而借款人却是父母双方或一方与该子女。对于子女已婚的，其配偶也作为共同借款人。接力贷还款方式的出现，意味着原住房按揭贷款条件的年龄限制放宽了，即父母可与子女一起接力偿还住房贷款，其实质就是还贷期限的拉长。

例 3-7

假设一对将退休的夫妇想申请 50 万元贷款，贷款最长期限只能为 10 年，月还款要将近 6 000 元。他们的儿子刚参加工作，月薪 2 500 元，如果希望 30 年还清贷款，月供超过 2 800 元，已高于他的收入水平。这样，两代人分别贷款都无法满足银行的贷款条件。但采用"接力"贷款后，通过增加儿子为共同借款人，父母的贷款期限就可由 10 年延长至最长 30 年，月还款额就降到他们能够承受的水平。

适合人群：一类是父母作为借款人年龄偏大，按现行规定（借款人年龄+贷款年限≤60）可贷年限较短，月还款压力较大，希望通过指定子女作为共同借款人以延长还款期限；另一类是作为子女的借款人预期未来收入情况较好，但目前收入偏低，按现行规定可贷金额较少，希望通过增加父母作为共同借款人以增加贷款金额。

5. 移动组合还款方式

移动组合房贷是指在还款期内，借款人可以随时调整还款方式。这是中国民生银行推出的更为灵活的一种按揭贷款方式。该种房贷方式，允许客户针对不同时期的家庭收入情况和个人投资理财习惯，订制个性化的还款方案，而且在还款期内，还款方式还可随时调整。其最大优点就是便于贷款人根据自己的收入预期，灵活调整自己的还款方式，有能力时多还，压力大时少还。与等额本息方式相比，移动组合房贷还可能节省一部分利息支出。

由于还款总期限是固定的，因此如果还款数额较低的月份越多，后期还款压力就会越大。

适合人群：刚刚工作，收入不稳定的"年轻一族"。

6. 入住还款方式

"入住还款"是指客户在银行办理一手住房贷款业务时，可以申请从贷款第一个月开始，与银行约定一个时间段仅偿还贷款利息，无需偿还贷款本金，约定期满后再开始采用等额本息或等额本金的还款方式归还贷款的本金和利息。其优点是降低购房者交房初期的经济压力。如果投资者贷款购买的房子是期房，又希望新房入住后再开始偿还贷款本金，"入住还款法"可以说是一种理想的选择。

入住还款方式适合经济较为紧张的"工薪一族"。

四、提前还贷咨询

当央行对贷款利率不断上调，购房者所承担的贷款利息也越来越高，于是，许多购房者便开始考虑提前还清或还部分贷款，当然其前提是购房者能在还款期限内获得足够的资金。有些时候，由于贷款者对提前还贷知识的欠缺，往往需要花费很大的心力、很多时间，有时还需要交纳一定的违约金……对提前还贷知识的不了解给房贷人造成了一定的损失。经纪人有必要在客户咨询贷款时向客户介绍提前还贷的相关知识。

（一）提前还贷的方式

（1）购房者提前还清全部贷款。

（2）购房者在提前还部分贷款后，剩余购房贷款的还款期限不变，但是会要求降低月还款额。在这种情况下，购房者可以节省提前所还部分房贷到期所需要支付的利息。

（3）购房者在提前还部分贷款后，可以要求缩短剩余购房贷款的还款期限，月还款额度不变，这种还款方式不仅可以节省提前所还部分贷款的到期利息，而且随着剩余房贷还款期限的缩短，使得剩余房贷的利息也随之减少。这种还款方式一般适合没有生活压力的高收入群体。

（4）购房者在提前还部分贷款后，缩短剩余购房贷款的还款期限，同时减少月还款额度，这种还贷方式除了节省提前所还部分贷款的到期利息外，也减少了剩余房贷利息的支出，这种还贷方式所节省的利息介于第一种和第二种之间。

（5）购房者在提前还部分贷款后，不仅缩短剩余房贷的还款期限，同时增加月还款额。这种还款方式只有在条件允许的情况下才能使用，一般很少有人采用。

总之，建议客户在选择还贷方式时，一定要考虑到家庭的财务状况，考虑提前还贷能否影响到家庭生活质量，同时还需要考虑到提前还贷是否比投资收益更划算。只有对此进行综合考虑，才能选择出最适合自己的还款方式。

（二）提前还贷的步骤

（1）仔细阅读贷款合同中的有关提前还贷的条例，看合同中有没有写明提前还贷需要交纳违约金。

（2）打电话到办理贷款的银行，了解提前还贷的相关信息，最好与办理贷款的业务员或者客户经理联系，确定能否办理提前贷款；办理提前贷款的地点、时间和办公地点的电话；是否需要预约；提前还贷需要的条件（需要带哪些资料）等。

（3）打电话或亲自到可以办理提前还贷的相关部门（通常为预先约定，多数为提前一个星期），提出提前还款申请。

（4）贷款人携带本人身份证、贷款合同等相关证件到借款银行，填写《提前还款申请表》，并约定办理提前还款的准确时间。

(5) 提交《提前还款申请表》，然后存入提前还款的金额。

（三）提前还贷的注意事项

提前还贷看似简单，但经纪人还是要提醒房贷人需要注意许多事项。

1. 提前还款有最低限额

许多银行都规定，客户提前还贷的数额应该是一万元或者一万元的整倍数。

2. 提前还贷不需要收取违约金

提前还贷属于变相的违约行为（贷款合同中有约定的除外），因此，部分银行拒绝为贷款不满一年的客户办理提前还贷，可是因为贷款人要求，银行方面便收取一定的违约金，但这只是少数银行，大多数银行都没有实行违约金制度，包括贷款不满一年的客户。

3. 提前还贷需要扣还当月月供

部分银行规定，贷款人在办理提前还贷手续时，需要先结清当月的贷款，然后才能办理提前还款手续。因此，贷款人在需要办理提前还贷手续前，应咨询相关部门，并且要看贷款合同上的条款，如果对此事有详细的说明，就需要按合同中的条款执行。

4. 商业贷款和公积金贷款同时还

许多购房者办理的是个人住房组合贷款，也就是商业贷款和公积金贷款相结合的贷款方式。公积金贷款的利率比商业贷款低，即便是加息，也要比商业贷款低许多，反之，商业贷款的利率就高很多。购房者往往认为提前偿还商业贷款，能够节省较多的利息支出。

事实并非如此，例如北京市的公积金管理中心就有这样的规定：如果购房者提前归还个人住房组合贷款，商业贷款和公积金贷款的归还比例必须相等。也就是说，如果购房者想要提前还款，就必须商业贷款和公积金贷款同时还，而且，还要按照贷款时公积金贷款与商业贷款的比例进行偿还。

（四）不宜提前还贷的情况

为减少利息支出，很多购房者选择提前还贷。那么提前还贷是否就一定合算呢？这就要看贷款人的具体情况了，下列这些情况就不一定需要提前还款。

1. 可以用公积金归还贷款

根据现有规定，公积金只有在购买住房、房屋大修或归还按揭贷款时才能提取，所以为了充分利用公积金，就没有必要用自己的资金提前还贷。否则贷款还完了，公积金也就没法提了。同时提前偿还公积金贷款有特别要求，按照公积金贷款的有关规定，部分提前还款应在还贷满1年后提出，并且归还的金额应超过6个月的还款额。

2. 目前消费水平不高，没有过多剩余资金

随着社会生产力的发展和人民收入水平的提高，以后的钱与现在的钱肯定不是同一个概念。同样还2000元，可能现在占家庭收入的一半，而5年后可能只占家庭收入的1/4。所以现在有钱应首先满足正常消费，况且银行对住房贷款客户是给予优惠的，如长期以来银行就实行下浮15%的优惠利率。

3. 抗风险能力较强的家庭

如果借款人炒汇、炒股、买基金、买黄金，能够谋取更高投资收益的，那就没有必要将现有资金都拿来还贷。如果自己有把握能在投资市场获得更高的收益，就可以将现有资金用于投资，否则机会成本就抬高了。

4. 家庭有经营项目

银行发放的贷款种类很多，其中房贷利率是最低的，比车贷、经营性贷款等利率都低。如果现在有了钱就归还房贷，一旦经营急需资金，那么很难再从银行将资金贷出来，因为办理住房按揭贷款相对其他贷款来说要容易一些。所以精明的投资者应该充分利用好住房贷款，不用急着还贷。

5. 选择等额本息还款法，贷款已经偿还大部分

如果购房贷款选择的是等额本金还款法，因是利随本清，所以购房者什么时候还款都可以为自己节省出相应的利息。而等额本息还款法则不然，因为等额本息还款法每月还款额是固定的，但一开始还的大多是利息，而到后面利息都还得差不多了，主要还本金。比如贷款10年，已还了八九年了，那现在还的基本上是本金，也就是相当于低息甚至无息贷款，提前还款的意义就不大了。

当然，如果购房者不属上述这些情况，又没有什么投资打算，只是把闲钱存在银行吃利息，那还不如提前还贷，以降低自己的利息负担。

（一）单项选择题

1. 按规定，房地产项目开发商的自有资金比例不得低于（　　）。
   A. 25%　　　　B. 30%　　　　C. 30%　　　　D. 40%

2. 每月借款人张三按揭供款3 500元，水电煤气支出500元，物业管理费200元，工资收入8 000元，另有房租收入1 200元，张三月房产还款支出与收入比为（　　）。
   A. 43.8%　　　B. 46.2%　　　C. 40.2%　　　D. 45.7%

3. 李四，1965年出生，2000年在申请普通住房按揭贷款时，由于对未来收入的乐观预期，他在选择按揭年限时选择了20年。2005年由于月还款压力过大，向银

行申请延长贷款期限。则其最长能够延长（　　）年。

A. 10　　　　　B. 8　　　　　C. 7　　　　　D. 5

4. 首次购房贷款最高限额是房价的（　　）。

A. 60%　　　　B. 70%　　　　C. 50%　　　　D. 80%

5. 对于家庭收入稳定的家庭，宜采用（　　）方式还贷。

A. 等额本息还款　　　　　　　　B. 等额本金还款方式

B. 双周供还款方式　　　　　　　D. 接力贷还款方式

（二）多项选择题

1. 以下关于个人住房公积金存款利率的说法正确的是（　　）。

A. 职工当年缴存的住房公积金按结息日挂牌公告的活期存款利率计息

B. 上年结转的按结息日挂牌公告的6个月整存整取存款利率计息

C. 住房公积金自存入职工住房公积金个人账户之日起计息

D. 按年计息，本息逐年结转

2. 下列情况中，职工可以提取住房公积金的有（　　）。

A. 购买自住住房　　　　　　　　B. 大修自住住房

C. 装修自住房屋　　　　　　　　D. 偿还自住购房贷款本息

3. 个人房产抵押贷款中，以下描述正确的是（　　）。

A. 等额本金还款法就是递减还款法

B. 必须向贷款行提供房屋产权证明及房地产他项权利证明

C. 用住房作抵押的，必须提供拥有第二套房产的证明

D. 必须办理强制公证手续

4. 对贷款的申请资料进行调查时，包括（　　）。

A. 对申请资料的完整性、有效性及合法性进行调查

B. 对借款人及其配偶和其他房产共有人的身份情况进行调查

C. 对借款人和房产共有人的婚姻状况进行调查

D. 对卖房人及其房产所有人所提供的身份证明及房产权利证明进行调查

（三）简答题

1. 不管什么情况下购房公积金贷款都是首选吗？为什么？
2. 等额本息还款方式和等额本金还款方式有什么不同？
3. 简述贷款操作的基本流程。

项目任务书

1. 30岁的张先生在一家报社工作，月收入8 000元，作为公司的业务骨干，

工作上得心应手。生活上,也有一个与自己相知、相爱交往了 2 年的女朋友,教师,月收入 6 000 元。今年,两人决定结婚安顿下来。目前两人存款有 30 万元。可是,买什么样的房子却让二人不知如何选择。请帮他们设计一下应买多大的房子,总价是多少,还款期限以及采用什么样的还款方式。(采用公积金贷款方式)

2. 案例分析

李小姐曾是一家大型门户网站的部门经理,在积攒了一些经验后,2005 年她在北京的中关村成立了一家自己的网络公司,经过一年多的用心打理,从 2006 年开始,公司开始赢利,目前李小姐每个月的平均收入能达到 3 万多元,但是由于行业原因,一年中有淡季和旺季之分,因此李小姐每个月的收入并不固定。在 2007 年 3 月初,李小姐在北京朝阳区朝阳花园附近购置了一套总价 200 万元的公寓,在支付了 100 万元的首付后,李小姐向银行申请了 100 万元的按揭贷款,贷款期限为 30 年,利率 6.04%。尽管李小姐收入丰厚,但是由于工作繁忙,暂时没有时间考虑投资理财的事宜,因此李小姐希望能通过合理利用收入,节省利息,并能尽快把贷款还完。根据案情分析并讨论:

(1)李小姐应采取哪种还款方式?

(2)投资者在选择银行推出的众多还款方式时应注意哪些事项?

3. 计算并分析:李先生在某区从开发商处购得一套 100 平方米,单价为 6 000 元的现房,李先生首付 20 万,贷款 40 万,贷款期限为 15 年。李先生以前在银行及电信等各部门没有不良信用记录。

(1)请分别计算李先生在商业房贷和公积金房贷两种贷款情况下各自的月供多少,总利息是多少。公积金贷款为李先生节省了多少的利息支出?(等额本息还款法)

(2)公积金贷款有哪些条件?

4. 某家庭准备以抵押贷款方式购买一套住房。该家庭月总收入 15 000 元,最多能以月总收入的 25%支付住房贷款的月还款额。年贷款利率为 6%,最长贷款期限 20 年。最低首付款为房价的 30%,若采用按月等额偿还方式。请思考下列问题。

(1)该家庭能够承受的月还款额为多少?

(2)该家庭所能承受的最高住房价格是多少万元。

(3)若第 5 年末银行贷款利率上调为 9%,为保持原月偿还额不变。则该家庭需在第 6 年年初一次性提前偿还贷款多少元?

(4)如果该家庭贷款 50 万元,年利率为 6%,贷款期 20 年,不采用等额还款方式,而采取等额本金还款方式,则第 21 个还款期的还款额中,偿还的本金为多少元?

模块三 房地产税费咨询业务

学习目标

1. 熟悉一手房税费，并能为客户计算。
2. 熟悉二手房税费，并能为客户计算。
3. 能为客户在选择房产时提供税费指导。

案例导入

张某，普通职员，属于工薪阶层，尚无自己的住房。经过多年的工作，自己积累了80万元的购房存款，打算买一套住房。他经过多方了解，同地段二手房价格比一手房价格要便宜些。于是通过中介选中了一套120平方米，总价180万元的住房，环境、配套、房型都比较满意。当即向中介交了1万元购房定金。然而，就在与中介公司签订委托代理协议的时候，张某傻眼了，除了180万元的房款之外，各种交易税费明目很多，而且总额接近20万元，大大超出了自己的预算。根据案例思考下列问题：

1. 你所在城市二手房要交哪些税费，税率和费额分别是多少？
2. 通过本案例，作为房地产经纪人，在指导客户购买二手房时应受到什么启示？

购买房产税费相对其他商品较为复杂，不同类型的房产税费不同，全国各省、市税费种类大致相同，但税费率有较大的不同，即使是同一市区，税率也不尽相同。另外，房地产业作为国家主导产业，税费作为国家宏观调控工具，其征收与否，征收的税率及收取费用的多少取决于宏观经济与宏观政策的需要。下面的税费并不适合不同地区的所有房屋，因此提醒读者一定要根据国家和当地税费政策确定该交纳哪些税费。本模块主要学习居民个人购房的税费问题，以便向客户提供咨询服务。

一、一手房税费

一手房交易中，居民个人承担的税不是很多，只有契税和印花税，但是要缴纳的费却比较多，一般都是由购房者交给开发商，再由开发商代为申报缴纳。下列是各地基本上都要缴纳的税费。

项目三　房地产经纪咨询业务

1. 契税

目前全国契税是按下面标准征收：单、连体别墅房价的 4%；非普通住房房价的 3%；普通住房房价的 1.5%。契税由买方承担。

2. 产权登记费

住房所有权登记费每套收取 80 元；住房以外的其他房屋登记费建筑面积在 100 平方米以下每宗收取 100 元，100~500 平方米每宗收取 160 元，500~5 000 平方米每宗收取 200 元，5 000 平方米以上每宗收取 300 元。

3. 交易手续费

新建商品住宅每平方米 3 元，由卖方承担（经济适用房减半计收）；存量住房每平方米 6 元，由买卖双方各承担 50%。

4. 印花税

印花税按房价的千分之一征收，由买卖双方各自承担万分之五。

5. 工本费

工本费 5 元。

6. 缴纳律师费

在办理购房贷款的过程中，由于购房者对相关知识的欠缺，通常委托律师所代为办理。购房者为此所缴的费用为申请贷款总额的 3‰，如果不足 100 元，按 100 元收取。如果是办理住房公积金贷款，就不用缴纳律师费。如果办理组合贷款，除了公积金贷款外，商业贷款部分依然要缴 3‰ 的律师费。

7. 公证费

当购房者购买的住房需要办理公证时，就需要按照一定比例缴纳公证费。在一般情况下，公证费的标准在 200~400 元，或者按照公证处的收费标准计算。

8. 勘丈费

这一款项由房地产交易管理部门按照每平方米 0.05 元收取，以建筑面积为准。

9. 配图费

这一款项由房地产交易管理部门按照每件 25 元的标准收取。

10. 房地产抵押登记费

房地产抵押登记费通常根据总房价分段计算，比如：100 万元以下（含 100 万元）收取 1‰；100 万元至 2 000 万元之间（含 2 000 万元）收取 0.4‰。如果是一次性全额付款，则不需要缴纳此项费用。目前有些银行免收这项费用。

11. 房屋产权登记费

通常的标准为每套房屋 80 元。

在此，以上海为例，一手房需缴纳税费见表 3-3。

表 3-3　上海市一手房需缴纳税费表

项 目	普通住房		非普通住房	
应付税费方	开发商	买方	开发商	买方
合同印花税	房屋总价×0.05%	房屋总价×0.05%	房屋总价×0.05%	房屋总价×0.05%
交易手续费	房屋面积×2.5 元	房屋面积×2.5 元	房屋面积×2.5 元	房屋面积×2.5 元
契税		房屋总价×1.5%		房屋总价×3%
权证印花税		5 元		5 元
产权登记费		80 元		80 元
配图费		25 元		25 元
买卖合同公证		境外人士支付：房屋总价×0.25%+250 元		境外人士支付：房屋总价×0.25%+250 元
贷款合同公证		境外人士支付：房屋总价×0.3%		境外人士支付：房屋总价×0.3%
委托公证费		500 元/套		500 元/套

注：上海在 2005 年出台了普通住房与非普通住房的区分标准，必须同时符合以下三点才是普通住房：

1. 小区建筑容积率高于 1.0。
2. 单套房子建筑面积在 140 平方米以下。
3. 房子单价符合三个要求：内环线内房子单价小于 17 500 元，内环线外房子单价小于 10 000 元，外环线外房子单价小于 7 000 元（2008 年标准）。

二、二手房税费咨询业务

二手房税费在有些方面和一手房相同，也有很多不同。契税、产权登记费、印花费、交易手续费及工本费都是一样的标准，本部分学习二手房另外要征收的税及税率。

1. 营业税及附加

营业税、城建税、教育费附加、地方教育费附加，合计税率为 5.5%。财政部规定自 2010 年 1 月 1 日起，个人将购买不足 5 年的非普通住房对外销售的，全额征收营业税；个人将购买超过 5 年（含 5 年）的非普通住房或者不足 5 年的普通住房对外销售，按照其销售收入减去购买房屋的价款后的差额征收营业税；个人将购买超过 5 年（含 5 年）的普通住房对外销售的，免征营业税。

按照相关政策,能够提供原始购房发票,并符合政策规定年限的,就能按照5.5%差额征收营业税,而提供不了发票的,要按全额的5.5%征收。

2. 个人所得税

按照《个人所得税法》规定,个人出售自有住房取得的所得,应按"财产转让所得"项目计征个人所得税,税率为20%。个人所得税由卖方承担。

个人所得税={售房收入−购房总额−(营业税+城建税+教育费附加+印花税)}×20%。

出售公房:5年之内,个人所得税=(售房收入−经济房价款−土地出让金−合理费用)×20%,其中经济房价款=建筑面积×4 000元/平方米,土地出让金=1 560元/平方米×1%×建筑面积。

具体分三种情况征税:

(1)个人出售除公有住房以外的其他自有住房,其应纳税所得额按照《个人所得税法》的有关规定确定,即按照转让财产的收入额减除财产原值和合理费用后的余额缴纳20%的个人所得税,合理费用指卖出财产时支付的有关费用。或按房屋总价的1%征收,目前大多城市采取这种方法,主要是考虑征收简单。

(2)个人出售已购公有住房,其应纳税所得额为个人出售公有住房的销售价,减去住房面积标准的经济适用住房价款、原支付超过住房面积标准的房价款、向财政或原产权单位缴纳的所得收益,以及税法规定的合理费用后的余额。

(3)职工出售以成本价(或标准价)出资的集资合作建房、安居工程住房、经济适用住房及拆迁安置住房,比照已购公有住房确定应纳税所得额。

有两种情况可享受个人所得税优惠政策:

(1)对个人转让自用5年以上、并且是家庭唯一生活用房取得的所得,免征个人所得税。

(2)对出售自有住房并拟在现住房出售1年内按市场价重新购房的纳税人,其出售住房应缴纳的个人所得税,先以纳税保证金形式向主管税务机关缴纳,购房金额大于或等于原住房销售额的,全部退还纳税保证金,购房金额小于原住房销售额的,按照购房金额占原住房销售额的比例退还纳税保证金,余额作为个人所得税缴入国库。

3. 土地收益金

房屋用地为划拨取得的,房屋交易时,按照土地等级和房屋种类收取,由卖方承担。

4. 土地增值税

土地增值税于1994年开始征收,目的主要是为了规范土地、房地产市场交易秩序,合理调节土地增值收益,维护国家权益。土地增值税是以纳税人在中华人民共和国境内转让国有土地使用权、地上建筑物及其附着物所取得的增值额为征税对象,依照规定的税率征收的一种税收。土地增值税税率采用四级超率累进税率,税率分别为30%、40%、

50%、60%四档。土地增值税也有一些优惠政策。如因国家建设需要依法征用、收回的房地产，对居民个人拥有的普通标准住宅等，在其转让时免征或暂免征收土地增值税。

中国目前只有北京和深圳对二手住房交易征收增值税，均按总房价的1%征收，其他城市对于二手住宅的交易全部免征土地增值税。

表3-4为上海市二手房需缴纳的税费表。

表3-4 上海市二手房需缴纳的税费表

项 目	税 费 标 准		应付税费方
	普通住宅	非普通住宅	
交易手续费	2.5元/平方米×建筑面积（普通住宅免交）		卖方、买方
合同印花税	房屋成交总额×0.1%		买方、卖方各付一半
营业税	5年内：差价×5.55%，5年以上：免征	5年内：成交总额×5.55%	卖方
个人所得税	房屋成交总额的1%或利润部分×20%（满5年的唯一住房免交）	房屋成交总额的2%或利润部分×20%（满5年是唯一住房免交）	卖方
土地增值税	免征		
买卖合同公证费（出售方或买方为外籍人士或港澳台同胞或买卖合同需要公证时才需缴纳）	房屋成交总额×2.5‰+250元		卖方、买方
中介费	房屋成交总额×1%		卖方或买方
契税	房屋成交总额×1.5%，90平方米以下（含90平方米）首次购房和改善居住条件的按1%	房屋成交总额×3%	买方
权证印花税	5元/本		买方
交易登记费	住宅80元；非住宅300元		买方
配图费	25元		买方
查档费（求购方有查档要求时）	30元		买方
贷款合同公证费（求购方为外籍人士或港澳台同胞或买卖合同需要公证且需贷款时才需缴纳）	贷款额×3‰		买方
他项权利登记费（抵押登记费）（需贷款时才需缴纳）	商业贷款或组合贷款：200元；纯公积金贷款：100元		买方
保险费（需贷款时才需缴纳）	免收		买方
评估费（需贷款时才需缴纳）	房屋成交总额小于或等于50万：300元；房屋成交总额大于50万小于或等于100万：500元；房屋成交总额大于100万：房屋成交总额×1‰		买方
转按揭担保费（需贷款且需转按揭时才需缴纳）	贷款额×6‰		买方
公积金贷款担保费（需公积金贷款时才需缴纳）	贷款额×担保费率对应系数		买方

5. 中介费

中介费各城市标准也不相同，但是都是实行分档累进制。表 3-5 列出的是杭州市的中介费。

表 3-5　杭州市中介费一览表

服务项目	房地产成交价格/万元	基准收费标准（%）		最高收费标准（%）		备　注
		买方	卖方	买方	卖方	
权籍调查 使用状况调查 行情调查 确定成交意向 办理产权过户	50（含）及以下	1	1	1.25	1.25	根据杭价服（2007）22号文件规定：上浮不超过25%，下浮不限
	50 至 100（含）	0.7	0.7	0.875	0.875	
	100 至 200（含）	0.4	0.4	0.5	0.5	
	200 以上	0.25	0.25	0.3125	0.3125	
按房屋成交价格分档累计计算						

近年来，在房地产处于卖方市场的情况下，中介费一般由买方全部承担。

三、入住过程中需交费用咨询

1. 公共设备维修基金

住宅公用部分共有设备维修基金各地标准不一样，一般按年征收。

2. 物业管理费

各地都有不同的标准，一般按每月每平方米征收。

房地产经纪人应在充分了解国家和当地税费的基础上向客户讲解每一种税费，并帮助客户计算购买房产所应承担的税费，以使客户对购房有准确的预算。

课后思考与练习

（一）单项选择题

1. 土地增值税的课税对象是指（　　）。
   A. 土地、地上建筑物及其他附着物
   B. 有偿转让房产所取得的土地增值额
   C. 有偿转让国有土地使用权、建筑物及其他附着物，并取得收入的单位和个人
   D. 拥有土地使用权的单位和个人
2. 税收区别于其他财政收入形式的重要特征为（　　）。
   A. 强制性　　　　B. 无偿性　　　　C. 固定性　　　　D. 目的性
3. 如按房屋租金计征房产税，其税率为（　　）。

A. 12%　　　　B. 6%　　　　C. 2%　　　　D. 3%

4. 城市中教育费附加的税率一般为营业税的（　　）。

   A. 1%　　　　B. 3%　　　　C. 5%　　　　D. 7%

5. 契税是在土地、房屋权属发生转移时，对（　　）征收的一种税。

   A. 交易的任何一方　　　　　　B. 产权承受人
   C. 交易双方　　　　　　　　　D. 卖方

（二）多项选择题

1. 下列税中，属于中国现行房地产税的有（　　）。

   A. 营业税　　　　　　　　　　B. 城市维护建设税
   C. 契税　　　　　　　　　　　D. 耕地占用税

2. 下列（　　）应缴纳契税。

   A. 房地产抵债　　　　　　　　B. 房地产等价交换
   C. 房地产作价入股　　　　　　D. 房屋赠与

3. 计算土地增值税时，应扣除与转让房地产有关的税金，税金包括（　　）。

   A. 营业税　　　　　　　　　　B. 所得税
   C. 城市维护建设税　　　　　　D. 印花税

4. 教育费附加是随（　　）附征并专门用于教育的一种特别目的税。

   A. 增值税　　　　B. 营业税　　　　C. 所得税　　　　D. 消费税

5. 个人在出售住房时应缴纳的税费有（　　）。

   A. 营业税　　　　　　　　　　B. 房产税
   C. 契税　　　　　　　　　　　D. 城市维护建设税

6. 下列哪些物业契税为3%？（　　）

   A. 商铺　　　　B. 普通住宅　　　　C. 写字楼　　　　D. 别墅

（三）简答题

1. 在现实房产交易中，二手房中税费一般由哪方承担？
2. 二手房税费比一手房多了哪些税费？
3. 请理清你所在城市近五年来契税和营业税的变化情况。

项目任务书

1. 2004年8月，李先生在上海某区购置一套商品房，建筑面积为120平方米，购买时价格为20 000元/平方米，李先生应该缴纳哪些税费？分别是多少？

2. 第1题中，李先生于2009年10月将其转让给王先生，价格为30 000元/平方米，则李先生和王先生各需交哪些费税，分别是多少？

3. 第1题中，若李先生购买的房屋是150平方米，则李先生购买时应交纳哪些

税费?分别是多少?

4. 第1题中,若李先生于2008年1月将其转让给王先生,则李先生又该交哪些税费,各是多少?

5. 调查你所在城市二手房中介代理费,以表格的形式反映出来。

模块四 房地产置业投资咨询业务

学习目标

1. 能为自住置业投资客户提供咨询服务。
2. 能为置业买卖投资者提供咨询服务。
3. 能为置业租赁投资者提供咨询服务。
4. 能为房屋租赁投资者提供咨询服务。

案例导入

小张看中了一套90平方米价格为80万元的房子,想买来作为婚房。但随着房产新政的推出,卖方把房价抬高到了85万元。面对自己中意的房子,小张有些犹豫了,房价可能下跌的传言让他左右为难,是买还是租?

小张打算购房首付三成,为26万元,其余59万元申请20年期商业贷款,现在小张所住的租房每月房租是800元。小张是该买房还是租房?

房地产置业投资是投资者购置房地产后,或寻机出售,或租赁经营以获取收益的商业活动。置业投资类型主要有:以盈利为目的的房地产买卖投资;用于自己消费的置业投资;用于出租经营的置业投资;房地产租赁经营投资等。本部分主要是学习每种置业投资的特点,并能为客户提供不同置业投资的咨询服务。

一、自住置业投资咨询

(一)帮助客户分析购房的理由

自住置业主要是针对居民个人,因此首先必须了解其购房理由,并对其进行分析,以进一步提供具有针对性的咨询服务。客户购房目的及关注重点见表3-6。

表 3-6　客户购房目的及关注重点

购 房 目 的	关 注 重 点
首次购房用于居住	满足居住需求
第二次购房改善居住条件	居住功能的扩展
购房投资用于转卖	升值空间和出售难易程度
购房投资用于出租	升值空间、租金水平和出租难易程度
购房投资为了货币保值	升值空间
为孩子上学购房	临近好的学校
为老人购房	临近好的医院
购房为了商住两用	同时满足办公和居住需求
以上几者兼有	按需求排序

（二）帮助客户估算购房能力

（1）客户目前的家庭资产总值。包括现金、变现能力较强的股票、债券等有价证券及自己现有住房的置换价值。这个数据可以使投资者在支付首期房款时，对自己能动用多少资金做到心中有数。另外在还款期中，一旦有还款风险出现（比如生病、失业等），对自己的抗风险能力也能清清楚楚。

（2）客户家庭近期的收支状况。在计算家庭收入时应侧重固定可靠的资金来源，如工资、银行存款利息、债券利息等，而股票、邮币卡等投资因为存在投资风险，所以暂不列入稳定收入。家庭支出包括每月的物业管理费、水电气费、通信费用、正常生活开支、娱乐教育费用等。当然，对于年轻、高学历、单位效益较好的客户来说，预期收入是在正向增加的，所以在还款额和还款期上可以相对比较宽松一些，而对于未来有较大支出计划的家庭（如留学、生孩子等），则要把警戒线放得低一些，以免影响正常的家庭生活。

（3）有无意外所得。比如继承遗产，获得奖金，别人赠送或亲戚朋友的资助等。

（4）贷款。向银行申请住房商业贷款、向住房公积金管理中心申请住房公积金贷款或者采取组合贷款的方式能获得贷款的额度。

（三）帮助客户确定房源

1．确定位置

根据购房目的来确定具体位置，如果是因为孩子上学购房，就推荐客户选择在离学校近的楼盘,如果因为老人购房,就建议客户选择成熟的老小区;如果是因为自己上班方便购房,则建议客户选择在交通便利的地方。

2．确定具体楼盘

这方面主要考察开发商,考察小区周边环境及小区内环境。

3．确定具体房源

这方面主要根据客户需求及购房能力帮助客户确定朝向、楼层、面积、套型等。

(四)帮助客户确定付款方式

经纪人要充分了解购房者实际情况,帮助其选择合适的付款方式,让其轻轻松松买房,开开心心住新房。

经纪人多向客户提几个关键的问题:打算用多少钱来买房?家庭年收入是多少?支出又是多少?可以负担的月供款是多少?准备用多少年来供房等。

1．计算家庭可以承受的最高房价

公式:家庭年收入总和5倍。

建议:房子的总价格应在家庭年总收入的3~6倍。如房价高出该公式算出数值的30%,则意味着自己现阶段还贷能力不足,应慎重借贷。

2．计算家庭每月可承担的最高房产月供额

公式一(无其他债务):家庭月收入总和×50%

公式二(有其他债务):家庭月收入总和×55%－其他债务

根据银监会《商业银行房地产贷款风险管理指引》中关于"商业银行应着重考核借款人还款能力"的条款,银监会明确要求,每笔住房贷款的月房产支出与收入比控制在50%以下(含50%),月所有债务支出与收入比控制在55%以下(含55%)。

当然,以上的计算结果仅供参考,因为购房还要考虑银行利率的变动、还款年限的变更、预期收入的增加或减少等一系列因素。但是,这样的计算起码可以大致使客户明白自己的经济承受能力。

案例 3-1

李先生人过中年,事业有成。想为独居的母亲购买一套大面积的住房,以改善居住条件。

分析:李先生为母亲所购置的房屋,虽然一般来说,面积大的房屋居住起来舒适,但对于老人来说,大的房屋打扫收拾起来不仅较为费事,更容易让老人产生一种空旷的感觉,进而引起寂寞、孤独等心理反应。在购房时,李先生应选择面积适中的

房屋,并主要考察以下几个方面:

(1) 楼层。楼层是最值得关注的因素之一。选择楼层,要考虑这样几个问题:遮挡及采光情况,生活的便利程度。一般地说,高层的房子遮挡少、采光好、干扰少,尤其适合在家时间较短的中青年居住;而对于李先生来说,应选择低层的房屋,因为低层的房子上下楼方便,适宜老年人居住,可增加其户外活动的机会。

(2) 噪声。现代生活中,噪声污染是一个很严重的问题。它对人的危害是多方面的,不仅干扰人们的生活、休息,还可引发多种疾病。卧室、起居室的允许噪声级一般应以白天低于50分贝,夜间低于40分贝为宜,这一点对于老人来说尤其重要。不过通常情况下购房者无法准确测量噪声大小,李先生可以尽量选择与噪声源保持一定距离的住宅楼。还有,住宅内的卧室不能紧邻电梯、泵房以防受到噪声干扰。

(3) 配套设施。配套设施是否齐备是衡量一个小区楼盘居住质量的重要因素之一。稍大一点的小区应该有自己的便利店、超市、菜市场。

由于李先生的母亲独居,小区是否能有功能完善的会所对于老人的生活质量至关重要。目前有的小区有专供老人休闲、社交的会所。李先生在选择小区时,可考虑小区的会所都有哪些功能,如何收费,入住后能否维持正常运转和持续发展等问题。

另外,对于老人来说,社区附近是否有规模较大的医院非常重要,李先生应将此项作为购房的首选标准。

二、置业买卖投资咨询

某些客户购房是为了转让,以获取差价,对这类客户,房地产经纪人应掌握如下知识并能为客户提供相关咨询。

(一) 房地产分析

房地产是合成商品,所包含的内容与可变因素较多,在进行房地产买卖投资时,不可能把所有的问题都考虑进去。但有些基本的问题必须考虑,如其商品的基本品质与价值。

1. 房产基本品质分析

这里所讲的基本品质是从房地产买卖投资的角度来考虑的,其品质包括有形的和无形的。有形的品质指地理位置、环境与建筑状况。无形的品质是指产权状况。房地产经纪人在帮助客户对所要投资的房地产进行选择与鉴定时,应从以下几个方面去考虑:

(1) 位置与环境。主要考察其未来升值潜力,因此要留意政府关于城市建设规划。
(2) 建筑状况。主要考查开发商开发资质、房屋设计、建筑质量、户型、朝向、面积等。

（3）产权状况。对于预售房产，要考查是否取得房产销售预售许可证；对于新建住房及二手房要考查产权是否存在抵押、出租等情况。

2．价值分析

（1）对投资者拟购置房地产的现时市场价值进行估价。

（2）对投资者拟购置房地产的未来市场价格走势进行预测。

（3）对影响投资者拟购置房地产未来价格变动的因素进行分析。

3．影响房地产价格的一般因素分析

这已在前面进行了分析。

（二）市场分析

各类房地产市场供需现状与发展前景分析主要包括：

（1）城市产业结构对市场需求的影响。

（2）政策变化对市场需求的影响。

（3）城市经济发展与旧城改造对市场需求的影响。

（4）经济发展速度与周期对市场需求的影响。

（5）城市土地供应对市场需求的影响。

（6）二手房市场供应量对市场需求的影响。

（三）支付能力与可选择的付款方式

在置业买卖投资中，大多数投资者愿意选择按揭付款。因为这类投资者一旦做置业买卖投资活动，认为房价会涨，会把手中所有的现金全部投到房产中，即使有充裕资金，只要能在银行贷款，是不会愿意一次付清的。这时房地产经纪人要注意为他们量身定做合适的借款及还款方式。

（四）能接受的物业管理服务水准

客户置业买卖投资时，对物业管理要求主要是考虑到与所购物业类型及档次要匹配，高档物业要求现代的物业服务，低档物业要求一般物业服务。因为这类客户购房不是为了自住，而是为了能在升值后卖出去。

案例 3-2

某投资者投资了 30 万元购买一套 120 平方米住宅，一次性付款，预计 3 年（假定空置暂不考虑租金收益及物业管理费等支出，但在实际分析中应当考虑）后可以卖到 40 万元。

其他条件如下：售房时的交易手续费为售价的 1.5%。营业税、城市建设维护税、印花税、契税分别为售价的5%、营业税的1%、售价的0.05%、售价的1.5%。城市土地使用税每年每平方米0.5元。评估、交易、登记等费用约2 000元;所得税率为20%。

如何分析这项投资?

解:简要投资回报分析如下:

1. 计算相应指标

(1) 投资成本(购买价):300 000(元)

(2) 销售手续费:400 000×1.5%=6 000(元)

(3) 有关税费:

① 营业税:400 000×5%=20 000(元)

② 城市建设维护税:20 000×1%=200(元)

③ 印花税:400 000×0.05%=200(元)

④ 契税:400 000×1.5%=6 000(元)

⑤ 城市土地使用税:0.5×120×3=1 800(元)

⑥ 评估、交易、登记等费用:约2 000(元)

⑦ 所得税:(销售价-购买价-利息-经营费用-各种税费)×20%=12 760(元)

(4) 投资净收益:

① 税后利润:51 040元

② 投资利润率:63 800÷300 000=21.27%

③ 资本金净利润率(年投资收益率):51 040÷3÷300 000×100%=5.67%

如果该投资者将其投资资金存入银行,年利率为3.5%。

两者相比,储蓄投资比购房投资的投资收益率低2.17%,但储蓄投资相对稳定,除通货膨胀外,基本上无风险,而购房投资的结果却有较大的变数,如3年内用于出租经营,则可有租金收益。如果售价没升幅,3年后仍无法售出,则只好转为长线投资,靠收租金逐步回收投资资金,等待出售时机。投资者在进行房地产买卖投资回报分析时,其收益率的底线通常是与银行利息作对比。相比之下,购房投资收益大于银行储蓄投资,但风险同时存在。

三、置业租赁投资咨询

以经营为目的的置业租赁投资是一种长线投资,房地产经纪人在为投资者进行置业投资分析时,可从以下几个方面进行分析。

(一) 投资形式比较分析

个人投资的主要形式通常有股票、债券、储蓄与房地产。几种投资形式比较如下:

(1) 股票投资:股票投资有获取暴利的机会,但风险最大。

（2）债券投资：债券投资可以收取固定回报，回收周期长，收益低，风险小。但如遇上通货膨胀，货币贬值，便无利可图，还可能亏损。

（3）储蓄投资：回收期灵活，收益低，风险小，但如果利率下降或通货膨胀，货币贬值，也无利可图，还可能亏损。

（4）房地产投资：房地产投资回收期灵活，收益相对稳定，可变性强，具有保值性和升值潜力，风险因素较多。

（二）房地产置业租赁投资市场比较分析

居民个人置业租赁投资主要投资商业、办公、住宅，现比较分析如下。

1. 商业用房

商业用房可分为商场、宾馆、酒楼、娱乐、营业服务等用途，其租金收益可观。租金收入是否稳定，往往取决于市场大气候和商家经营情况。企业投资商业用房，在收取租金收益的同时，往往会将其产权用于抵押贷款，经营收益与资金周转两不误。个人投资商业用房主要是投资临街铺位，尤其是在住宅楼下的商铺，其使用年期与住宅一样，也是70年，经纪人在为投资者进行投资分析时，可用一铺养三代的投资理念引导投资者。

2. 住宅用房租赁市场

购置用于出租的住宅用房时，从住宅租赁市场的角度去分析将来出租的市场需求，应考虑出租客源与对象的构成、市场供需关系的变化等方面的因素。

（1）出租客源与对象的构成。每座城市的人口结构都有不同的特点，从住宅租赁市场的角度来看，可以从以下几个不同的方面去分析：

1) 外来人口结构。外来人口是住宅租赁市场的主要客源。一个比较开放、外来人口比较密集的城市和另一个比较闭塞、外来人口较少的城市相比，两者的客源迥然不同。前者租赁市场广阔，后者市场狭小。

2) 产业人口结构。第三产业的从业人员是住宅租赁市场的主要客源，一座城市里第三产业越发达，住宅租赁市场越活跃。

3) 出租对象层次结构。不同层次的承租对象构成不同的租赁市场，这些市场可细分为以白领阶层为主的租赁市场，以蓝领阶层为主的租赁市场，以城市游民为主的租赁市场，以商贸人员为主的租赁市场，学生公寓市场，外国人租赁市场等。

（2）市场供需关系变化。租赁市场的供需关系主要考虑三个方面：①客源的流动性。由于这些客源有很多是流动人口，城市经济的繁荣像磁铁一样会将这些人口吸引过来，城市经济一旦出现萧条，这些客源又会流向其他城市。②承租对象的经济条件的变化。许多人在自己买不起住宅的时候租用住宅，当其经济能力达到购买住宅的时候，他们就会退出承租行列。③市场供应量。住宅出租市场供不应求时，租金上涨，出租收益率就高；供过于求时，不但租金下降，空置率也会加大，出租收益率也相应降低。

3. 办公用房租赁市场

对办公用房进行置业租赁投资时，要考虑下面两个因素：

（1）城市经济发展水平与速度。如果城市经济发展水平较低，商业办公用房的需求就较少，城市经济发展水平较高，对商品办公用房的需求量会相应增大，另一方面经济发展速度的快慢，也关系到商品办公用房的需求增减。经济发展速度增快时，一些公司在不断地膨胀，新公司也不断涌现，对办公用房需求量就会猛增，有时会出现供不应求的紧张局面。如果经济发展速度缓慢下来，一些大公司规模将会萎缩，小公司可能会关闭，办公用房的需求相应减少。

（2）产业结构的影响。对于商品办公用房的需求，主要是第三产业，尤其是刚起步的中、小型公司租用办公用房的较多。一座城市，当第三产业比重加大时，办公用房的租赁市场需求量就会增大。

（三）购置出租房屋的比较分析

购置以出租为目的的房地产时，对于各种房屋的选择，应考虑其区域租赁市场需求的可能性，选择适应租赁市场需求的，有投资前景的房地产。

1. 选择住宅

不同的租客对住宅的需求是有差别的。在投资住宅时，对其房屋的选择，应根据租赁市场定位，结合不同细分市场的需求，从档次、位置、交通、环境、配套、楼层、户型、面积等方面去考虑。例如，档次以中、低档为主，因为中、低档租客层面较大，容易出租。选择高档住宅时，要视该城市的住宅租赁市场的消费层面而定。随着中国与国际的接轨，在一些经济发达的城市，逐渐出现以外国人为主要对象的高档住宅租赁需求。如果具有这些市场需求，同时也有适合外国人居住的高档住宅，投资这类房屋，收益率较高。但公共交通要方便，生活配套要齐全，户型与面积应小。如果该地区缺少高档住宅租客，最好不要投资购置高档住宅。

2. 选择商业用房

商业用房适合个人投资的主要是临街独立商铺。这种商铺的投资最受个人投资者欢迎，也有的大商场将其产权单位面积化整为零，分散出售给个人，集中出租给大商家经营，业主购置其产权后，可同商场经营管理公司代租代管，其产权也可以自由转让。无论购置临街商铺，还是大商场里的小单位，在选择时都主要看地段、人流和其商业涵盖面等对经商的影响。最好选择一楼，一般来说，楼上的商场比较难出租，空置率较高，租金水平也上不去。

其他商业用房主要是企业投资。企业在进行这方面的投资时，都会组织一个专门的团队,从各个方面去综合考虑,房地产经纪人在这方面的业务较少。

3. 选择办公用房

选择办公用房时,主要是看房屋所在城市经济发展程度如何,其区域环境是否适宜商务活动,公共交通是否方便,建筑外形是否吸引人,办公设施配套是否完善,尤其是停车位是否足够。

四、房屋租赁投资分析

房地产租赁投资是行纪行为与投资行为的混合体。行纪又称信托,就是指行纪人受他人委托,以自己的名义代他人购物或寄售物品,并取得报酬的法律行为。目前我国对房地产行纪尚未有相关规定,但在房地产市场活动中,类似于行纪活动的现象已较普遍。如有的业主拥有大量房地产,却不熟悉房地产市场,也不想去进行经营管理,而以包租的形式委托给他人料理,收取固定的租金。包租者投入一定的资金,根据出租情况的需要,对受托的房屋进行适度的整改,承担经营管理、维修等义务。包租者所得营业收入,除按固定租金上交业主和支付经营费用后,差额部分属包租者收益。租赁投资风险由包租人承担。对于房屋包租市场分析与前面的置业租赁投资市场分析基本一致,但两者的投资成本与收益结果不一样,房地产经纪人在进行房地产租赁投资分析时,可从以下几个方面进行分析。

(一)包租条件分析

包租条件包括房屋状况、租赁年期、固定租金、物业管理及其他条件,具体条件根据具体情况而定。在洽谈条件时,应注意以下几点。

1. 房屋状况

租赁的房屋位置、环境如何,相关的配套是否完善,相关的设施、设备是否齐全,是否还需要整改装修,如果还需要增添设施、设备和进行整改、装修,由谁负责。如果由包租者负责,包租者必须考虑其投资负担及资金回收与回报的问题。

2. 租赁年期

包租者对包租的房屋进行一定的投资后,投资资金的回收与获取回报需要一定的时间,租赁年期的长短直接影响其收益。因此,在洽谈租赁年期时,必须考虑上述问题。

3. 固定租金

包租者靠租金差价获取收益,向业主交纳的固定租金如果过低,业主难以接受,而固定租金过高,包租者无利可图。在洽谈固定租金时,首先要对各种相关条件进行比较分析，对市场前景作出准确的判断，进行全面的数据分析后，再与业主进行实质性讨论和确定。

4. 其他条件

业主给包租者整改装修期与前期市场铺垫的免租时间长短很重要，争取免租期越长越好。每年必有一定的租赁空置率，空置风险由谁承担，必须明确。如果由包租人承担，在进行投资分析时，也必须考虑进去。

（二）整改投资成本控制与分析

包租者对包租房屋的整改，是由包租投资者自己决定的。整改的程度如何，取决于包租投资者对租赁市场的定位与前面所提到的相关条件。如果整改效果太差，则影响出租率；整改程度过高，则影响投资资金的回收与收益。在进行整改投资分析时，首先要根据租赁条件与对市场的分析判断进行反复的数据分析后，再考虑拿出多少资金来解决哪些整改方面的问题，这样才能避免盲目的整改投资。

（三）经营成本分析

租赁经营成本包括租赁推广费用，租赁经营管理人员费用，设施、设备运行与维护费用和维修费用。上述费用属经营管理与物业管理两大部分。其中经营管理费用属包租者必须承担的，而物业管理费用可分为三种情况：①委托物业管理公司管理，由承租人直接向物业管理公司交纳物业管理费；②由物业管理公司管理，由包租人代收物业管理费，或将物业管理费包括在租金里一同收取，再由包租人转交给物业管理公司；③包租人自己管理，物业管理费包括在租金里。另外，不论采用上述何种形式收取物业管理费，所有空置期间的物业管理费都是由包租人承担的。经营成本的高低取决于对相关人员的配置与租赁空置的多少。

（四）租赁市场分析比较

（1）包租投资的收益是建立在出租经营的基础上的，在有限的经营年期里，经营顺利便有利可图，经营不善则导致投资失败。而置业租赁投资在租赁经营失败后，仍可将其购置的房地产转让出去，收回投资，另外业主还可以将其产权进行抵押贷款，套取资金用于其他周转。出租经营收益、保值与升值，对于置业租赁投资来说，可谓双保险。

（2）包租投资经营收益的标准只能往上升，往下降的空间非常有限，同时交纳固定租金的压力始终都存在；置业租赁投资可自由调整租金水平，如果是银行按揭付款，在还款期也存在压力，但全款付清后，其压力也随之消失。

（3）包租投资无须承担由于不可抗拒的因素造成的房地产灭失的巨大风险，承担的只是其前期整改投入与经营方面的市场风险；而置业租赁投资则必须承担其全部风险。两者相比，前者压力相应小一些。

课后思考与练习

(一) 单项选择题

1. 档次越高的楼盘,客户对层差和朝向差的敏感性( )。
   A. 越低　　　　　　　　　　　　B. 越高
   C. 视情况而定　　　　　　　　　D. 没有必然关系

2. ( )一般为短线投资。
   A. 买卖投资　　　　　　　　　　B. 置业消费投资
   C. 置业租赁投资　　　　　　　　D. 房屋租赁投资

3. 下列不属于房地产经营投资的特征是( )。
   A. 价格具有多样性　　　　　　　B. 投入量大
   C. 投资回收期短　　　　　　　　D. 投资具有保值增值性

4. 房屋租赁投资中租赁经营成本应包括( )。
   A. 租赁推广费用　　　　　　　　B. 设备运行费用
   C. 固定租金　　　　　　　　　　D. 经营管理人员费用

5. 在租赁居间业务中,业主将自己拥有的物业委托经纪机构代租代管,出租空置的风险由( )承担。
   A. 业主　　　　　　　　　　　　B. 经纪机构
   C. 视情况而定　　　　　　　　　D. 业主和经纪机构共同

(二) 多项选择题

1. 影响物业未来出租能力的因素主要有( )。
   A. 房产功效　　　　　　　　　　B. 房产质量
   C. 区位优势　　　　　　　　　　D. 商圈范围

2. 从物理形态上划分,作为房地产投资对象的房地产资产类型主要有( )。
   A. 商住楼　　　　　　　　　　　B. 土地
   C. 在建工程　　　　　　　　　　D. 写字楼

3. 包租投资与置业租赁投资相比较的特点是( )。
   A. 包租投资具有经营收益和保值、增值双重保险
   B. 包租投资可以自由调整租金水平
   C. 包租投资很有可能因经营不善而导致投资失败
   D. 包租投资无须承担由于不可抗力因素造成房地产灭失的巨大风险

4. 在房屋租赁经营投资的经营成本分析中,物业管理费用的形式包括( )。
   A. 包租人委托物业管理公司管理,承租人向物业公司直接交纳物业管理费
   B. 包租人自己管理,物业管理费用包括在租金里

C. 包租人代收物业管理费，转交给物业管理公司
D. 业主委托物业管理公司管理，包租人交纳物业管理费

（三）简答题

1. 居民个人自住置业与投资买卖置业，有哪些主要不同，分别如何指导客户？
2. 请简述包租投资与置业租赁投资的区别。

项目任务书

1. 张先生今年 29 岁，与父母同住在北京某区，其工作单位在国贸附近，每天上下班都要奔波很长的时间。张先生平时工作时间较长，有时加班晚了回家的公交已经停运，需要打车回家，长此以往也是一笔不小的开支。于是张先生有了购房的想法，想在单位附近选择一套房子作为自己的小家，请为张先生进行购房策划。

2. 李先生拿出 12 万元，作为投资商场的首期付款，其余为银行按揭付款，每月的租金用于还款。产权面积为 20 平方米，总价为 20 万元。购置后长期出租（40年）。收取租金收益，平均租金每月 3 000 元，无空置。请对此作简要投资回报分析。

3. 某开发公司将积压的 5 000 平方米的住宅，以包租的形式委托经纪机构进行经营管理，双方约定整体包租价格为 5 万元/月，租期 5 年，由该经纪机构对楼盘进行投资经营。假设整改投资费用为 50 万元（全部自有资金），年经营成本 80 万元，租金收入 20 元/月每平方米，空置率 10%，税费合计为 8.5 万元。请回答下列问题：

（1）除了双方约定的整体包租价格及租期，在包租条件中还应约定哪些事项？
（2）包租者的租赁经营成本包括哪些内容？
（3）经营成本的高低取决于哪些因素？
（4）经纪机构获得资本金利润率是多少？

项目四 房地产代理业务

项目概要

房地产代理是指房地产经纪人受委托人的委托，以委托人的名义从事房地产买卖、租赁、纳税、权属登记、抵押贷款等经济活动。它是房地产经纪的主要业务之一。由于销售代理是房地产代理的主要形式，在本项目中主要学习楼盘代理和二手房转让代理业务。

模块一　房地产代理业务认知

学习目标

1. 了解房地产代理的类型。
2. 熟悉房地产代理的特征。
3. 掌握房地产代理的基本流程。
4. 能签订房地产代理合同。

案例导入

张先生要调往外地工作，将自己拥有的完全产权的住宅委托给某房地产经纪公司的房地产经纪人王某代理出售，并且同意在低于市场价的情形下尽快出售。

1. 房地产经纪人王某应就此搜集张先生所售房信息的哪些基本要素？
2. 结果当天就有买者李某要求看房，为避免李某与张先生私下交易，王某应当怎样做？
3. 房地产经纪人王某与张先生签订委托协议时，如何避免或减少风险？

房地产代理业务是房地产经纪业务中常见的业务之一，在学习其代理业务前，应先对房地产代理业务有全面的认识和了解。

一、房地产代理的特征

由于房地产产品的特点，房地产代理除具有一般商业代理的共同点外，也具有自身的一些特征。

1. 房地产代理人以委托人的名义进行代理行为

房地产代理人的任务就是利用自身能够提供代理服务的比较优势代替委托人并以委托人的名义进行房地产交易。委托人之所以在进行房地产交易过程中寻找代理人，是因为房地产行业内部分工越来越细，开发商在房地产开发等环节具有绝对优势，而代理人则在交易服务方面具有比较优势。所以，委托人要想通过房地产交易获得最佳收益就需聘请代理人。同时，由于房地产代理行为的第三方在进行交易过程中更多关心的是委托人及产品品牌，而不关心代理人品牌，所以在房地产代理过程中，代理人必须以委托人名义（品牌）进行交易活动，如果代理人以自己的名义进行交易，其行为只是自己的行为，而不是代理行为。

2. 房地产代理是以产品为中心的代理

一般商业代理的代理权限划定多以区域结合产品为中心，而房地产代理权限的设定多以产品种类为中心，与区域无关。

3. 房地产代理人具有独立行为的权利

房地产代理关系一经确定，在代理合同规定权限范围内，代理人只对委托人所设定的委托合同目标负责，为了实现合同目标，代理人有独立开展工作的权利，委托方只有配合的义务，而没有干涉的权利。

4. 房地产代理人的代理行为后果由委托人负责

房地产代理人是以委托人的名义从事代理行为的，代理行为的成果由委托人享用，代理后果也由委托人承担。

5. 房地产代理的服务性质

房地产交易一般金额较大，而代理人资金承受能力相对较弱，所以房地产代理在实施代理行为的过程中只提供服务，而不提供资金。

6. 房地产代理是有佣金标准的代理

房地产产品价格具有很强的刚性且代理金额巨大，所以，房地产代理多是按行业和市场标准事先规定产品代理价格和佣金标准。

此外，由于房地产产品具有位置固定性和金额大的特点，所以在代理过程中，在代理人和委托方之间不会发生产品所有权的转移。

二、房地产代理业务的类型

根据不同的划分标准，房地产代理业务存在许多形式。

（一）按照代理主体对象划分

按照代理主体对象划分，房地产代理分为卖方代理和买方代理两种。

1. 卖方代理

卖方代理是房地产经纪机构受委托人的委托，以委托人的名义出租、出售房地产的经纪行为。卖方代理的委托人是房地产开发商、房屋所有人及出租房屋的业主，卖方代理是市场较为常见的房地产代理形式，根据代理客体的不同，卖方代理又可分为商品房销售代理、房屋出租代理和二手房租售代理等类型。

2. 买方代理

买方代理是房地产经纪机构或经纪人受委托人委托，以委托人名义承租或购买房地产的经纪行为，这种类型的房地产代理市场上比较少，多数是境外公司和个人在中国境内承租房屋的代理，近年来国内影响较大的温州炒房团的炒房现象，具有房地产买方代理的特点。

（二）按照代理客体划分

按照代理客体划分，房地产代理可分为商品房销售代理、商铺代理、二手房代理等多种类型。

1. 商品房销售代理

商品房销售代理是指房地产经纪机构接受房地产开发商的委托，按委托人与经纪机构事先约定的基本要求和条件进行商品房销售并收取佣金的行为，根据项目规模和代理机构能力，商品房销售代理可采取独家代理和共同代理等多种形式。

商品房销售代理期间，代理机构负责组织团队，费用及人员工资由代理机构自行负担，代理期间的销售策划、设计、广告及其他公关活动由代理机构组织实施，费用在代理合同规定标准范围内，由委托方承担。

2. 商铺代理

商铺代理是指房地产经纪机构受房地产开发商和商铺所有权人的委托，以委托人的名义，按委托人的基本要求，对所代理商铺进行商业规划并出租、出售的行为。多数情况下，为了实现商铺的代理目标，商铺代理过程还包括前期的商业定位和商业规划、后期的商业经营管理等行为。由于商业地产项目普遍存在较高的未来升值空间，所以为了尽快体现商铺的商业价值，商铺代理机构在商铺代理过程中多被授权进行招商，甚至商业经营行为，这就使商铺代理较之其他类型的房地产代理有更多的机会获得较高的薪酬，且薪酬标准和形式也更灵活。

3. 二手房代理

二手房代理是指房地产经纪机构受存量房屋所有权人委托，将其合法拥有的房屋进行出租、出售的代理。二手房代理业务一般分布较广，业务比较零散，薪酬标准较为固定，此外，房屋置换也是一种较常见的房地产代理形式。

（三）按照代理业务客体交易形式划分

按照代理业务客体交易形式划分，房地产代理可分为：销售代理、租赁代理、抵押代理、置换代理、房地产权属登记代理等形式。

三、房地产代理合同

房地产代理合同的内容根据当事人不同需要由当事人具体约定,尽管在内容上有所变化,但一般应包括以下主要条款。

1. 当事人的名称(或者姓名)和住所

合同的主体是当事人,没有主体,合同就不成立。主体不明确,其权利义务关系就无法明确。房地产权利人的主体与提供劳务服务的经纪合同的主体是有一定区别的。房地产权利人可以是有民事行为能力的成年人,也可以是无民事行为能力的未成年人和成年人;然而,无民事行为能力的房地产权利人须经其法定监护人或法定代理人代理才能与房地产经纪机构签订房地产代理合同。因此,订立经纪合同时,应当明确主体关系,使合同履行具备法律效力。

2. 代理房地产标的物的基本状况

合同标的是合同法律关系的客体。没有标的,合同规定的权利义务就失去了目的,当事人之间就无法建立合同关系。合同的条款中应当清楚、明确地标明合同的客体。在房地产经纪合同中对标的(即房地产)的描述应当清楚、明了,并明示主客体关系的各项内容。

3. 服务事项与服务标准

这是表明房地产经纪人的服务能力和服务质量的条款,也是体现房地产经纪人能否促使合同得以履行的主要条款。服务的事项和标准应当明确,否则难以保证合同得到正常履行。由于劳务活动的不确定性,该条款在合同的履行过程中经常会遭到委托人的质疑,可在合同进行中协商、补充,使条款的内容得到调整。

4. 劳务报酬或酬金

劳务报酬或酬金是委托人获取劳务服务的代价,也是经纪人完成服务后应得的报酬。房地产经纪合同是有偿合同,酬金标准及酬金的支付方式是合同的主要条款,也是合同的明示条款。

5. 合同的履行期限、地点和方式

履行期限直接关系到合同义务完成的时间,同时也是确定违约与否的因素之一。履行期限应在房地产经纪合同中予以约定,履行的地点和履行的方式也应在合同中予以明确。

6. 违约责任

违约责任是当事人违反合同约定承担的法律责任。违约责任条款有利于督促当事人履行合同义务,保护守约方的利益,应在合同条款中予以明确。合同中没有约定

违约责任的，并不意味违约方不承担违约责任。违约方未依法被免除责任的，守约方仍然可以依法追究其违约责任。

7．解决争议的方式

解决争议的方式是当事人解决合同纠纷的途径。当事人应当在合同中明确选择解决合同争议或纠纷的具体途径，如通过仲裁或诉讼。若当事人没有作明确的选择，则应通过诉讼解决合同纠纷。

四、房地产代理业务流程

房地产代理业务的基本业务流程主要包括以下几个步骤。

1．确定委托代理关系

房地产经纪公司与委托人签订委托合同，得到委托人的授权委托，取得代理人的身份，并在委托合同中明确代理方式、代理费用的支取方式及数额等。

2．进行可行性论证

房地产经纪人取得代理人身份后，就应着手进行市场销售的分析与论证。房地产经纪人应从项目所处的区位、地段、投资结构、平面布局、环境等方面进行市场可行性论证，把握房地产市场消费投资的趋势与特点。

3．制订销售计划

房地产经纪公司根据委托代理合同的内容，制订代理计划，将代理的各项目标进行系统分析，研究总目标实现的可能性，总目标中的销售额、销售进度、销售费用投入、销售人员投入、销售方式、楼盘价格、销售风险及各阶段回报是否平衡，如果发现不平衡或不能实现，则必须修正目标。总目标在确定、修正后，应通过计划将各项目标分解，落实责任。

4．业务洽谈

接受客户咨询，了解客户所需物业的性质及类型，根据客户需求有选择地向客户推荐自己所代理的物业。如客户有购房意向，首先应要求其签订《购房委托书》，然后带客户看房。带客户看房时，房地产经纪人应在旁边做好现场解说，使客户下定购房决心。

5．签约、付款、登记

在客户选中房屋后，应该要求客户签订购房协议。代理人代理业主签订售房协议必须有业主的《授权委托书》。合同签订后，在买方付清房款后双方应到房地产交易机构办理登记过户手续。

6. 收取代理费

当代理合同约定的事项完成后,房地产经纪人就应该向委托人收取代理费用。收费标准应遵守《关于房地产中介服务收费的通知》的规定。房屋租赁代理无论成交的租赁期限长短,均按半个月至一个月的成交租金额标准收取佣金。房屋买卖代理按成交金额的 0.5%~2.5%收取佣金。实行独家代理的,收费标准由委托人与房地产经纪人协商,可适当提高,但最高不超过成交价的 3%。

课后思考与练习

(一) 单项选择题

1. ( ) 是指房地产开发企业或房屋所有权人、土地使用权人将房屋的出售(出租)权单独委托给一家房地产经纪机构代理。
   A. 有限代理　　　B. 参与代理　　　C. 共同代理　　　D. 独家代理
2. 目前,中国房地产经纪业最主要的代理业务是( )。
   A. 有限代理　　　B. 全权代理　　　C. 卖方代理　　　D. 买方代理
3. 在房地产委托代理经营方式下,房地产供给方是( )。
   A. 房地产产权人　　　　　　　B. 房地产销售机构
   C. 委托代理机构　　　　　　　D. 房地产评估机构
4. 房地产代理的法律后果直接归属( )。
   A. 被代理人　　　B. 代理人　　　C. 承租人　　　D. 出租人
5. 代理的特点包括( )。
   A. 经纪人与委托人之间无长期固定的合作关系
   B. 代理过程中的权利和责任归委托人
   C. 以自己的名义与第三方交易
   D. 经纪人可以以高于委托人指定的价格卖出,从中获利

(二) 多项选择题

1. 根据服务对象不同,房地产代理业务分为( )。
   A. 机构代理　　B. 个人代理　　C. 单宗房产代理　　D. 卖方代理
2. 房地产代理具有以下特征( )。
   A. 代理人必须以被代理人的名义实施民事行为
   B. 代理人可以超越代理权实施代理行为
   C. 代理人必须在被代理人授权范围内实施代理行为
   D. 代理人在授权范围内可进行独立的意思表示
3. 根据商品房开发经营企业与代理人之间的关系不同,商品房租售代理主要有( )。

A. 卖方代理　　　B. 独家代理　　　C. 共同代理　　　D. 买方代理

4. 根据卖方代理对象和经营方式的不同，卖方代理分为（　　）。

A. 房屋购买代理　　　　　　　　B. 房屋出租代理

C. 商品房销售代理　　　　　　　D. 二手房出售代理

（三）简答题

1. 签订房地产代理合同应注意哪些事项？
2. 简述房地产代理业务的基本流程。

项目任务书

1. 请同学们从网上查找、下载打印下列文件或证书，并能解读证书中的内容。

（1）建设工程规划许可证。

（2）验收合格证。

（3）预售许可证。

（4）销售许可证。

（5）房地产权属证书。

2. 案例分析

某房地产开发公司正在对其所开发楼盘的市场营销问题做深入研究，请对下列问题展开探讨。

（1）从当前的房地产形势来看，该大型房地产开发企业所开发经营的项目，地理位置优越，相对价格适中，特别受使用者和投资置业人士的欢迎，那么该企业适合采用什么样的营销方式。

（2）房地产开发商完成了房地产开发项目的前期工作以后，在开发建设完之前，由经纪机构出资买断，以后的运作完全由经纪机构负责代理，经纪机构所获得的不是佣金而是利润，并承担较大的风险，这是哪种代理方式，这种代理的风险由谁承担？

模块二　楼盘销售代理业务

1. 熟悉楼盘销售代理业务的流程。
2. 能为楼盘销售做好准备工作。
3. 能签订楼盘销售代理合同。

4. 能指导客户签订《商品房认购协议》、《商品房买卖合同》。
5. 能有效地实施楼盘销售。

案例导入

某房地产开发公司与王某签订了一份《商品房代理销售合同》，合同明确约定了佣金提取的比例，委托代理人王某已按照合同约定完成了商品房销售义务，而房地产开发公司以王某为个人，不具有房地产经纪的经营资格，所签订的委托代理销售合同无效为由，拒付佣金。根据案情思考下列问题。

1. 王某与房地产开发公司签订的《商品房代理销售合同》是否有效？
2. 王某可否得到合同约定的佣金？

房地产行业分工越来越细，房地产开发商一般只开发楼盘，而将销售委托给房地产经纪公司，楼盘销售代理是房地产代理业务中最常见的业务，能给房地产经纪公司带来较好的经济效益，并能促使其规模化、规范化和更加专业化。

一、楼盘销售代理业务流程

楼盘销售代理业务流程与房屋代理业务流程基本相同，但也有一些特别之处，主要有以下几点。

1. 项目信息开发与整合

在这一阶段首先要调动房地产经纪机构全体人员进行项目信息的开发，即发动每个员工通过各种途径尽力打探新建商品房项目的信息，然后由研究拓展部负责收集、汇总并初步筛选所得到的信息，上报总经理或专门的信息统筹部门。经总经理或专门决策机构决定的项目，再分门别类地落实到具体控制部门，如子公司或专门组建项目组或称"楼盘专案"。

2. 项目研究与拓展

由研究拓展部门组织、协调有关部门如业务部、交易管理部等对承接项目进行营销策划，确定项目销售的目标客户群、销售价格策略和具体市场推广的方式与途径等，撰写书面营销策划报告。如果专门成立项目组，则由项目组来组织实施项目进展，有关部门积极配合。

3. 项目签约

由项目的直接操作部门（如子公司、项目组等）具体与项目开发商进行谈判，并起草代理合同文本。然后在房地产经纪机构内部有关部门，如交易部、法律顾问和高层管理人员之间进行流转,并各自签署意见书,其中,应有专门负责法律事务的部门或人员对代理合同草案出具书面法律意见书,提交房地产经纪机构的最高决策者。最后,由最高决策者签署已与开发商达成一致的合同。

4. 项目执行企划

本阶段的第一项工作是:项目执行部门根据已签署的代理合同,对营销策划报告进行修改,并初步制定项目的执行指标如销售期、费用预算等,以及佣金分配方案,召开各分管业务的高层管理者及有关部门合作会议。介绍经修改的营销策划报告和初步制定的项目执行指标及佣金分配方案。由会议决议最终的项目执行指标和佣金分配方案。

5. 销售准备

这一阶段是对销售资料、销售人员、销售现场的准备。销售资料包括有关审批文件如预售许可证、商品房买卖合同文本、楼书、开盘广告、价目表、销控表等。销售人员准备包括抽调、招聘销售人员,进行业务培训。销售现场准备包括搭建、装修布置售楼处、样板房、看房通道等。后面将作详细介绍。

6. 销售执行

这一阶段主要是在销售现场接待购房者看房,签订商品房买卖合同,并配合实施广告、公关活动等市场推广工作。这一阶段通常很长。在后期还要完成商品房交验(俗称"交房")的工作。后面将详细介绍。

7. 项目结算

由于商品房的销售过程比较长,一般在销售过程中要按一定时间周期进行对外结算佣金和对内结算佣金。但到整个项目销售的最后阶段,通常是完成代理合同所约定的销售指标后,要进行项目的总结算。首先是由项目直接操作部门与开发商进行总结算,财务部门予以配合。其次就是对内结算,业务部门要将日常核对的佣金结算数据提交财务部门审核,项目执行部门要撰写结案报告。最后由房地产经纪机构的最高管理者、项目负责人、业务部门负责人、财务部门负责人和负责法律事务的部门负责人共同召开结案审计会,确定最终的结案报告和对内结佣方案,最后按佣金结算方案对销售人员进行总结算。结案报告交业务管理部门和信息资料部门存档。

二、签订楼盘销售代理委托合同

楼盘销售代理业务比较复杂。而且,由于委托方(开发商)的相对强势,房地产经纪机构更需特别审慎地与之签订代理合同,以切实保护自身利益。《楼盘销售代理合同》至少应包括以下五个要素。

1. 明确销售代理的方式、范围和期限

即属于一般代理还是独家销售代理；代理销售的商品房的基本状况（坐落、类型、房屋面积等）；销售代理的区域；代理期限及其延长等问题。

2. 明确代理费用的负担问题

代理费用主要包括对外一般推广费用及开发商特别要求制作广告、印制单独的宣传材料、售楼书等费用；具体销售工作人员的开支及日常支出费用。

3. 销售价格的确定问题

确定针对开发商制作的销售价目表，代理商可否视市场销售情况在销售价目基础上灵活浮动以及浮动的幅度；代理商高价销售收益如何分配；低价售出时开发商是否认可。

4. 明确代理佣金及其支付

包括在不同价格和销售进度下的佣金计算标准。

5. 明确销售过程中违约情形的处理

包括因购房者对认购书违约而没收的定金分配、因开发商或代理商原因导致对购房者的赔偿责任承担等。

此外，对于销售代理过程中的合同文本、合同签订、房款收取、交房、过户手续的办理等方面的内容，开发商与代理商也应在代理合同中加以明确，以免日后产生纠纷。

三、楼盘销售准备

（一）销售资料的准备

销售资料的准备一般包括必要的法律文件、宣传资料的准备。

1. 必要法律文件的准备

（1）建设用地规划许可证和建设工程规划许可证。
（2）土地使用权出让合同。
（3）预售许可证。
（4）房地产买卖合同。

2. 宣传资料的准备

一般来说，房地产销售的宣传资料有形象楼书、功能楼书、折页、置业锦囊、

宣传单等形式。在进行资料准备时，一般要根据项目具体规模、档次、目标客户群等来选择其中一种或多种组合使用。

（二）销售文件的准备

1．客户置业计划

项目在推向市场时，不同的面积单位、不同的楼层、不同的朝向总价都不会相同。应事先制订出完善的客户置业计划，这样可以明确地告诉置业者不同的付款方式和金额。

2．认购协议

在房地产销售过程中，当置业者选中了自己喜欢的房产，需交纳一定数量的定金来确定其对该房号的认购权，但此时还没有签订正式房地产买卖合同，这样就需签订认购协议来保障置业者和开发商双方的合法权利。商品房认购协议将在后面专门学习。

3．购楼须知

房地产属于大宗消费品，购买过程复杂，为明晰置业者的购买程序，方便销售，事前应制定书面的购楼须知。购楼须知内容包括物业介绍、可购买对象、认购程序等。

4．价目表

价格策略制定完成后要制作价目表，价目表可以按每套房的单价，也可以按每套房的总价或单价和总价同时编制。

5．付款方式

房地产销售有不同的付款方式，如一次性付款、按揭付款、分期付款等。按揭付款有不同按揭年限、按揭成数的付款。在项目准备阶段，应制定开发商可接受的不同的付款方式。

6．其他相关文件

其他相关文件可根据项目自身来确定，如办理按揭指引、需交税费一览表、办理入住指引等相关文件。

（三）销售人员准备

1．确定销售人员

房地产销售一般根据项目销售量、销售目标、广告投放等因素决定人数，然后根据销售情况进行动态调整。选择销售人员时，应注重他们的素质。首先要有良好的个人形象，其次还要有基本的专业素质和沟通能力，能为客户提供专业及优质服务。根据不同的房地产项目选择熟悉该地区、该类客户、该房地产类型的销售人员，为房地产销售打下良好的人员基础。

2. 确定培训内容

为了达到一个预期的销售目标，在正式上岗前对销售人员的培训是非常重要的，同时在销售过程中也要不断结合销售中出现的新问题进行后续培训。对销售人员的培训一般有以下内容：

（1）公司背景和目标。

（2）物业详情：

1）项目规模、定位、设施、买卖条件。

2）物业周边环境、公共设施、交通条件。

3）该区域的城市发展计划，宏观及微观经济因素对物业的影响情况。

4）项目特点。包括景观、立面、建筑组、团、容积率等平面设计内容及特点，包括总户数、总建筑面积、总单元数、单套面积、户内面积组合，以及户型优缺点、进深、面宽、层高等项目优劣势分析。

5）竞争对手优劣势分析及对策。

3. 销售技巧

（1）售楼过程中的洽谈技巧，如何以发问探寻客户需求及购买心理；如何询问客户的需求、经济状况、期望等来掌握买家的心理；恰当使用电话。

（2）推销技巧、语言技巧、身体语言技巧。

4. 签订买卖合同的程序

（1）售楼处签约程序。

（2）办理按揭、月供及利息的计算。

（3）入住程序及费用。

（4）合同说明、其他法律文件。

（5）所需填写的各类表格。

5. 物业管理介绍

（1）物业管理服务内容、收费标准。

（2）管理规则。

（3）公共契约。

6. 其他内容

其他内容包括销售人员的礼仪、建筑学基本常识、财务相关制度等。

（四）销售现场的准备

房地产销售现场的准备是销售前的准备工作中非常重要的一环。客户在接收到楼盘销售的信息后，决定到现场参观，现场状况将直接影响其购买行为。一般来说，现场工作包括售楼处、看楼通道、样板房、模型、形象墙、户外广告牌、灯箱、大型广告牌、导示牌、彩旗、示范环境、施工环境等。本部分一般由公司专门部门负责执行，在这里不作为主要学习内容。

四、楼盘销售实施

（一）销售实施阶段的划分

按项目销售时间及进度，可将房地产销售分为以下几个阶段：预热期、强销期、持续销售期、尾盘期。一个销售期约 12 个月的楼盘销售阶段表见表 4-1。

表 4-1　楼盘销售阶段表

阶　　段	时　　间	大约累计销售量（%）
预热期	开盘前 1~2 个月（2 个月）	5~10
强销期	开盘后 1~2 个月（2 个月）	40~50
持续销售期	开盘后 3~6 个月（4 个月）	70~80
尾盘期	开盘后 7~10 个月（4 个月）	90~95

（二）销售实施各阶段的市场推广销售策略

1．预热期的推广策略

这个阶段的推广策略主要是整个项目的形象推广，不需要涉及具体的情况，主要是让目标客户知道整个项目的主要概念和倡导的生活方式等。这是整个楼盘的档次定位的最重要的阶段。

这个阶段广告公司的工作显得特别重要，广告公司不是简单地将发展商和代理商创意的主题通过平面方式表现出来，更重要的是如何让消费者能够接受项目的主题。

2．强销期的推广策略

这个阶段的推广策略主要是将预热期的形象推广与实际楼盘的品质相结合，以进一步深化项目主题，并让消费者切身感受到宣传是实实在在的。

3．持续销售期的推广策略

在持续销售阶段，由于该阶段时间较长，销售相对较为困难，对整个项目是否能够实现成功销售尤为关键，因此在这个阶段除了平面广告以外，还要有大量的促销活动来支持。

4．尾盘期的推广策略

在尾盘期，一般不以华丽广告，而主要以装修、配套等工程不断竣工的形象广告为主，并辅助以适量的价格策略。

（三）房号管理

售前一定要统一安排房号（经书面确认），对整层保留、交叉保留、自然保

留进行计划。对外有统一的售价与房源结合的资料,每天关注房号的变动。

五、签订《房屋认购书》

目前房地产市场上,签订正式合同之前,开发商往往要购房者签一个认购书或认购协议,并收取一定的费用,其名称有定金、订金、诚意金等。大多开发商采取定金担保的方式与购房人签订《房屋认购协议书》,主要是由于房屋被购房人选中便具有特定物的性质,包括楼座、户型、楼层、朝向等。一旦开发商与购房人签订该协议,开发商就必须保证向购房人提供购房人所选定的房屋并就该房屋与购房人签订《商品房买卖合同》,而开发商采取的方式便是在销售中为签订《房屋认购协议书》的购房人预留,如果购房人不与开发商签订《商品房买卖合同》,那么这种预留的做法就会给开发商的销售造成影响甚至是损失。

(一)认购书的性质

认购书是一个有效的法律文书,是有法律约束力的。房屋买卖是一个很复杂的交易,为此,双方都应该受到一定的约束,即"卖方保证不将该套房子卖给他人,买方保证他是一个真实的购买者。"约束双方的文书就是认购书,表示买方诚意的就是定金。

同时,从法律上说,认购不是买房的法定前奏,认购书也不是认购的必然结果。买方只能保证购买意愿的真实性,而不能保证无论何种情况都必须签订合同。

(二)认购书主要内容

(1)物业。包括开发商名称、所购小区(楼盘)名称、楼号、单元号、楼层、房号等。

(2)房价。包括户型、面积、单位价格(币种)、总价等。

(3)付款方式。从一次付款、分期付款、按揭付款三种付款方式中确定一种。

(4)认购条件。包括认购书应注意事项、定金、签订正式合同的时间、付款地点、账户、签约地点等。

(5)定金。签订认购书有一个定金的问题,一般在一线城市,普通住宅定金为2~5万元不等。

六、指导客户签订《商品房买卖合同》

根据《商品房销售管理规定》的要求,商品房在销售时,房地产开发企业和购房人应当订立书面《商品房买卖合同》。在合同中,双方应当明确以下主要内容:

（1）当事人名称或者姓名和住所。

（2）商品房基本状况。

（3）商品房的销售方式。

（4）商品房价款的确定方式及总价款、付款方式、付款时间。

（5）交付使用条件及日期。

（6）装饰、设备标准承诺。

（7）供水、供电、供热、燃气、通信、道路、绿化等配套基础设施和公共设施的交付承诺和有关权益、责任。

（8）公共配套建筑的产权归属。

（9）面积差异的处理方式。

（10）办理产权登记有关事宜。

（11）解决争议的方法。

（12）违约责任。

（13）双方约定的其他事项。

应注意，《商品房认购书》、《商品房买卖合同》是由开发商与购房人签订，而不是房地产经纪机构与购房人签订，因此，房地产经纪人是指导客户签订这两份协议，而不是与之签订这两份协议。

七、商品房销售代理的注意事项

1. 在委托权限内行使销售代理

房地产经纪机构接受房地产开发企业委托代理销售商品房，经纪机构应当是依法设立并取得工商营业执照的房地产经纪服务机构。受托房地产经纪机构应当与房地产开发企业订立书面委托合同，委托合同应当载明委托期限、委托权限，以及委托人和被委托人的权利、义务。受托房地产经纪机构必须在委托合同载明的期限、权限内行使自己的权利和义务，不得超越代理权进行销售。

2. 向购房人出示相关文件

受托房地产经纪机构代理销售商品房时，应当向购房人出示商品房的有关证明文件和商品房销售委托书。一方面，房地产经纪机构出示商品房销售委托书，以证明其代理人身份，同时也便于购房者了解委托的内容；另一方面，房地产经纪机构应当如实向购房者出示代理销售商品房的证明文件，以证明所售商品房的合法性。在此需特别指出的是，出示与明示之间的区别：出示表明出示人需让出示对象明确了解出示资料的内容，因而有义务向出示对象就出示资料的内容进行解释与说明；明示则只需提供明示对象了解明示资料的渠道，但并无义务就明示资料的具体内容向明示对象进行解释与说明。

3. 销售代理真实、合法

受托房地产经纪机构销售商品房时，应当如实向购房者介绍所代理销售商品房的有关情况，不得夸大介绍和虚假宣传。受托房地产中介服务机构不得代理销售不符合销售条件的商品房，即要求受托机构要对所代理销售商品房的合法性进行把关，不得代理销售不符合法律、法规规定的销售条件的商品房。

4. 规范收费

受托房地产中介服务机构在代理销售商品房时不得收取佣金以外的其他费用。房地产经纪机构只是作为代理人与买受人进行商品房交易，并没有为买受人提供服务，在买受人支付了商品房价款（交易对价）之后，其无权向买受人收取任何费用。同时，房地产开发企业在佣金之外，无需再支付其他费用。另外，经纪机构也不能搞吞吐业务，因其已经超越了中介的范围，属于投资活动，是中介管理不能允许的。

课后思考与练习

（一）单项选择题

1. 下列关于商品房销售代理，表述正确的是（　　）。
   A. 房地产销售代理是指房地产开发企业或其他房地产拥有者将物业销售业务委托专门的房地产中介服务机构代为销售的一种经营方式
   B. 实行销售代理可以不签订委托合同
   C. 受托房地产中介服务机构在代理销售商品房时，不得收取佣金以外的其他费用
   D. 房地产销售人员必须经过专业培训取得相应的资格后，才能从事商品房销售业务

2. 在商品房销售代理业务中存在的主要环节是（　　）。
   A. 房地产交验　　　　　　　　B. 业务开拓
   C. 方案设计与推广　　　　　　D. 撮合成交

3. 房地产包销活动中，房地产经纪机构（　　）。
   A. 本身并不直接从事交易行为
   B. 成为直接进行房地产交易的一个主体
   C. 以自己的名义交易时才成为房地产交易的一个主体
   D. 不以自己的名义交易时才成为房地产交易的一个主体

（二）多项选择题

1. 关于中介机构进行商品房销售代理时说法正确的是（　　）。
   A. 应向商品房购买人出示商品房的有关证明

B. 应向商品房购买人出示商品房销售委托书

C. 必须向商品房购买人出示商品房的销售代理委托合同

D. 销售人员应具备一定的资格条件

2. 为了避免商品房销售代理纠纷，卖方代理合同中应载明（　　）等条款。

A. 交易价格范围

B. 销售时间

C. 房屋质量保修责任

D. 销售进度

（三）判断题

1. 商品房销售必须签订《商品房买卖合同》。（　　）

2. 签订《房屋认购书》是购房必经程序。（　　）

3. 楼盘销售代理中是由房地产经纪人与购房者签订《商品房买卖合同》。
（　　）

项目任务书

1. 模块售楼销售资料的准备

将学生分成三组，一组准备法律文件（着重"五证"），一组准备宣传资料（主要有楼书、折页、宣传单等），一组准备销售文件（主要有付款方式、价目表、按揭指引、缴纳税费一览表、办理入住指引、认购合同、购楼须知等）。（提示：这些文件可在网上查找，也可到学校附近的售楼部去收集。）

2. 模拟售楼客户接待

将学生分成两组，一组代表客户，一组代表售楼人员，对学校附近某一楼盘进行模拟销售。要求如下：

（1）学生能熟练地向客户介绍楼盘并能及时回答客户相关问题，如楼盘位置、环境特色、将来该地段的发展规划、交通情况、学校、医院、商场等配套情况、房型结构、面积、容积率、绿化率等相关内容。

（2）要求学生能解答贷款、税费、优惠政策、物业等相关内容并能计算月供、贷款利息、税费及物业费的多少。

（3）要求学生能熟悉填写客户登记表，以及签订《商品房认购协议》、《商品房买卖合同》。

3. 认真阅读楼盘销售代理合同，理解其中每一条款，并能代表房地产经纪公司与开发商签订楼盘销售代理合同。

楼盘销售代理合同（范本）

甲　方＿＿＿＿＿＿＿＿＿＿＿＿＿＿＿＿＿＿＿＿＿＿＿＿
地　址＿＿＿＿＿＿＿　邮编＿＿＿＿＿＿　电话＿＿＿＿＿＿＿
法定代表人＿＿＿＿＿＿＿　　　　　　　　职务＿＿＿＿＿＿＿
乙　方＿＿＿＿＿＿＿＿房地产中介代理有限公司
地　址＿＿＿＿＿＿＿　邮编＿＿＿＿＿＿　电话＿＿＿＿＿＿＿
法定代表人＿＿＿＿＿＿＿　　　　　　　　职务＿＿＿＿＿＿＿

甲乙双方经过友好协商，根据《中华人民共和国民法通则》和《中华人民共和国合同法》的有关规定，就甲方委托乙方（独家）代理销售甲方开发经营或拥有的＿＿＿＿＿＿＿＿＿＿事宜，在互惠互利的基础上达成以下协议，并承诺共同遵守。

第一条　合作方式和范围

甲方指定乙方为在＿＿＿＿＿＿＿＿（地区）的独家销售代理，销售甲方指定的，由甲方在＿＿＿＿＿＿＿兴建的＿＿＿＿＿＿＿项目，该项目为（别墅、写字楼、公寓、住宅），销售面积共计＿＿＿＿＿＿＿平方米。

第二条　合作期限

1. 本合同代理期限为＿＿＿个月，自＿＿＿年＿＿＿月＿＿＿日至＿＿＿年＿＿＿月＿＿＿日。在本合同到期前的＿＿＿＿天内，如甲乙双方均未提出反对意见，本合同代理期自动延长＿＿＿个月。合同到期后，如甲方或乙方提出终止本合同，则按本合同中合同终止条款处理。

2. 在本合同有效代理期内，除非甲方或乙方违约，双方不得单方面终止本合同。

3. 在本合同有效代理期内，甲方不得在＿＿＿＿＿＿＿＿地区指定其他代理商。

第三条　费用负担

本项目的推广费用（包括但不限于报纸电视广告、印制宣传材料、售楼书、制作沙盘等）由甲方负责支付。该费用应在费用发生前一次性到位。

具体销售工作人员的开支及日常支出由乙方负责支付。

第四条　销售价格

销售基价（本代理项目各层楼面的平均价）由甲乙双方确定为＿＿＿＿元/平方米，乙方可视市场销售情况征得甲方认可后，有权灵活浮动。甲方所提供并确认的销售价目表为本合同的附件。

第五条　代理佣金及支付

1. 乙方的代理佣金为所售的＿＿＿＿＿＿＿项目价目表成交额的＿＿＿＿%，乙方实际销售价格超出销售基价部分，甲乙双方按五五比例分成。代理佣金由甲方以人民币形式支付。

2. 甲方同意按下列方式支付代理佣金：

甲方在正式销售合同签订并获得首期房款后，乙方对该销售合同中指定房地产的代销即告完成，即可获得本合同所规定的全部代理佣金。甲方在收到首期房款后应不迟于3天将代理佣金全部支付乙方，乙方在收到甲方转来的代理佣金后应开具收据。

乙方代甲方收取房价款，并在扣除乙方应得佣金后，将其余款项返还甲方。

3. 乙方若代甲方收取房款，属于一次性付款的，在合同签订并收齐房款后，应不迟于5天将房款汇入甲方指定银行账户；属于分期付款的，每两个月一次将所收房款汇给甲方。乙方不得擅自挪用代收的房款。

4. 因客户对临时买卖合约违约而没收的定金，由甲乙双方五五分成。

第六条　甲方的责任

1. 甲方应向乙方提供以下文件和资料：

（1）甲方营业执照副本复印件和银行账户。

（2）新开发建设项目，甲方应提供政府有关部门对开发建设项目批准的有关证照（包括：国有土地使用权证书、建设用地批准证书和规划许可证、建设工程规划许可证和开工证）和销售_____项目的商品房销售证书、外销商品房预售许可证、外销商品房销售许可证；旧有房地产，甲方应提供房屋所有权证书、国有土地使用权证书。

（3）关于代售的项目所需的有关资料，包括：外形图、平面图、地理位置图、室内设备、建设标准、电器配备、楼层高度、面积、规格、价格、其他费用的估算等。

（4）乙方代理销售该项目所需的收据、销售合同，以实际使用的数量为准，余数全部退给甲方。

（5）甲方正式委托乙方为_____项目销售的（独家）代理的委托书。以上文件和资料，甲方应于本合同签订后2天内向乙方交付齐全。甲方保证若客户购买的_____的实际情况与其提供的材料不符合或产权不清，所发生的任何纠纷均由甲方负责。

2. 甲方应积极配合乙方的销售，负责提供看房车，并保证乙方客户所订的房号不发生误订。

3. 甲方应按时按本合同的规定向乙方支付有关费用。

第七条　乙方的责任

1. 在合同期内，乙方应做以下工作：

（1）制定推广计划书（包括市场定位、销售对象、销售计划、广告宣传等）。

（2）根据市场推广计划，制订销售计划，安排时间表。

（3）按照甲乙双方议定的条件，在委托期内，进行广告宣传、策划。

（4）派送宣传资料、售楼书。

（5）在甲方的协助下，安排客户实地考察并介绍项目、环境及情况。

（6）利用各种形式开展多渠道销售活动。

（7）在甲方与客户正式签署售楼合同之前，乙方以代理人身份签署房产临时买卖合约，并收取定金。

（8）乙方不得超越甲方授权向客户作出任何承诺。

2. 乙方在销售过程中，应根据甲方提供的＿＿＿＿＿＿＿＿项目的特性和状况向客户作如实介绍，尽力促销，不得夸大、隐瞒或过度承诺。

3. 乙方应信守甲方所规定的销售价格，非经甲方的授权，不得擅自给客户任何形式的折扣。在客户同意购买时，乙方应按甲乙双方确定的付款方式向客户收款。若遇特殊情况（如客户一次性购买多个单位），乙方应告知甲方，作个案协商处理。

4. 乙方收取客户所付款项后不得挪作他用，不得以甲方的名义从事本合同规定的代售房地产以外的任何其他活动。

第八条 合同的终止和变更

1. 在本合同到期时，双方若同意终止本合同，双方应通力协作作妥善处理终止合同后的有关事宜，结清与本合同有关的法律、经济等事宜。本合同一旦终止，双方的合同关系即告结束，甲乙双方不再互相承担任何经济及法律责任，但甲方未按本合同的规定向乙方支付应付费用的除外。

2. 经双方同意可签订变更或补充合同，其条款与本合同具有同等法律效力。

第九条 其他事项

1. 本合同一式两份，甲乙双方各执一份，经双方代表签字盖章后生效。

2. 在履约过程中发生的争议，双方可通过协商、诉讼方式解决。

甲　方：＿＿＿＿＿＿＿＿＿＿＿＿＿＿＿

代表人：＿＿＿＿＿＿＿＿＿＿＿＿＿＿＿　　　　＿＿＿年＿＿＿月＿＿＿日

乙　方：＿＿＿＿＿＿＿＿＿＿＿＿＿＿＿

代表人：＿＿＿＿＿＿＿＿＿＿＿＿＿＿＿　　　　＿＿＿年＿＿＿月＿＿＿日

4. 认真阅读并能指导客户签订《商品房认购书》。

商品房认购书（范本）

出卖人＿＿＿＿＿＿＿＿＿　　　　买受人＿＿＿＿＿＿＿＿＿

公司住所＿＿＿＿＿＿＿＿＿　　　买受人国籍＿＿＿＿＿＿＿

证件名称及号码＿＿＿＿＿＿＿　　公司住所＿＿＿＿＿＿＿＿

营业执照号码＿＿＿＿＿＿＿＿　　营业执照号码＿＿＿＿＿＿

电　话＿＿＿＿＿＿＿＿＿＿　　　证件名称及号码＿＿＿＿＿

传　真＿＿＿＿＿＿＿＿＿＿　　　电　话＿＿＿＿＿＿＿＿＿

通信地址＿＿＿＿＿＿＿＿＿　　　通信地址＿＿＿＿＿＿＿＿

邮编_____　　　　　　　　邮编_____

第一条　买受人自愿认购出卖人开发的位于_____号楼____层_____号房屋,建筑面积_____平方米,其中套内建筑面积_____平方米,公共部位与公用房屋分摊建筑面积_____平方米。上述面积为出卖人暂测面积,最终面积以房屋竣工后政府测绘部门实测面积为准。

第二条　该套房屋认购单价为人民币_____元/平方米,总房款为人民币(大写)_____。

第三条　出卖人约定在_____年_____月_____日前将本商品房交付买受人使用。

第四条　出卖人约定在本商品房交付买受人使用之日起_____以内协助买受人取得本商品房的房地产权属证书。

第五条　买受人选择采用(一次性付款、即供按揭、其他)_____的付款方式。

第六条　买受人在签订本认购书时向出卖人交付购房定金人民币(大写)_____。

第七条　买受人在签署本认购书后_____个工作日内,即_____年_____月_____日前,携带本认购书附件一中所约定的有效证明文件及相关费用到出卖人售楼处签署《_____商品房买卖合同》(以下简称《买卖合同》)。同时,向出卖人支付约定的购房款及出卖人代收的相关税费。

第八条　如买受人未在上述期限内签订《买卖合同》,则构成买受人违约,出卖人有权将该房屋另行出售,买受人所付定金不退。

第九条　出卖人承诺在上述期限内为买受人保留其认购的房屋,如出卖人在上述约定的保留期内未经买受人同意将买受人认购的房屋另行出售给第三方,则构成出卖人违约,出卖人应向买受人双倍返还定金。

第十条　若买受人选择即供按揭或贴息贷款付款方式,在签署本认购书时即能够保证在签署《买卖合同》后,按双方约定提交各项资料。

第十一条　认购书自甲乙双方签字盖章,且买受人交付定金后生效,并在甲乙双方签订《买卖合同》生效后自动失效。

第十二条　认购书一式_____份,出卖人执_____份,买受人执_____份,具有同等法律效力。

出卖人(盖章)_____　　　　买受人(盖章)_____
经办人(签字)_____　　　　代理人(签字)_____
_____年____月____日　　　　　　_____年____月____日

5. 认真阅读《商品房买卖合同》,能向客户解读并指导客户填写《商品房买卖合同》。

项目四 房地产代理业务

商品房买卖合同（范本）

出卖人_____　　　　　　　　注册地址_____
营业执照注册号_____　　　　　　企业资质证书号_____
法定代表人_____　　　　　　　联系电话_____
邮政编码_____
委托代理人_____　　　　　　　地址_____
联系电话_____　　　　　　　　邮政编码_____
委托代理机构_____　　　　　　注册地址_____
营业执照注册号_____　　　　　法定代表人_____
联系电话_____　　　　　　　　邮政编码_____
买受人_____　　　　　　　　　身份证_____
地址_____　　　　　　　　　　联系电话_____
邮政编码_____
委托代理人_____　　　　　　　地址_____
联系电话_____　　　　　　　　邮政编码_____

根据《中华人民共和国合同法》、《中华人民共和国城市房地产管理法》及其他有关法律、法规之规定，买受人和出卖人在平等、自愿、协商一致的基础上就买卖商品房达成如下协议：

第一条　项目建设依据

出卖人以____方式取得位于_____、编号为_____的地块的土地使用权。土地使用权出让合同号为_____。该地块土地面积为_____，规划用途为_____，土地使用年限自____年____月____日至____年____月____日。

出卖人经批准，在上述地块上建设商品房，现定名____。建设工程规划许可证号为____，施工许可证号为____。

第二条　商品房销售依据

买受人购买的商品房为____。预售商品房批准机关为____，商品房预售许可证号为____。

第三条　买受人所购商品房的基本情况

买受人购买的商品房（以下简称该商品房，其房屋平面图见本合同附件一，房号以附件一上表示为准）为本合同第一条规定的项目中的：

第____幢____单元____号房。

该商品房的用途为____，属____结构，层高为____，建筑层数地上____层，地下____层。

该商品房阳台是封闭式。

该商品房产权登记建筑面积共____平方米,其中,套内建筑面积____平方米,公共部位与公用房屋分摊建筑面积_____平方米(有关公共部位与公用房屋分摊建筑面积构成说明见附件二)。

第四条　计价方式与价款

出卖人与买受人约定按下述第_____种方式计算该商品房价款:

1. 按建筑面积计算,该商品房单价为____币每平方米____元,总金额____币____千____百____拾____万____千____百____拾____元整。

2. 按套内建筑面积计算,该商品房单价为____币每平方米____元,总金额____币____千____百____拾____万____千____百____拾____元整。

3. 按套(单元)计算,该商品房总价款为____币____千____百____拾____万____千____百____拾____元整。

第五条　面积确认及面积差异处理

根据当事人选择的计价方式,本条规定以建筑面积(本条款中均简称面积)为依据进行面积确认及面积差异处理。

当事人选择按套计价的,不适用本条约定。

合同约定面积与产权登记面积有差异的,以产权登记面积为准。

商品房交付后,产权登记面积与合同约定面积发生差异,双方同意按第_____种方式进行处理:

1. 双方自行约定:

(1)_____。

(2)_____。

(3)_____。

2. 双方同意按以下原则处理:

(1)面积误差比绝对值在3%以内(含3%)的,据实结算房价款。

(2)面积误差比绝对值超出3%时,买受人有权退房。

买受人退房的,出卖人在买受人提出退房之日起30天内将买受人已付款退还给买受人,并按_____利率付给利息。

买受人不退房的,产权登记面积大于合同约定面积时,面积误差比在3%以内(含3%)部分的房价款由买受人补足;超出3%部分的房价款由出卖人承担,产权归买受人。产权登记面积小于合同约定面积时,面积误差比绝对值在3%以内(含3%)部分的房价款由出卖人返还买受人;绝对值超出3%部分的房价款由出卖人双倍返还买受人。

$$面积误差比 = \frac{产权登记面积 - 合同约定面积}{合同约定面积} \times 100\%$$

因设计变更造成面积差异，双方不解除合同的，应当签署补充协议。

第六条　付款方式及期限

买受人按下列第_____种方式按期付款：

1. 一次性付款_____。
2. 分期付款_____。
3. 其他方式____。

第七条　买受人逾期付款的违约责任

买受人如未按本合同规定的时间付款，按下列第_____种方式处理：

按逾期时间，分别处理（不作累加）

（1）逾期在_____日之内，自本合同规定的应付款期限之第二天起至实际全额支付应付款之日止，买受人按日向出卖人支付逾期应付款万分之_____的违约金，合同继续履行。

（2）逾期超过____日后，出卖人有权解除合同。出卖人解除合同的，买受人按累计应付款的____%向出卖人支付违约金。买受人愿意继续履行合同的，经出卖人同意，合同继续履行，自本合同规定的应付款期限之第二天起至实际全额支付应付款之日止，买受人按日向出卖人支付逾期应付款万分之____（该比率应不小于第（1）项中的比率）的违约金。

本条中的逾期应付款指依照本合同第六条规定的到期应付款与该期实际已付款的差额；采取分期付款的，按相应的分期应付款与该期的实际已付款的差额确定。

第八条　交付期限

出卖人应当在____年____月____日前，依照国家和地方人民政府的有关规定，将具备下列第____种条件，并符合本合同约定的商品房交付买受人使用：

1. 该商品房经验收合格。
2. 该商品房经综合验收合格。
3. 该商品房经分期综合验收合格。
4. 该商品房取得商品住宅交付使用批准文件。
5. _____。

但如遇下列特殊原因，除双方协商同意解除合同或变更合同外，出卖人可据实予以延期：

1. 遭遇不可抗力，且出卖人在发生之日起_____日内告知买受人的；
2. _____。

第九条　出卖人逾期交房的违约责任

除本合同第八条规定的特殊情况外，出卖人如未按本合同规定的期限将该商品房交付买受人使用，按下列第_____种方式处理：

按逾期时间，分别处理（不作累加）

（1）逾期不超过____日，自本合同第八条规定的最后交付期限的第二天起至实际交付之日止，出卖人按日向买受人支付已交付房价款万分之____的违约金，合同继续履行；

（2）逾期超过____日后，买受人有权解除合同。买受人解除合同的，出卖人应当自买受人解除合同通知到达之日起____天内退还全部已付款，并按买受人累计已付款的____%向买受人支付违约金。买受人要求继续履行合同的，合同继续履行，自本合同第八条规定的最后交付期限的第二天起至实际交付之日止，出卖人按日向买受人支付已交付房价款万分之_____（该比率应不小于第（1）项中的比率）的违约金。

第十条 规划、设计变更的约定

经规划部门批准的规划变更、设计单位同意的设计变更导致下列影响到买受人所购商品房质量或使用功能的，出卖人应当在有关部门批准同意之日起10日内，书面通知买受人：

1. 该商品房结构形式、户型、空间尺寸、朝向。
2. _____。
3. _____。

买受人有权在通知到达之日起15日内做出是否退房的书面答复。买受人在通知到达之日起15日内未作书面答复的，视同接受变更。出卖人未在规定时限内通知买受人的，买受人有权退房。

买受人退房的，出卖人须在买受人提出退房要求之日起____天内将买受人已付款退还给买受人，并按_____利率付给利息。买受人不退房的，应当与出卖人另行签订补充协议。

第十一条 交接

商品房达到交付使用条件后，出卖人应当书面通知买受人办理交付手续。双方进行验收交接时，出卖人应当出示本合同第八条规定的证明文件，并签署房屋交接单。所购商品房为住宅的，出卖人还需提供《住宅质量保证书》和《住宅使用说明书》。出卖人不出示证明文件或出示证明文件不齐全，买受人有权拒绝交接，由此产生的延期交房责任由出卖人承担。

由于买受人原因，未能按期交付的，双方同意按以下方式处理_____。

第十二条 出卖人保证销售的商品房没有产权纠纷和债权债务纠纷

因出卖人原因，造成该商品房不能办理产权登记或发生债权债务纠纷的，由出卖人承担全部责任。

第十三条 出卖人关于装饰、设备标准承诺的违约责任

出卖人交付使用的商品房的装饰、设备标准应符合双方约定（附件三）的标准。达不到约定标准的，买受人有权要求出卖人按照下述第_____种方式处理：

1. 出卖人赔偿双倍的装饰、设备差价。
2. _____。

第十四条　出卖人关于基础设施、公共配套建筑正常运行的承诺

出卖人承诺与该商品房正常使用直接关联的下列基础设施、公共配套建筑按以下日期达到使用条件：

1. _____。
2. _____。

如果在规定日期内未达到使用条件，双方同意按以下方式处理：

1. _____。
2. _____。

第十五条　关于产权登记的约定

出卖人应当在商品房交付使用后_____日内，将办理权属登记需由出卖人提供的资料报产权登记机关备案。如因出卖人的责任，买受人不能在规定期限内取得房地产权属证书的，双方同意按下列第_____项处理：

1. 买受人退房，出卖人在买受人提出退房要求之日起_____日内将买受人已付房价款退还给买受人，并按已付房价款的_____%赔偿买受人损失。
2. 买受人不退房，出卖人按已付房价款的_____%向买受人支付违约金。
3. _____。

第十六条　保修责任

买受人购买的商品房为商品住宅的，《住宅质量保证书》作为本合同的附件。出卖人自商品住宅交付使用之日起，按照《住宅质量保证书》承诺的内容承担相应的保修责任。

买受人购买的商品房为非商品住宅的，双方应当以合同附件的形式详细约定保修范围、保修期限和保修责任等内容。

在商品房保修范围和保修期限内发生质量问题，出卖人应当履行保修义务。因不可抗力或者非出卖人原因造成的损坏，出卖人不承担责任，但可协助维修，维修费用由购买人承担。

第十七条　双方可以就下列事项约定

1. 该商品房所在楼宇的屋面使用权_____。
2. 该商品房所在楼宇的外墙面使用权_____。
3. 该商品房所在楼宇的命名权_____。
4. 该商品房所在小区的命名权_____。
5. _____。

第十八条　买受人的房屋仅作_____使用，买受人使用期间不得擅自改变该商品房的建筑主体结构、承重结构和用途。除本合同及其附件另有规定者外，买受人在使用期

间有权与其他权利人共同享用与该商品房有关联的公共部位和设施,并按占地和公共部位与公用房屋分摊面积承担义务。

出卖人不得擅自改变与该商品房有关联的公共部位和设施的使用性质。

第十九条 本合同在履行过程中发生的争议,由双方当事人协商解决;协商不成的,按下述第_____种方式解决:

1. 提交_____仲裁委员会仲裁。
2. 依法向人民法院起诉。

第二十条 本合同未尽事项,可由双方约定后签订补充协议(附件四)。

第二十一条 合同附件与本合同具有同等法律效力。本合同及其附件内,空格部分填写的文字与印刷文字具有同等效力。

第二十二条 本合同连同附件共_____页,一式____份,具有同等法律效力,合同持有情况如下:

出卖人____份,买受人____份,贷款银行____份,房地产登记部门____份。

第二十三条 本合同自双方签订之日起生效。

第二十四条 商品房预售的,自本合同生效之日起30天内,由出卖人向____申请登记备案。

出卖人(签章):_____ 买受人(签章):_____

法定代表人:_____ 法定代表人:_____

委托代理人:_____ 委托代理人:_____

(签章)_____ (签章)_____

____年____月____日 ____年____月____日

签于_____ 签于_____

附件一:房屋平面图

附件二:公共部位与公用房屋分摊建筑面积构成说明

附件三:装饰、设备标准

附件四:补充协议

模块三 二手房转让代理业务

1. 掌握二手房转让代理业务流程。

项目四 房地产代理业务

2. 能签订二手房转让代理合同。
3. 能指导客户签订二手房买卖合同。

 案例导入

李某有一处住过两年的房屋要转让，委托 A 房地产经纪公司的小张办理房屋的买卖事宜。假如你是小张，请思考以下问题：

1. 小张应要求李某提供哪些文件以供核实？
2. 小张对此房应作查验，查验的内容包括哪些？主要通过哪些渠道对此房作查验？
3. 小张受理了李某的委托业务后，必须采取哪些服务步骤？

二手房转让代理是指房地产经纪人受存量房屋所有权人或需要购买存量房屋的机构、个人委托，依法出售或购入合法的存量房屋并收取佣金的行为。

一、二手房转让代理业务流程

二手房转让代理业务流程比较复杂，首先要有卖方提供房源，然后将房源发布出去，再吸引客源进行洽谈，一旦买卖双方意向确定，就开始办理二手房转让相关事务，最后是佣金结算和售后服务。

（一）开拓业务

争取客户是房地产代理机构生存、发展的关键，也是房地产代理业务开展的前提。代理业务开拓的关键是争取客户。要想赢得客户，最重要的是要切实为客户提供高质量的代理服务，合理收取佣金，认真履行合同，促成代理成功，以诚信获得顾客信任。当然，通过广告宣传和公共关系活动来宣传自己，吸引客户也是必不可少的。从长远来看，房地产经纪机构必须重视自身的品牌战略，以良好的企业品牌来吸引和稳定客户群，这是业务开拓的根本途径。

（二）业务洽谈

首先，当委托人已有初步委托意向时，房地产经纪人要与其进行业务洽谈。业务洽谈时先要倾听客户的陈述，充分了解客户的意图与要求，同时衡量自身接受委托、完成任务的能力。

其次，要查清委托人是否对委托事务具备相应的权利，当委托人是自然人时，还必须确认其是否具有完全民事行为能力。因此，要查验委托人的有关证件，如个人身份证、公司营业执照等。对卖方代理要查清委托房地产的产权证等相关资料。另外，要向客户告知房地产经纪机构的名称、资格、代理业务优势及按房地产经纪执业规范必须告知的其他事项。

最后，就代理方式、佣金标准、服务标准及拟采用的代理合同文本内容等关键事项与客户进行协商，达成委托意向。

（三）房地产查验

这一步骤主要是针对房地产卖方代理而言的。房地产查验的目的是使房地产经纪人对代理的房地产有充分的了解和认识，做到知己知彼，为以后有效进行代理租售打下良好的基础。

房屋查验主要包括两方面的内容，一是该房产是否可上市交易；二是该房产是否与客户委托的房产相符。对于不能上市交易的房产，应该拒绝代理；对于与客户委托不相符的房产，要及时与客户沟通，以达到客户所委托的房产与实际完全相符。

在房地产代理业务中，一般被代理的房地产都是所有权房，在存量房出售代理业务中，一定要搞清楚标的房地产是所有权还是使用权房。如果是所有权的，要注意如果房地产权属归两人或两人以上所有，该房地产即为共有房地产。对共有房地产的转让和交易，须得到其他共有人的书面同意。还要查明房地产他项权设定情况，即是否设定抵押权、租赁权？如果有，权利人是谁？期限如何确定？诸如此类的情况，对标的物的交易的难易、价格、手续均会产生重大影响，必须事先搞清楚。不能上市交易的二手房有：

（1）未依法取得房屋所有权证的房屋。
（2）只取得使用权的房屋，如房屋管理局直管公房。
（3）鉴定为危房的房屋。
（4）在农村集体土地上兴建的房屋。
（5）所有权共有的房屋，其他共有人不同意出售的房屋。
（6）所有权有纠纷的房屋。
（7）已经抵押，并且未经抵押人书面同意的房屋。
（8）依法被查封、扣押或者依法以其他形式限制权属转移的房屋。
（9）房屋已出租他人，出卖人未按规定通知承租人，侵害承租人优先购买权等权益的。
（10）以标准价购买，尚未按成本价补足剩余价款，向全产权过渡的房屋。
（11）已经被列入拆迁公告范围的房屋。
（12）法律、行政法规规定禁止转让的其他情形。

对于没有任何产权障碍的房地产还要进一步查验其是否与客户委托情况完全相符，这就有必要查验委托房地产的物质状况，包括所处地块的具体位置和形状、朝向、房屋建筑的结构、设备、装修情况、房屋建筑的成新；环境状况，包括标的房地产相

邻的物业类型，周边的交通、绿地、生活设施、自然景观、污染情况等。

（四）签订二手房转让代理合同

为保护自身权益，避免纠纷发生，房地产经纪机构在接受委托人委托后应与委托人签订书面的二手房转让代理合同。只有签订了代理合同，双方之间的代理与被代理关系才能在法律上得以明确和被保护。签订二手房转让代理合同时，首先要选定合同文本，可选用政府制订的房地产代理合同示范文本，也可由双方自行拟订合同文本。其次，对代理合同中的相关条款，双方要仔细斟酌，共同协商确定，代理合同要尽可能详细地规定委托代理双方的权益和义务。最后，把签订好的代理合同交至当地房地产登记机关进行合同备案登记。具体合同文本将在项目任务书中进一步学习。

（五）陪同看房

由于房地产是不动产，现场看房是房地产交易中必不可少的环节。无论作为买方代理，还是卖方代理，房地产经纪人都有义务引领买方全面查验标的物业的结构、设备、装修等实体状况和物业的使用状况、环境状况，并充分告知与该物业有关的一切有利或不利因素。

（六）房地产交易谈判及合同签订

当潜在买方对房地产经纪机构所代理的房地产达成初步购买意向时，就要由经纪人同买方对房地产的价格进行谈判。价格的谈判是一种技巧，经纪人在价格谈判时一方面要有理有节，使买方满意，另一方面又必须把价格确定在委托人委托出卖的价格范围内。

当价格最终确定下来后，经纪人要代表委托方与购买方签订房地产买卖合同，交易合同既可采用政府制订的规范文本，也可由交易双方自行协商制订。

（七）房地产交易价款的收取与管理

房地产交易合同签订完毕，房地产经纪机构要代理委托人收取定金和房地产交易价款。交易价款的支付时间在房地产交易合同中明确约定。交易价款收取后，房地产经纪机构还要代表委托方向买方出具正式的发票。收取的价款先暂由房地产经纪机构妥善保管，以后再按代理合同所约定的方式移交给委托人。

（八）房地产权属登记

房地产交易必然涉及房地产权利的变动，房地产登记是保证这些权利变更有效、受法律保护的基本手段。

房地产代理业务中，房地产经纪机构需代理委托人办理各类产权登记或文件登记备案手续。

（九）房地产交验

房地产交接时买方要校对物业实际情况是否与合同规定相符，如设备、装修的规格、质量等。这时房地产经纪人必须充分发挥自己的专业知识和经验，协助买方客户进行核对，这是避免日后发生纠纷的重要手段。物业交验单见表4-2。

表4-2 物业交验单

验收项目		交接情况	验收项目		交接情况
房屋位置			房屋钥匙		
门			窗		
墙面			地板		
装修			家具电器等		
电	卡（电量）		房屋结构		
	箱钥匙		阳台		
煤气	表度数		上、下水		
	交费至		物业费交到		
暖气	交费至		电话	交接方式	
	状态			交费至	
水	表底数		公共维修基金		
	状况		卫生费交至		
有线电视	交费至		车库		
	状态				
交房人签名			接收人签名		
房地产经纪机构签单			日期		

（十）佣金结算

交易过程完成后，房地产经纪机构应及时与委托人（或交易双方）进行佣金结算，佣金金额和结算方式应按经纪合同的约定执行。房地产经纪人在按时完成委托的经纪业务之后，也应善于把握好这一环节，以保护房地产经纪机构的合法权益。

（十一）售后服务

售后服务是房地产经纪机构提高服务、稳定老客户的重要环节。房地产经纪人要不断开拓新的售后服务内容，以提高客户对房地产经纪服务的满意度。

二、签订二手房买卖代理委托合同

二手房买卖代理合同属于民事代理中的一种特殊形式——商事代理，通常采用书面合同形式。代理合同的内容以被代理人确定委托代理权限和代理人接受授权为合同的成立条件。其合同内容由当事人约定，主要的合同条款与本项目模块一中房地产代理合同的主要条款基本相同，本模块不再重复。

三、指导客户签订二手房买卖合同

在现实中,即使是卖方委托房地产经纪人代理售房,除非有特别授权协议外,一般二手房买卖合同仍由买卖双方签订,房地产经纪人只是尽最大所能代理卖方同买方洽谈合同,指导对方签订合同。二手房买卖合同的主要条款相对一手房要简单些,但对产权的明确、卖方的主体资格应要更加注意,另外,若涉及装修、落户、入学等都要在合同中详细界定。

1. 当事人的名称或姓名、住所

这里主要是指要弄清当事人的具体情况、地址、联系办法等,以免出现欺诈情况;经纪人应向对方做详细清楚的介绍或调查;应写明是否为共有财产、是否为夫妻共同财产或家庭共同财产。

2. 标的

这里应写明房屋位置、性质、面积、结构、格局、装修、设施设备等情况;同时还要写明房屋产权归属(要与第一条衔接);原售房单位是否允许转卖;是否存在房屋抵押或其他权利瑕疵;是否有私搭乱建部分;房屋的物业管理费用及其他交费状况;房屋相关文书资料的移交过程。

3. 价款

这里应约定房屋价款、付款方式及付款时间。一般新建的商品房及预售的商品房都是按所买卖房屋的建筑面积来计算房屋的价格,即约定每平方米建筑面积的售价为多少元,然后用单价乘以建筑面积来计算房屋所需支付的价款。二手房的买卖多数直接约定每套房屋或每幢房屋所需支付的价款。在合同中一般要列一个付款时间进度表,买方按该进度表将每期所需支付的价款交付卖方。

4. 履行期限、地点、方式

这里主要写明交房时间、条件;办理相关手续的过程;配合与协调问题;双方应如何寻求中介公司、律师、评估机构等服务;各种税费、其他费用如何分摊;遇有价格上涨、下跌时如何处理。

5. 违约责任

这里主要说明哪些是违约情形;如何承担违约责任;违约金、定金、赔偿金的计算与给付;在什么情况下可以免责;担保的形式;对违约金或定金的选择适用问题。

6. 解决争议的方式

这里主要约定解决争议是采用仲裁方式还是诉讼方式,需要注意的是,如果双方同意采用仲裁的形式解决纠纷,应按照我国《仲裁法》的规定写清明确的条款。

7. 合同生效条款

双方在此约定合同生效时间;生效或失效条件;当事人不能为自己的利益不正当地阻挠条件成就或不成就;生效或失效期限;致使合同无效的情形;几种无效的免责条款;当事人要求变更或撤销合同的条件;合同无效或被撤销后,财产如何进行返还。

8. 合同中止、终止或解除条款

明确约定合同中止、终止或解除的条件;上述情形中应履行的通知、协助、保密等义务;解除权的行使期限;补救措施;合同中止、终止或解除后,财产如何进行返还。

9. 合同的变更与转让

在此约定合同的变更与转让的条件或不能进行变更、转让的禁止条款。

10. 附件

在此说明本合同有哪些附件,附件的效力等。

 课后思考与练习

(一) 多项选择题

1. 当房屋涉及转让、抵押、租赁时,房地产中介机构不应接受代理的房屋有(   )。
   A. 权属有争议的房屋　　　　　　B. 权利人住院治疗的房屋
   C. 房屋被司法机关查封的房屋　　D. 未取得房地产权证的房屋
2. 佣金是经纪收入的基本来源,其性质是(   )等几项的综合。
   A. 劳动收入　　B. 风险收入　　C. 差价收入　　D. 经营收入
3. 二手房转让代理中,房地产经纪人要查验委托的有关证件,这些证件可能包括(   )。
   A. 个人身份证　　　　　　　　　B. 公司营业执照
   C. 预售许可证　　　　　　　　　D. 房屋权属证书
4. 房地产经纪人在受理了委托代理业务后,应注意收集二手房的(   )。
   A. 标的物信息　　　　　　　　　B. 与标的物有关的市场信息
   C. 委托人的信息　　　　　　　　D. 政策信息

（二）判断题

1. 二手房买卖合同可由房地产经纪人直接与客户签订。（ ）
2. 二手房买卖合同必须使用各城市规定的文本。（ ）
3. 在实际交易过程中，二手房转让通常以套而不是以面积为计价单位。（ ）
4. 佣金的标准是由房地产经纪人确定。（ ）

（三）简答题

1. 简述二手房转让代理业务的基本流程。
2. 二手房买卖合同与新建商品房买卖合同有哪些不同？分别应提醒客户注意哪些问题？

项目任务书

1. 填写《委托出售房屋情况登记表》训练（见表4-3）

表4-3　委托出售房屋情况登记表

登记号：　　　　　　填表时间　　　　　　　　年　　月　　日

房屋坐落		区____路____街道____小区__幢____单元____室			
产权人		身份证号		同住人姓名	
联系电话		邮政编码			
委托内容					
需求时限		从　年　月　日到　年　月　日			
房屋参数	房屋类型		房屋权证号		
	房屋建筑面积		房屋使用面积		房屋类型
	房屋套型	____室____厅____卫____厨____阳台			
	车库面积		房屋楼层	第　层，共　层	
	房屋结构		建造年代		房屋朝向
房屋配套设施	装修情况				
	生活设施				
	物业管理				
委托出售价格		单价：		总价：	
受理部门			经办人		
备　注					

159

2. 填写《委托购买房屋情况登记表》训练（见表4-4）

表4-4 委托购买房屋情况登记表

登记号：＿＿＿＿＿＿ 填表日期＿＿＿＿＿＿ 年 月 日

客户姓名		身份证号			职 业	
联系电话		联系地址			邮 编	
需求时间						
房屋需求参数	房屋区域					
	房屋类型		期房现房			
	房屋建筑面积		房屋使用面积			
	房屋结构		房龄		朝向	
	房屋套型		＿＿室＿＿厅＿＿卫＿＿厨＿＿阳台			
	房屋楼层					
	房屋配套					
委托要求	购房价格	单价			总价	
	付款方式				贷款需求	
	公积金贷款				商业贷款	
受理部门		经办人姓名				
备 注						

3. 查验业主证件训练

需查验的证件有《房屋所有权证》、《土地使用证》、产权人的身份证、户口簿、房屋共有人或18岁以上同住人同意书、物业公司同意上市交易证明。要求学生从网上打印《房屋所有权证》、《土地使用证》，并能进行解读。

4. 佣金计算训练

李先生委托A中介购买一套100平方米的两居室，总价是150万元，请根据你所在城市的中介代理费计算李先生应缴纳多少中介代理费。

5. 下面是两份二手房委托代理合同，一份是出售二手房委托代理合同，一份是存量房承购代理委托协议，请认真阅读，并能与客户签订二手房委托代理合同。

出售二手房委托代理合同

甲方（委托方）＿＿＿＿＿＿ 名称＿＿＿＿＿＿ 身份证/护照号码＿＿＿＿＿＿

通信地址＿＿＿＿＿＿ 邮政编码＿＿＿＿＿＿ 联系电话＿＿＿＿＿＿

乙方（代理方）＿＿＿＿＿＿

公司名称＿＿＿＿＿＿ 法定代表人＿＿＿＿＿＿ 营业执照号码＿＿＿＿＿＿

通信地址＿＿＿＿＿＿ 邮政编码＿＿＿＿＿＿ 联系电话＿＿＿＿＿＿

经纪执业人员＿＿＿＿＿＿　　　　　联系电话＿＿＿＿＿＿＿
执业备案号码＿＿＿＿＿＿　　　　　经纪资格证号＿＿＿＿＿＿

根据《中华人民共和国合同法》、《中华人民共和国物权法》及其他有关法律、法规的规定，双方在平等、自愿、协商一致的基础上，就本合同所涉房地产的买卖和代理服务事宜，达成协议如下：

第一条　委托出售的房地产

甲方委托出售的房地产（下称该房地产）坐落于＿＿＿＿＿＿；该房地产产权证号为＿＿＿＿＿＿；房地产产权共有证号为＿＿＿＿＿＿；该房地产用途为＿＿＿＿＿＿；建筑面积为＿＿＿＿＿＿平方米，其中套内建筑面积为＿＿＿＿＿＿平方米。该房地产土地使用权年限自＿＿＿年＿＿＿月＿＿＿日至＿＿＿年＿＿＿月＿＿＿日止。

目前该房地产物业服务公司为＿＿＿＿＿＿，物业服务费为每月每平方米＿＿＿元，建筑面积＿＿＿平方米，合计人民币＿＿＿佰＿＿＿拾＿＿＿元＿＿＿角＿＿＿分（小写＿＿＿＿＿＿元）。

第二条　房地产产权现状

该房地产产权现状为以下第＿＿＿种：

1. 该房地产没有设定抵押或者被查封、被非法占用及其他产权争议，卖方对该房地产享有完全的处分权。

2. 该房地产处于抵押状态，卖方承诺于本合同生效之日起＿＿＿日内还清贷款，办妥注销抵押登记手续。

3. 该房地产处于抵押状态，甲方需委托担保公司担保或者由买方融资赎楼的，须于签订本合同之日起＿＿＿日内向担保公司和代理方指定人员出具公证委托书，办理售楼手续，买方应予协助。完成售楼后，应将房地产证原件托管于代理方或者买卖双方约定的担保公司作为办理过户手续之用。担保公司担保或者由买方融资赎楼的协议另行签订。

第三条　房地产租约现状

该房地产所附租约现状为以下第＿＿＿种：

1. 该房地产没有租约。

2. 该房地产之上存有租约。甲方保证在三方（买卖双方及代理方）签订《二手房买卖合同》时承租人放弃优先购买权并解除租约。

第四条　附着于该房地产的户口

该房地产所附着的户口，甲方保证于收到房地产转让总价款之日＿＿＿日内迁出。

第五条　转让价款

该房地产转让总价款为人民币＿＿＿亿＿＿＿仟＿＿＿佰＿＿＿拾＿＿＿万＿＿＿仟＿＿＿佰＿＿＿拾＿＿＿元＿＿＿角＿＿＿分（小写＿＿＿＿＿＿元）。

第六条　交易定金

甲方同意授权乙方代收定金，金额在法律规定的范围内与买方协商确定。买方将定金交付乙方时,视为甲方收取定金,乙方应当在3日内通知甲方收取定金。

第七条　交房保证金

为防范交易风险,督促甲方按约定如期交付该房地产并结清所有费用,甲方同意在首期款中预留人民币＿＿佰＿＿拾＿＿万＿＿仟＿＿佰＿＿拾＿＿元＿＿角＿＿分(小写＿＿元)作为交房保证金。此款在甲方实际交付房地产及完成产权转移登记时进行结算。此交房保证金的处理办法为下列第＿＿种。

1. 交由乙方托管。
2. 甲方实际交付房地产及完成产权转移登记时,由买方直接支付给甲方。

第八条　税费承担

按国家有关法规、政策规定,买方需支付的税费项目有＿＿＿＿＿＿＿＿＿＿。

第九条　交易资金监管

买卖双方同意直接支付房款的,双方约定由买方存入卖方的银行账号。买卖双方约定第三方监管的,监管方式为第＿＿＿＿＿＿＿种:

1. 由买卖双方指定的＿＿＿＿＿＿＿银行进行监管。
2. 由代理方的客户交易结算资金专用存款账号进行监管。
3. 由买卖双方指定的＿＿＿＿＿＿＿律师事务所进行监管。

资金监管协议由买卖双方及监管方另行签订。

第十条　付款方式

甲方要求买方按下列第＿＿种方式给付除定金、交房保证金之外的房款:

1. 非银行抵押付款。买方须于房地产登记中心出具房地产过户回执的当日支付百分之＿＿房款。余款须于领取新的房地产权证书当日支付。
2. 银行抵押付款。买方须于房地产登记中心出具房地产过户回执的当日支付百分之＿＿首期房款。余款由按揭银行直接支付。
3. 一次性付款(非银行抵押付款)或者银行抵押付款均可。

第十一条　委托期限

自本合同签订之日起的＿＿＿个月。甲方确认《成交确认书》后,代理期限延续至该房地产转移到买方名下为止。

第十二条　代理服务内容

乙方提供如下服务:

1. 接受甲方委托为甲方寻找适合的买方,陪同买方看房,促使买卖双方成交,并根据甲方授意代收定金,签订认购协议等。
2. 对买卖双方当事人资格、房地产产权信息的合法性进行查验。
3. 向买方准确传达或报告甲方的真实意图(包括房地产权属、现状、房价、付款方式、违约责任事项)。
4. 促成买卖双方进行交易,协助办理房地产交接事宜。

5. 提供银行抵押贷款、售房事项的咨询服务。
6. 介绍按揭银行及按揭服务机构。
7. 向甲方准确传达或报告买方的真实意图（包括房价、付款方式）。
8. 对买卖双方办理产权转移登记手续、期限、应缴纳的税收、费用等事项提供咨询、代为办理手续的服务。
9. 按约定对买卖双方的交易资金监管提供服务或者介绍监管机构。
10. 提供市场调查，广告宣传服务。

第十三条　代理佣金收取

乙方在买卖双方与乙方签订《二手房买卖合同》（三方合同）时，向甲方收取代理佣金人民币＿＿佰＿＿拾＿＿万＿＿仟＿＿佰＿＿拾＿＿元＿＿角＿＿分（小写＿＿元）。如买卖双方最终未能完成该房地产产权过户，则此代理佣金无需退还，因乙方原因导致的除外。

第十四条　违约责任

1. 甲方（含亲属、近亲属、委托人、代理人、代表人、承办人等）利用乙方所提供信息、条件、机会等，私自签订《二手房买卖合同》办理产权过户手续或者另行通过其他物业代理公司办理产权过户手续的，甲方应当承担违约责任。乙方有权要求甲方支付本合同约定的全部佣金。甲方应承担代理方追索其违约责任所支出的案件受理费、律师费等费用。

2. 因甲方过错或违约，致买卖双方未能办理产权过户手续的，乙方可要求甲方支付本合同约定的全部佣金，并支付该房地产总价款百分之＿＿＿＿的违约金。甲方并应承担代理方追索其过错或者违约责任所支出的案件受理费、律师费等费用。

3. 因乙方过错或者违约，致买卖双方未能办理产权过户手续的，乙方应退还所收取的佣金并支付该房地产总价百分之＿＿＿＿的违约金。

第十五条　随属附赠品

甲方除送固定装修外，另赠＿＿＿＿＿＿＿＿＿＿＿＿＿＿＿＿。

第十六条　合同的变更与解除

本合同未经双方协商一致，不得变更或者单方解除。

第十七条　不可抗力

因不可抗力不能履行本合同的，根据不可抗力的影响，部分或者全部免除责任，但法律另有规定的除外。因不可抗力不能按照约定履行合同的一方当事人应当及时告知合同他方当事人，并自不可抗力结束之日起＿＿＿日内向合同他方提供证明。

第十八条　送达

合同当事人所填写确认的通信地址即为送达地址。

合同当事人除直接送达外，可以短信、邮件、传真、信函、公告等方式送达。

以短信送达时，手机号码为：甲方＿＿＿＿＿＿＿＿；乙方＿＿＿＿＿＿＿＿。

第十九条 本合同与其他文件的冲突解决
双方在本合同签订之前的承诺及协议，如有与本合同不相符的，以本合同为准。

第二十条 合同附件
本合同共有附件____份。合同附件为本合同组成部分，具有同等法律效力。

第二十一条 合同争议的解决
本合同履行过程中如发生争议，双方应及时协商解决。协商不成时，可选择如下第____方式解决：

1. 提交_____仲裁委员会仲裁。
2. 依法向人民法院起诉。

第二十二条 合同数量及持有
本合同一式___份，甲方及乙方各存一份，均具有同等法律效力。

第二十三条 合同生效
本合同自双方签字（盖章）之日起生效。

甲方（盖章）：_____　　　　乙方（盖章）：_____

经纪执业人员：_____

经纪资格证号：_____

　年____月____日____　　　　　　　年____月____日____

存量房承购代理委托协议

甲方（委托方）_____　　名称_____　　身份证/护照号码_____

通信地址_____　　邮政编码_____　　联系电话_____

乙方（代理方）_____

公司名称_____　　法定代表人_____　　营业执照号码_____

通信地址_____　　邮政编码_____　　联系电话_____

经纪执业人员_____　　　　　　联系电话_____

执业备案号码_____　　　　　　经纪资格证号_____

第一条 房屋承购信息

1. 位置：本市_____区_____。
2. 建筑面积_____平方米左右。
3. 房屋用途_____。
4. 承购总价：不高于人民币（￥_____元）__亿__仟__佰__拾__万__仟__佰__拾__元整。

委托方实际支付的房屋总价款应当等于出售方实际收取的房屋总价款。

5. 承购房屋其他需求详见承购信息挂牌登记表。

6. 其他_____。

第二条　委托方式约定为下列第_____款。（仅选一款）

1. 委托方委托包括受托方在内的多家（不超过三家）房地产经纪机构提供代理服务。

2. 委托方仅委托受托方独家提供代理服务。

第三条　委托事项约定为下列第_____款。（可以全选）

1. 提供市场行情咨询、介绍房源信息、组织房源察看、协助签订《存量房买卖契约》（简称《存量房契约》）。

2. 协助交接房源、代办房地产权属转移及变更登记手续。

3. 代办下列第_____项购房抵押贷款手续。（仅选一项）

（1）商业贷款。

（2）公积金贷款。

（3）商业和公积金组合贷款。

（4）其他_____。

第四条　委托时限约定为下列第_____款。（可以全选）

1. 受托方应当在承购信息上网挂牌之日起 90 天内，完成本协议第三条第 1 款委托事项，逾期本协议自行失效。逾期后双方同意续期的，应当另行签订委托协议。

2. 受托方应当在《存量房契约》生效之日起____天内，完成本协议第三条第 2 款委托事项。逾期后委托方不同意延期的，本协议第三条第 2 款委托事项终止执行。

3. 受托方应当在房屋所有权转移登记完成之日起____天内，完成本协议第三条第 3 款委托事项。逾期后委托方不同意延期的，本协议第三条第 3 款委托事项终止执行。

4. 其他_____。

第五条　佣金及支付方式约定为下列第_____款。（可以全选）

1. 买卖代理费

（1）受托方在本协议第四条第 1 款委托时限内完成本协议第三条第 1 款委托事项的，委托方应当于《存量房契约》生效之日起____天内，按房屋及其附属物品实际成交价的____%，向受托方支付买卖代理费。

（2）受托方在本协议第四条第 2 款委托时限内完成本协议第三条第 2 款委托事项的，委托方应当于房地产权属转移登记完成之日起____天内，按房屋及其附属物品实际成交价的____%，向受托方支付买卖代理费。

2. 抵押贷款代办服务费

受托方在本协议第四条第 3 款委托时限内完成本协议第三条第 3 款委托事项的，

委托方应当于房屋他项权利登记完成之日起____天内，按人民币_____元，向受托方支付抵押贷款代办服务费。

3．其他_____。

受托方收取委托方支付的相应佣金后，应当立即向委托方如数开具规范、合法的收款票据。

第六条　委托方义务

1．委托方应当向受托方提供真实、准确、合法、有效的承购信息。

2．委托方应当按本协议第五条约定向受托方支付相应佣金。

3．委托方应当根据受托方要求按时收集并提供相关资料，及时协助、配合受托方共同完成相关事宜。

4．委托方式为本协议第二条第2款的，委托方不得将本协议第三条约定的委托事项另行委托其他房地产经纪机构。

5．委托方不得在本协议第四条第1款约定委托时限内，或该约定委托时限届满之后与受托方介绍的客源私下洽谈并签订《存量房契约》。

6．委托方不得向无关者泄露有损于受托方权益的商业秘密及受托方介绍的客源之秘密。

第七条　受托方义务

1．受托方应当向委托方明示营业执照、备案证书、收费等级证和相关房地产经纪人资格证件等合法的经营资格证明文件。

2．受托方应当按本协议第二条约定委托方式和本协议第四条约定委托时限，完成本协议第三条约定的相应委托事项。

3．受托方应当积极为委托方寻找合适客源，如实向委托方介绍客源挂牌出售价格及房地产权利限制等涉及委托方权益的情况，协调买卖双方共同完成现场勘查、房屋交接和房地产权利转移登记等事项。

4．受托方应当如实报告房价，不赚取差价。

5．受托方收取委托方任何费用应当及时开具规范合法票据。

6．受托方应当如实将购房政策法规、市场行情和交易税费、佣金等详细信息及时告知委托方。

7．受托方不得无理扣押应当属于委托方的证件、资料和财物。

8．本协议生效之后两个工作日内，受托方应当及时将本协议向市房地产市场管理处网上备案。

9．受托方不得向无关者泄露有损于委托方权益的秘密。

第八条　委托方违约责任

1．委托方有下列情形之一致使受托方无法履约的，自受托方告知书到达之日起____天内，委托方按本协议第五条约定的佣金的____倍向受托方支付违约金；造成受托方其他损失的，委托方另行依法承担赔偿责任：

（1）委托方虚假委托的。

（2）委托方未经受托方书面同意，擅自毁约的。

（3）委托方在本协议第四条第 1 款约定委托时限内，或该约定委托时限届满之后撇开受托方，私下与受托方介绍的出售方串通并签订《存量房契约》的。

2. 委托方无正当理由，未能按本协议第五条约定向受托方支付相应佣金的，按逾期时间，分别作如下处理：（不作累加）

（1）逾期不超过____天，每逾期一天，委托方按天向受托方支付本协议第五条约定相应佣金千分之____的违约金，协议继续履行。

（2）逾期超过____天后，受托方有权解除协议。自受托方解除协议通知书到达之日起____天内，委托方按本协议第五条约定相应佣金的____%向受托方支付违约金。委托方要求继续履行协议的，经受托方同意，每逾期一天，委托方按天向受托方支付本协议第五条约定相应佣金千分之____的违约金，协议继续履行。

3. 委托方无正当理由，未能履行本协议第六条第 3 款约定义务的，自受托方告知书到达之日起____天内，委托方按本协议第五条约定相应佣金的____%向受托方支付违约金；造成受托方其他损失的，委托方另行依法承担赔偿责任。

4. 委托方未能履行本协议第六条第 6 款约定义务的，自受托方告知书到达之日起____天内，委托方按人民币_____元向受托方支付违约金；造成受托方其他损失的，委托方另行依法承担赔偿责任。

5. 其他。

第九条　受托方违约责任

1. 受托方向委托方收取下列情形之一不当收益的，自委托方告知书到达之日起____天内，受托方向委托方退还所收取的不当收益，并按不当收益的____倍向委托方支付违约金：

（1）受托方牟取本协议约定以外的非法收益的。

（2）受托方私下赚取差价的。

（3）受托方利用虚假信息骗取中介费、服务费、看房费等费用的。

2. 非委托方责任，受托方未能按本协议第四条中第 1 款约定的委托时限，完成本协议第三条中第 1 款约定委托事项的，受托方不得向委托方收取本协议第五条约定的佣金；委托方式约定为本协议第二条第 2 款的，自本协议自行失效之日起____天内，受托方按本协议第五条第 1 款第(1)项约定佣金的____%向委托方支付违约金。

3. 非委托方责任，受托方未能按本协议第四条中第 2 款或第 3 款约定委托时限，完成本协议第三条中第 2 款或第 3 款约定委托事项的，自委托方告知书到达之日起____天内，按下列第____项方式处理：（仅选一项）

（1）委托方不同意延期的，受托方不得向委托方收取本协议第五条中第 1 款第

（2）项或第3款约定的相应佣金。

（2）委托方同意延期的，每延期一天，受托方按天向委托方支付本协议第五条中第1款第（2）项或第2款约定相应佣金千分之____的违约金，该违约金累计计算到等于本协议第五条中第1款第（2）项或第2款约定的相应佣金时终止，相应委托事项亦不再延期。受托方在此期限内完成本协议第三条中第2款或第3款约定委托事项，可以向委托方结算本协议第五条中第1款第（2）项或第2款约定的相应佣金。

4. 受托方未能按本协议第七条第1、第5款约定，履行其中某款义务的，自委托方告知书到达之日起____天内，受托方按每款人民币_____元向委托方支付违约金。

5. 受托方未能按本协议第七条第6、第7、第8款约定，履行其中某款义务的，自委托方告知书到达之日起____天内，受托方按每款人民币_____元向委托方支付违约金；造成委托方其他损失的，受托方另行依法承担赔偿责任。

6. 受托方未能按本协议第七条第9款约定履行义务的，自委托方告知书到达之日起____天内，受托方按人民币_____元向委托方支付违约金；造成委托方其他损失的，受托方另行依法承担赔偿责任。

7. 其他_____。

第十条 本协议在履行过程中发生的争议，由协议双方协商解决；协商不成的，按下述第____款方式解决：（仅选一款）

1. 提交_____仲裁委员会仲裁。
2. 依法向人民法院起诉。

第十一条 本协议未尽事宜，可由协议双方在本协议附件内协商约定补充条款。受托方不得在本协议附件或本协议以外的其他约定中，设立明确或者暗示与本协议内容相冲突的、免除受托方责任的条款。

第十二条 协议附件与本协议具有同等法律效力。本协议及其附件内，选择、输入部分的文字与固定部分的文字具有同等效力。

第十三条：本协议连同附件及签章页共____页，一式三份，具有同等法律效力，一份电子文档存入市房地产市场管理处专设网络数据库备查，打印文本由协议双方各执一份。

第十四条：本协议自协议双方签订之日起生效。

附件：补充条款

委托方（盖章）_____　　　　受托方（盖章）_____
　　　　　　　　　　　　　　　　法定代表人（签章）_____
　　　　　　　　　　　　　　　　代理经纪人（签章）_____
　　年　月　日　　　　　　　　　年　月　日

6. 认真阅读并能指导客户签订二手房买卖合同。

二手房买卖合同范本

出卖方_____（简称甲方）　　身份证号码_____
购买方_____（简称乙方）　　身份证号码_____

根据《中华人民共和国合同法》、《中华人民共和国城市房地产管理法》及其他有关法律、法规之规定，甲、乙双方在平等、自愿、协商一致的基础上，就乙方向甲方购买房产签订本合同，以资共同信守执行。

第一条　乙方同意购买甲方拥有的坐落在＿＿＿＿市＿＿＿＿区＿＿＿＿＿＿＿拥有的房产（别墅、写字楼、公寓、住宅、厂房、店面），建筑面积为＿＿＿＿＿＿平方米。（详见土地房屋权证第_____号。）

第二条　上述房产的交易价格单价：人民币_____元/平方米，总价：人民币_____元整（大写____佰____拾____万____仟____佰____拾____元整）。本合同签订之日，乙方向甲方支付人民币_____元整，作为购房定金。

第三条　付款时间与办法

1. 甲乙双方同意以银行按揭方式付款，并约定在房地产交易中心缴纳税费当日支付首付款（含定金）人民币____拾____万____仟____佰____拾____元整给甲方，剩余房款人民币_____元整申请银行按揭（如银行实际审批数额不足前述申请额度，乙方应在缴纳税费当日将差额一并支付给甲方），并于银行放款当日付给甲方。

2. 甲乙双方同意以一次性付款方式付款，并约定在房地产交易中心缴纳税费当日支付首付款（含定金）人民币____拾____万____仟____佰____拾____元整给甲方，剩余房款人民币_____元整于产权交割完毕当日付给甲方。

第四条　甲方应于收到乙方全额房款之日起____天内将交易的房产全部交付给乙方使用，并应在交房当日将_____等费用结清。

第五条　税费分担

甲乙双方应遵守国家房地产政策、法规，并按规定缴纳办理房地产过户手续所需缴纳的税费。经双方协商，交易税费由_____方承担，中介费及代办产权过户手续费由_____方承担。

第六条　违约责任

甲、乙双方合同签订后，若乙方中途违约，应书面通知甲方，甲方应在____日内将乙方的已付款（不计利息）返还给乙方，但购房定金归甲方所有。若甲方中途违约，应书面通知乙方，并自违约之日起____日内应以乙方所付定金的双倍及已付款（计利息）返还给乙方。

第七条　本合同主体

1. 甲方是_____共_____人，委托代理人_____即甲方代表人。
2. 乙方是_____，代表人是_____。

第八条　本合同如需办理公证，经国家公证机关____公证处公证。

第九条　本合同一式五份。甲方产权人一份，甲方委托代理人一份，乙方一份，市房地产交易中心一份，_____，公证处一份。

第十条　本合同发生争议的解决方式：在履约过程中发生的争议，双方可通过协商、诉讼方式解决。

第十一条　本合同未尽事宜，甲乙双方可另行约定，其补充约定经双方签章与本合同同具法律效力。

第十二条　双方约定的其他事项。

出卖方（甲方）_____　　　购买方（乙方）_____

地　　址_____　　　地　　址_____

邮　　编_____　　　邮　　编_____

电　　话_____　　　电　　话_____

日　期_____年___月___日　　　日　期：_____年___月___日

项目五　房地产居间业务

项目概要

房地产居间业务是房地产经纪活动中主要业务之一,其业务范围也较为广泛,本项目在学习房地产居间业务的基础上,学习房地产转让居间业务和房地产租赁居间业务。

模块一 房地产居间业务认知

学习目标

1. 熟悉房地产居间业务的分类及特点。
2. 掌握房地产居间业务基本流程。
3. 熟知房地产居间合同主要条款,以及当事人双方的权利与义务。

案例导入

2008年3月,张某来到A房地产经纪公司,要求A公司为其一套住房提供居间服务。但签订该合同过程中,要求将其承担的各种税费进行详细罗列,并要求在居间合同上写明:"无论任何原因,税费超过约定的数额的,甲方(该客户)有权解除居间合同及即将签订的买卖合同,买卖双方互不承担违约责任。居间方须退还所有佣金。"根据案情请思考下列问题:

1. 张某对税费的要求实际是一种什么样的行为?
2. A公司能接受张某的要求吗?
3. 对于这样的客户,房地产经纪人应如何说服他依法办理房地产居间事务?

房地产居间,是指以房地产或有关房地产的业务为对象,通过居间人的协调,向委托人报告订立房地产交易合同的机会或提供订立房地产交易合同的媒介服务,并收取委托人佣金的经营活动。

在房地产居间活动中,共有三方参与人:一方当事人为委托人,即委托居间业务与居间人签订居间合同的当事人;另一方为居间人,即房地产经纪机构,报告订立房地产交易合同的机会或提供订立房地产交易合同的媒介人;第三方为相对人,即委托人的交易方,居间成功后与委托人签订转让、租赁或其他合同的当事人。居间活动成功共签订两个合同:委托人与房地产经纪机构签订的居间合同,委托人支付居间人的佣金。委托人与相对人签订的转让、租赁等合同,双方根据合同承担各自权利与义务。

一、房地产居间的分类

在房地产流通领域活动过程中,大多渗透着房地产居间活动。为了适应房地产居间业务广泛性、大量性这种市场的需求,不同内容的房地产居间活动也逐步发展成

项目五 房地产居间业务

为专业化操作的、相对独立的工作领域。

（一）按所委托内容不同分类

根据居间人所接受委托内容的不同，可分为指示居间和媒介居间。指示居间是指居间人仅为委托人报告订约机会的居间；媒介居间是指居间人仅为委托人订约撮合、媒介的居间。无论何种房地产居间，房地产居间人都只是居于房地产交易双方当事人之间起介绍、协助作用的中间人。

（二）按交易类型分类

房地产居间业务的范围相当广泛，几乎可以涉及房地产交易的各种类型，如房地产买卖居间、房地产投资居间、房地产抵押居间、房地产租赁居间、房屋置换居间、土地使用权转让居间等。但最主要的房地产居间业务是房地产转让居间和房地产租赁居间。

1. 房地产转让居间业务

房地产转让居间是指房地产经纪人为使房屋或拥有土地使用权的转让方和受让方达成交易而向双方提供信息和机会的居间业务。房地产转让内容丰富，如买卖、赠与、交换、继承、以房地产合资入股、以房地产抵债等多种形式，其中房地产经纪人报告、促成任何一项交易，都可称为房地产转让居间。但房地产经纪人从事的房地产转让居间业务主要是指房地产买卖居间。

而房地产买卖又可分为土地使用权的转让、新建商品房期房买卖和现房买卖、二手房的买卖，房地产买卖居间又可细分为土地使用权的转让居间、新建商品房的期房买卖居间、新建现房的买卖居间、存量二手房的买卖居间。目前房地产买卖居间业务以二手房地产买卖居间为主。

2. 房地产租赁居间业务

房地产租赁居间是指房地产经纪人为使房屋承租方和出租方达成房屋租赁交易而向双方提供信息和机会的居间业务。房地产租赁主要包括：新建商品房的期权预租、新建商品房现房出租、存量房屋的出租和转租。房地产租赁居间可分为新建商品房的期权预租居间、新建商品房现房出租居间、存量房屋的出租和转租居间。当前房地产租赁居间业务主要是存量房屋出租居间。

二、房地产居间的特点

1. 房地产居间人必须"一手托两家"

房地产居间，房地产经纪人必须为委托人找到交易或其他活动的对方，报告订立房地产交易合同的机会或促成双方订立房地产交易合同，如房地产买卖居间，房地产经纪人既要找到卖家，有房源，又要找到买家，有客源，并且要做好居间搭配，进行公关协调，达到双方同意，才能获得房地产居间的成功，才有机会拿到佣金。

2. 只以自己的名义进行活动

房地产居间人只以自己的名义为委托人报告订约机会或替交易双方撮合交易，并不具体代表其中任何一方，因此，居间人没有代为订立合同的权利。如果经纪人代理委托人签订合同，这时经纪人的身份就不是居间人，而是代理人了。房地产经纪人在居间活动中的法律地位与在代理中的法律地位是不一样的，居间人只以自己的名义进行活动。

3. 介入房地产交易程度较浅

房地产居间介入交易双方的交易活动程度较浅，只是向委托人报告成交机会或撮合双方成交，起到穿针引线、牵线搭桥的作用，其服务内容较为简单，参与双方交易过程的时间也比较短。

4. 服务的有偿性

房地产居间是一种有偿的商业服务。只要房地产经纪人完成了约定的居间活动，促成交易双方成交，房地产经纪人就有权收取佣金。由于房地产的价值大，因此，房地产经纪人的居间佣金较高。

5. 房地产居间业务专业性强

房地产是一种特殊商品，交易双方投入的资金比较大，当事人对这种不动产的交易行为都比较慎重。房地产居间活动要求房地产经纪人具有丰富的房地产业务知识及有关法律和合同、税务知识；对当地社区环境、经济条件熟悉，能掌握市场行情；消息灵通，反应灵敏，判断力强，信义良好，诚实可靠，按职业道德准则办事。

6. 房地产居间活动范围广

房地产居间活动可以渗透到房地产经纪活动的整个过程，从房地产项目的筹划开始就可以涉足，在融资筹资、地块选取、规划设计、施工、销售各个阶段，都可以发挥牵线搭桥的作用，但目前中国房地产经纪还仅局限于房地产的流通领域，即房地产的买卖、租赁居间。

三、房地产居间业务与房地产代理业务的区别

1. 责任不同

房地产居间人以自己的名义行事，对自己的行为负责；而房地产代理人以被代理人的名义工作，被代理人对代理人的行为负责。

2. 所依据的合同不同

房地产居间所依据的合同为居间合同，而房地产代理所依据的合同为代理合同，二者在权利义务上均有不同的要求。在居间合同中，合同成立的唯一依据是委托人和居间人的意思表示一致；而委托合同中，前提是双方当事人之间必须相互信任。

项目五 房地产居间业务

3. 两者的义务不同

在房地产居间服务中,《合同法》第425条规定:居间人应承担就订立合同的事项向委托人如实报告的义务。如实报告是指居间人需就自己所知道的情况如实报告,对于不知道的情况没有调查的义务,对于相对人的信誉无保证义务。因此,中介方对合同的履行情况不负责任。而在房地产代理合同中,受托方负有忠诚、勤勉地为委托方处理事务的义务。

四、房地产居间业务基本流程

房地产具有区域性、多样性的特点,因此每一项房地产居间业务都有各自的特色。总结房地产居间实践活动的规律,可得出房地产居间业务的一般流程。

(一)积攒房地产的房源、客源

房地产居间业务的开展既需要房地产市场的供应方,也需要房地产的需求方,只有找到了供需双方,才能开展供需搭配业务,在房地产市场中生存。因此,房地产居间客源、房源的业务开拓是具体居间业务开始前的准备工作。

这部分内容在项目二中详细讲述。

(二)现场查勘委托居间的房源

房地产经纪机构如果想做好居间搭配,就必须深入实际了解所委托或所掌握的房源。由于房地产商品的独一无二性、地域性及其交易手续、权属内容的复杂性,房地产查验就成为非常重要的一项工作了。

房地产经纪人要对接受委托的房地产的权属状况、文字资料、现场情况等进行查验。查验的主要内容如下:

1. 房地产的本身基本状况

这包括房地产所处地块的具体位置和形状,房屋建筑的结构、设备、装修情况、建筑面积、朝向、楼层、户型,以及房屋建筑的成新、房屋建设年代等。

2. 房地产的环境状况

这包括标的房地产相邻的物业类型、周边的交通、绿地、生活设施、自然景观、污染情况等。

3. 房地产价格基本情况

这包括当时购买价格、拟销售价格,对于出租房屋须掌握租金标准,当地同类型房地产的价格水平、租金水平、市场供需状况等。

4. 房地产的权属情况

(1)房地产权属的类别与范围。需要特别指出的是,房地产权属是否清晰,是能否交易的必要前提。对权属有争议的、未取得房地产权证的、房屋被司法或行政部门依法限制和查封的、依法收回房地产权证等的有瑕疵的产权房,都不得转让、出租、抵押,因而涉及此类物业的房地产居间业务,房地产经纪人不能接受。

(2)房地产其他权利设定情况。房地产其他权利设定主要包括设定租赁权、抵押权、典权,国家对于这些权属的权力范围、禁止行为范围都有明确规定,如果所居间房地产拥有其他权利设定,对标的物交易的难易程度、价格高低、手续繁简均会产生重大影响,必须在事先搞清楚。

(三)建立各种委托居间的房源档案

实地勘察后的委托房屋应立即输入房源档案,将相关调研表格、资料详细存储,如果共享输送到网络,如果需要保密则应做好加密工作。同时,房地产经纪机构平时应注意收集相关房地产市场、新盘开发、二手房交易等相关档案。

(四)签订房地产居间合同

经过寻找委托人,并与有意向的人联系、沟通、谈判之后,房地产经纪人接受委托人的委托,应就所达成的一致内容签订房地产居间合同。房地产居间合同的当事人双方既可以都是自然人或法人,也可以一方是自然人另一方是法人。自然人必须具有完全民事行为能力。签订房地产居间合同既可采用房地产居间合同示范文本,也可由双方共同协商,自行拟订合同。

(五)寻找相对人,进行居间搭配

这环节与二手房买卖代理业务基本相同,不再重复。

(六)与相对人双方分别谈判、沟通

此阶段主要是房地产经纪人首先与需求者联系,了解需求者真正的意图、拟需要的房源。其次,根据所掌握的信息介绍合适的房源。接着,房地产经纪人与相对人进行沟通、谈判,了解房地产居间相对人对房源的满意之处及不满意的地方,对不满意的地方进行解释、劝导,或提供新的房源信息。

(七)对有意向者引领看房

这一环节与前一项目基本相同,不再重复讲述。

(八)撮合成交,促成双方谈判成功

此阶段,房地产经纪人要尽力促使交易的成功,主要工作是调解交易双方的矛盾,促使双方对交易达成共识。通常情况下,交易双方总是各自站在自己的立场上考虑问题,常常难以就成交价格、合同条款等达成一致意见。这就需要房地产经纪人以专业经纪人的身份和经验协助其成交。

（九）协助双方完成其他相关服务活动

在这一阶段，房地产经纪人要协助交易双方办理权属登记（备案）、房屋按揭工作，如告诉房地产受让人（承租人）登记机关、银行的工作地点、办公时间，以及必须准备的材料等。

要注意的是，在房地产代理业务中，房地产经纪人要代理委托人办理房地产权属登记备案，但在房地产居间业务中，房地产经纪人不能亲自代理委托人进行房地产权属登记备案，只能协助其办理相关手续。这也是代理和居间的区别。

（十）完成居间业务，领取全部居间佣金

房地产交易过程完成后，房地产经纪人应及时与交易双方进行佣金结算，佣金金额和结算方式应按居间合同的约定执行。

（十一）售后服务

这一步骤主要是成交后经纪人通过回访交易双方是否满意，是否有其他要求，从而巩固老客户，吸引新客户。

五、房地产居间合同

房地产居间合同是以促使交易双方订立合同，达成交易为目的的委托合同。房地产经纪人是中间人，既不能以一方的名义，也不能以自己的名义或为委托人的利益而充当与第三人订立合同的当事人。房地产经纪人只能按照委托人的指示和要求从事居间活动。居间合同的委托人的给付义务具有不确定性，即房地产经纪人只有促成委托人之间交易合同的成立，委托人才有支付报酬的义务。

（一）房地产居间合同主要条款

房地产居间合同既可以采用政府机关制订的合同示范文本，也可由交易双方同房地产经纪人三方共同协商制定。房地产居间合同一般要包括以下主要条款。

（1）委托人甲（出售、出租方）、居间方（房地产经纪人）、委托人乙（买房人、承租方）三者的姓名或名称、住所。

（2）居间房地产的坐落情况。

（3）委托事项。

（4）佣金标准、数额、收取方式、退赔等条款。

（5）合同在履行中的变更及处理。

（6）违约责任。

（7）争议解决的处理办法。

（8）其他补充条款。

（二）不同类型房地产居间合同的注意事项

1. 房地产转让居间合同的注意事项

（1）要写明转让居间房地产的详细坐落情况。尤其应标明委托房地产的房地产权证号、其他权利情况。已设定抵押权、权属状况不明确、法院查封、冻结等的房地产不得转让。

（2）在佣金标准、数额、收取方式、退赔等方面要有详细规定。对居间方未完成居间合同委托事项的，怎样退还佣金要有明确说明。

（3）明确三方违约责任的处理办法。避免因违约条款不完善而发生纠纷。

2. 房地产租赁居间合同的注意事项

由于租赁交易双方权利义务关系存续时间较长，相互之间会产生较为复杂的债权债务关系，因此在房屋租赁居间合同中应补充限制性条款，以便明确房地产经纪机构与委托人各自的权利义务。

（三）房地产居间人的主要权利和义务

房地产居间人的主要权利有以下几点。

（1）有权获取委托人委托事项的全面真实材料和有关背景材料。

（2）在完成委托事项后有权收获佣金。

房地产经纪机构在开展房地产居间活动中，应履行房地产居间人的基本义务，具体义务内容如下。

（1）报告房地产订约机会或媒介订约的义务。此项义务是房地产经纪人从事房地产居间活动的主要义务，房地产经纪人应忠实尽力地履行此项义务。

（2）向委托人如实报告的义务。房地产经纪人应就有关订立房地产合同的事项向委托人如实报告。房地产经纪人故意隐瞒与订立合同有关的重要事实或者提供虚假情况。损害委托人利益的，不得要求支付报酬并应承担损害赔偿责任。

（3）忠实和尽力的义务。房地产经纪人应将所知道的有关订约的情况或商业信息如实告知给委托人。不得对订立房地产合同实施不利影响，以致影响合同订立或者损害到委托人的利益。房地产经纪人对于所提供的信息、成交机会及后来的订约情况，负有向其他人保密的义务。房地产经纪人在负有忠实义务的同时，还附有尽力义务，即房地产经纪人应遵守诚实信用原则的义务。

（4）为当事人隐名和保密义务。房地产居间过程中，如果当事人一方指定房地产经纪人不得将其姓名、商号、名称告知对方，房地产经纪人就有为委托人隐名的义务。同时，房地产经纪人在进行房地产居间活动过程中，获悉委托人的有关商业秘密、各种信息、成交机会等，应当依照合同的约定保守秘密。

项目五 房地产居间业务

课后思考与练习

（一）单项选择题

1. 房地产代理业务流程和居间业务流程中都包含的环节有（   ）。
   A. 售后服务   B. 撮合成交
   C. 房地产权属登记   D. 房地产交易价款收取与管理
2. 房地产居间与房地产代理的区别在于（   ）。
   A. 房地产代理是代理卖方售楼或代理业主招租，而房地产居间则同时向交易双方负责
   B. 房地产代理只对卖主负责，而房地产居间只对买主负责
   C. 房地产代理只对开发商负责，而房地产居间只对卖房人负责
   D. 房地产代理只对开发商负责，房地产居间业务只对业主负责
3. 经纪人向委托人报告订立合同的机会或者提供订立合同的媒介服务，撮合交易成功并从委托人及其交易对象取得报酬的经纪活动方式，称为（   ）。
   A. 代理   B. 居间   C. 行纪   D. 经纪
4. 房地产查验是房地产经纪人在签订正式居间合同的前期准备工作。房地产经纪人要对接受委托房地产的权属状况、（   ）、物质状况等进行查验。
   A. 环境状况   B. 文字资料   C. 市场信息   D. 政策导向
5. 下列不属于房地产居间业务接盘要点的是（   ）。
   A. 搜集房屋情况资料   B. 核实产权
   C. 明确委托关系   D. 提供个案资料

（二）多项选择题

1. 关于房地产居间合同说法正确的是（   ）。
   A. 房地产经纪人促成双方委托人交易成功，报酬应当由双方委托人平均负担
   B. 在房地产经纪活动中，指示居间与媒介居间两种方式常需要相互结合才能促成合同的成立
   C. 房地产经纪人没有完成促成委托人之间交易合同的订立，不得要求支付报酬
   D. 居间合同成立但因法定事由被确定无效的，经纪人应得报酬
2. 从事居间业务，房地产经纪人有义务引领买方现场查验标的房地产的（   ）、设备、装修等实体状况。
   A. 建筑   B. 结构   C. 配套   D. 环境
3. 影响房地产居间业务成交的因素主要有（   ）。
   A. 房屋产权   B. 金融机构的数量
   C. 房屋本身及周边配套   D. 卖主与房主、买主与租客

4. 房地产经纪人在接受居间业务委托环节要做的工作有（　　）。
   A. 客户调查　　　　　　　　B. 签订委托协议
   C. 协助检查房屋　　　　　　D. 钥匙的处理

（三）简答题
1. 房地产居间业务与代理业务有哪些主要区别？
2. 房地产居间有哪些特点？
3. 房地产居间合同有哪些主要条款？

项目任务书

1. 调查本地一家房地产经纪公司，了解其居间业务的范围、业务流程及佣金等居间业务的基本情况。
2. 案例分析

客户刘某委托A房地产经纪公司购买二手房一套，2007年4月24日经纪人带领刘某实地察看了某小区的一套房屋，刘某表示满意，并签署了《客户服务确认书》。但后来客户得知其与业主系同一单位的，跳过A公司，双方自行成交。请根据案情讨论并回答下列问题：

（1）客户私自与业主成交，跳过A公司的行为在房地产经纪业务中称为什么行为？
（2）A公司如何处理这种情况？

模块二　房地产租赁居间业务

1. 熟知房屋租赁的分类、条件。
2. 掌握房屋租赁业务的基本流程。
3. 能签订房屋租赁居间合同。
4. 能指导客户签订房屋租赁合同。

案例导入

2009年8月18日，胡女士到某房地产经纪公司要求承租一套住房，业务员张某带胡女士看了三套房后，胡女士终于对一套住房很满意，随即签订了承租人委托确认书。

次日，胡女士与其妹妹来到该房屋，看房后称房屋内需要配备双人床及空调，并要求修理阳台窗户，双方达成共识后，胡女士交纳了定金和中介服务费。8月21日，公司通知胡女士验收房子时，胡女士称不租该房屋了，并要求退还其交纳的费用。房地产经纪公司认为是胡女士单方违约在先，因此不同意退还费用。根据案情思考下列问题：

1. 该房地产经纪公司应该退还费用吗？为什么？
2. 房地产经纪人在承办居间租赁业务时应注意哪些问题？

房屋租赁是房地产市场中一种重要的交易形式。《城市房地产管理法》规定："房屋租赁，是指房屋所有权人作为出租人将其房屋出租给承租人使用，由承租人向出租人支付租金的行为。"房屋租赁若从房产所有权人的角度来看，是指为获得经济收入而出让房屋的使用权；从实际使用人的角度来看，房屋租赁则是为使用房屋而以协商的租金为计价向所有人承租房屋。房屋租赁的核心问题是确定租金。

一、房屋租赁基本知识认知

（一）房屋租赁的分类

1. 按房屋所有权的性质分

按房屋所有权的性质分，房屋租赁分为公有房屋的租赁和私有房屋的租赁。公有房屋的所有权人是国家，但在租赁关系中，国家并不作为民事法律主体出现，而是采取授权的方式，由授权的单位具体管理。按照目前我国的管理体制，直管公房一般由各级人民政府房地产行政主管部门管理，房地产行政主管部门作为直管公房所有人的代表，依法行使占有、使用、收益和处分的权利；直管公房由国家授权的单位管理。私有房屋的所有权人是指持有完全的房屋所有权证的个人。对于持有共有权证书的私房主，只能称为共有权人，共有权人必须在所有共有权人同意后方可将房屋出租。

2. 按房屋的使用用途分

按房屋的使用用途分，房屋租赁分为住宅用房的租赁和非住宅用房的租赁。其中，非住宅用房的租赁包括办公用房和生产经营用房的租赁。

（二）房屋租赁合同

租赁合同是出租人与承租人签订的，用于明确租赁双方权利义务关系的协议。《城市房地产管理法》规定："房屋租赁，出租人和承租人应当签订书面租赁合同，约定租赁期限、租赁用途、租赁价格、修缮责任等条款，以及双方的其他权利和义务，并向房产管理部门登记备案。"《租赁管理办法》对租赁合同的内容作了进一步的规定，规定租赁合同应当具备以下条款。

1. 当事人基本情况

当事人姓名或者名称及住所。

2. 房屋基本情况

房屋的坐落、面积、装修及设施状况。

3. 租赁用途

租赁用途,是指房屋租赁合同中规定的出租房屋的使用性质。承租人应当按照租赁合同规定的使用性质使用房屋,不得变更使用用途,确需变动的,应当征得出租人的同意,并重新签订租赁合同;承租人与第三方互换房屋时,应当事先征得出租人的同意,出租人应当支持承租人的合理要求。换房后,原租赁合同即告终止,新的承租人应与出租人另行签订租赁合同。

4. 租赁期限

房屋租赁期限不得超过 20 年,超过 20 年的,超过部分无效。租赁期间届满当事人可以续订租赁合同,但约定的租赁期限自续订之日起不得超过 20 年。承租人有义务在租赁期限届满后返还所承租的房屋。如需继续承租原租赁的房屋,应当在租赁期满前,征得出租人的同意,并重新签订租赁合同。出租人应当按照租赁合同约定的期限将房屋交给承租人使用,并保证租赁合同期限内承租人的正常使用。出租人在租赁合同届满前需要收回房屋的,应当事先征得承租人的同意,并赔偿承租人的损失;收回住宅用房的,同时要做好承租人的住房安置。

5. 租金及交付方式

租金标准是租赁合同的核心,是引起租赁纠纷的主要原因。因此,它也是加强租赁管理的重点之一。租赁合同应当明确约定租金标准及支付方式。同时租金标准必须符合有关法律、法规的规定。租金构成包括:折旧费、维修费、管理费、税金、利息、保险费、经营利润和地租八项因素。具体确定时还需考虑房屋的朝向、层次、采光条件、附属设施等修正因素。

6. 房屋修缮责任

出租住宅用房的自然损坏或合同约定由出租人修缮的,由出租人负责修复。不及时修复致使房屋发生破坏性事故,造成承租人财产损失或者人身伤害的,应当由出租人承担赔偿责任。租用房屋从事生产经营活动的,修缮责任由双方当事人在租赁合同中约定。房屋修缮责任人对房屋及其设备应当及时、认真地检查、修缮,保证房屋的使用安全。房屋修缮责任人对形成租赁关系的房屋确实无力修缮的,可以与另一方当事人合修,责任人因此付出的修缮费用,可以折抵租金或由出租人分期偿还。

7. 转租的约定

房屋转租,是指房屋承租人将承租的房屋再出租的行为。《租赁管理办法》规定:

"承租人经出租人同意,可以依法将承租房屋转租。出租人可以从转租中获得收益。"承租人在租赁期限内,如转租所承租的房屋,在符合其他法律、法规规定的前提下,还必须征得房屋出租人的同意,在房屋出租人同意的条件下,房屋承租人可以将承租房屋的部分或全部转租给他人。房屋转租,应当订立转租合同。转租合同除符合房屋租赁合同的有关部门规定外,还必须由出租人在合同上签署同意意见。或由原出租人同意转租的书面证明。转租合同也必须按照有关规定办理登记备案手续。转租合同的终止日期不得超过原租赁合同的终止日期,但出租人与转租双方协商一致的除外。转租合同生效后,转租人享有并承担新的合同规定的出租人的权利与义务,并且应当履行原租赁合同规定的承租人的义务,但出租人与转租双方协商一致的除外。

转租期间,原租赁合同变更、解除或者终止,转租合同也随之变更、解除或者终止。

8．变更和解除合同的条件

变更主要由租赁双方协商。

由于租赁双方的原因解除的情形主要有:

（1）将承租的房屋擅自转租的。

（2）将承租的房屋擅自转让、转借他人或私自调换使用的。

（3）将承租的房屋擅自拆改结构或改变承租房屋使用用途的。

（4）无正当理由,拖欠房租6个月以上的。

（5）公有住宅用房无正当理由闲置6个月以上的。

（6）承租人利用承租的房屋从事非法活动的。

（7）故意损坏房屋的。

（8）法律、法规规定的其他可以收回的。

发生上述行为,出租人除终止租赁合同,收回房屋外,还可索赔由此造成的损失。

9．违约责任

违约责任由交易双方共同协商约定,没有约定的,按《城市房地产管理法》执行。

10．当事人约定的其他条款

在上述条款中,租赁期限、租赁用途、租金及交付方式、房屋的修缮责任是《城市房地产管理法》规定的必备条款。

（三）房屋租赁双方的权利与义务

1．承租方的权利

（1）按照租约（或使用证）所列的地址、房间号、规定的用途,对该项房屋在租约有效期内有合法的使用权,租约到期前除因房屋长期空闲不用,或因国家建设需要必须迁移,由房管部门收回或另行安排住所外,不得强迫用户搬迁。与签约人同居的直系亲属有继续承租该项房屋的权利。

（2）有要求保障房屋安全的权利。房屋及附属设备如有非人为的自然损坏，有要求业主维修，保证其有效使用的权利。

（3）出租房屋出卖时，承租方有优先购买权。

（4）对房产经营部门执行国家政策有进行监督、建议的权利。

2．承租方的义务

（1）有按期缴纳租金的义务。房屋租金是承租人取得房屋使用权的价格。付出租金，才能取得房屋的使用权。因此，按期缴纳租金是承租方首要的义务，不得以任何借口拖欠租金。

（2）对所使用的房屋设备有妥善保管、爱护使用的义务。不得私自转租、转兑、转让承租的房屋，承租人只取得房屋的使用、收益权。承租人不享有房屋的处分权，他只能按照租赁合同的规定合理使用房屋，并在租赁期满后，将房屋交还出租人。

（3）有维护原有建筑的义务。不得私自拆改建或增建违章建筑，更不得拆卖设备，如有上述情况发生，所造成的损失由用户负责赔偿，情节严重者，依法处理。

（4）在使用公房期间有遵守国家有关住房法令、政策的义务。接受房地产企业对房屋消费的指导和监督。

3．出租方的权利

（1）有按期收取租金的权利。租金收入是实现房屋价值和房屋修缮资金的来源。因此，收取租金是出租方的基本权利。对租金拖欠者，要收取滞纳金。同时随着房屋条件和租金标准的变动，对其租金有权进行调整。

（2）有监督承租方按租赁契约的规定爱护使用房屋的权利。承租人在使用房屋过程中，如有擅自拆改、私搭乱建、损坏房屋结构和装修设备等情况，出租方有权要求恢复原状，或赔偿经济损失。

（3）有依法收回出租房屋的权利。对不按契约规定的用途使用房屋和利用承租的房屋进行非法活动，以及房屋无故长期空闲、无故拖欠租金的，有权要求终止租约，收回房屋。承租方拒不执行的，可以诉请人民法院处理。因国家建设或特殊需要，必须腾让房屋时，有权终止租约，对用户按有关规定另行安置。

（4）有向用户宣传贯彻执行国家房屋政策的权利，有权制止承租方在租用期间违反国家和地方政府有关房屋管理规定的行为。

4．出租方的义务

（1）保障承租人对房屋合法使用的义务。这是出租人的基本任务。

（2）保障承租人居住安全和对房屋装修设备进行正常维修的义务。

（3）组织依靠住户、群众管好房屋、调解用户纠纷的义务。

（4）接受群众监督、倾听群众意见、不断改进工作的义务。

项目五 房地产居间业务

二、房地产租赁居间业务流程

(一)接受客户咨询

房地产经纪公司应该通过各种媒介,寻找潜在客户和接待上门客户。在接受客户咨询的时候,应充分了解客户的需求。

(二)填写相应信息

明确委托意向后,需要委托人填写相应信息,以进一步了解委托人的要求。表格没有固定格式,由各个经纪公司根据需要自行设计。常见的委托出租登记表见表5-1。

表5-1 委托出租登记表

挂牌号_____

房屋坐落			
丘权号		产权证号	
委托人		电话号码	
身份证号码			
联系地址		邮编	
房型	结构	一梯几户	
本层/总楼层	/ 朝向	房屋性质	
建筑年代	建筑面积	套内面积	
装修情况		租金	
室内设备			

委托人: (鉴章)

代理人: (鉴章)

日期: 年 月 日

(三)相关资料查验

在与客户签订委托协议之前,经纪公司应对相关资料进行查验核实。对于房屋承租委托,经纪公司应当了解承租人的身份与租赁用途,并有义务向承租人明示:承租房屋不得从事不符合公安、环保、卫生等部门有关管理规定的生产、经营活动或进行其他违法犯罪活动。对于房屋出租委托,经纪公司应核实出租房屋是否具备出租条件（包括核实出租房屋基本资料及现场查勘），并明确租赁价格和相关条件。

在查验过程中，房地产经纪人应当注意，如下几种房屋是不能出租的。

（1）未依法登记取得房屋所有权证的。

（2）司法机关或者行政机关依法裁定、决定查封或者以其他形式限制房地产权利的。

（3）共有房地产，未取得共有人同意的。

（4）权属有争议的。

（5）属于违章建筑的。

（6）不符合安全标准的。

（7）已抵押的，未经抵押权人同意的。

（8）不符合公安、环保、卫生等主管部门有关规定的。

（9）有关法律、法规规定禁止出租的其他情形。

此外，房地产经纪人不得为无民事行为能力人、无合法有效证明者、用出租房屋进行违法犯罪活动或进行其他依法禁止活动者提供租赁居间服务，并有义务提醒房屋出租人不得将房屋出租给上述人员。

（四）签订委托协议

房地产经纪人接受委托人的委托，应签订房地产居间合同。房地产经纪公司既可采用示范合同文本，也可以参照示范合同文本，由双方当事人自行拟订。

委托合同具体内容详见"房地产居间合同"。

（五）房源（客源）配对

与项目四基本相同，不再重复。

（六）实地看房

这与项目四基本相同，不再重复。

（七）签订租赁合同

在租赁双方达成一致意见后，就可以签订房屋租赁合同。

（八）房地产交验

在合同规定的房屋交验日，经纪人将陪同承租方进行房屋现场交验，协助验收房屋内有关家具、电器等设施。双方填写《房屋交验单》，向承租方交付房屋钥匙。在房屋交验时，应注意以下几点。

1．交验时间

符合租赁合同规定日期。

2．交验内容

装潢设施、家具、家电、水电煤气表读数、钥匙、其他相关物品。

3. 交验方式

经纪人陪同承租方当面进行交验。

4. 交验手续

填写《房屋交验单》，见表 5-2。

表 5-2 房屋交验单

出租方：			承租方：
房屋地址：			
房屋状况：			
抄表	水表：		电表：
	煤气表：		有线电视费及其他费用说明：
交接	钥匙：		其他须交接事项：
固定设备情况：			
备注：			
出租方确认：			承租方确认：
日期：			

（九）佣金结算与提取

居间服务完成后，房地产经纪人应及时与交易双方进行佣金结算，金额和结算方式应按合同约定确定。房屋租赁居间可以以年租金按比例提取，商业习惯中是按相当于一个月或半个月的租金作为佣金的。

（十）房屋租赁登记备案

签订、变更、终止租赁合同的，房屋租赁当事人应当在租赁合同签订后 30 日内，持有关部门证明文件到市、县人民政府房地产管理部门办理登记备案手续。申请房屋租赁登记备案应当提交的证明文件包括：

（1）书面租赁合同。

（2）《房屋所有权证书》。

（3）当事人的合法身份证件。

（4）市、县人民政府规定的其他文件。

出租共有房屋，还须提交其他共有权人同意出租的证明。出租委托代管房屋，还须提交代管人授权出租的书面证明。

房屋租赁登记备案包括审查的含义。房屋租赁审查的主要内容应包括：

（1）审查合同的主体是否合格，即出租人与承租人是否具备相应的条件。

(2) 审查租赁的客体是否允许出租，即出租的房屋是否是法律、法规允许出租的房屋。

(3) 审查租赁合同的内容是否齐全、完备，如是否明确了租赁的期限、租赁的修缮责任等。

(4) 审查租赁行为是否符合国家及房屋所在地人民政府规定的租赁政策。

(5) 审查是否按有关部门规定缴纳了税费。

（十一）售后服务

售后服务是提升经纪公司声誉、留住客户、扩大房源的一种非常重要的途径。经纪公司可通过回访出租方对承租方使用房屋是否满意，承租方对出租房屋是否满意，以及当房屋出现了损坏，帮助鉴定损坏原因及提供维修服务等。

课后思考与练习

（一）单项选择题

1. 房屋出租时，对出租人而言，其出租凭证为（　　）。
    A. 身份证　　　　　　　　　　B. 工商注册登记证
    C. 房地产产权证　　　　　　　D. 土地使用权证

2. 有关房屋转租说法不正确的是（　　）。
    A. 房屋转租必须取得原出租人的书面同意
    B. 转租合同的终止日期不得超过原租赁合同的终止日期
    C. 转租合同生效后，承租人必须同时履行原租赁合同的权利义务
    D. 转租期间，原租赁合同变更解除或终止不应影响转租合同的继续履行

3. 租赁居间业务中，业主将自己拥有的物业委托经纪机构代租代管，出租空置的风险由（　　）。
    A. 业主承担　　　　　　　　　B. 经纪机构承担
    C. 视情况而定　　　　　　　　D. 业主和经纪机构共同承担

4. 转租期间，原租赁合同变更、解除或者终止，转租合同（　　）。
    A. 继续执行　　　　　　　　　B. 随之变更、解除或者终止
    C. 按照约定执行　　　　　　　D. 重新签订转租合同

5. 已经出租的房屋出售的，则租赁关系（　　）。
    A. 由购买方承接　　　　　　　B. 由售房者继续履行租约
    C. 由购买者和售房者协商解决　D. 随之中止

（二）多项选择题

1. 租赁居间的主要业务包括（　　）。

A. 房屋理财 B. 招租居间业务
C. 代租代管 D. 项目转让与合作

2. 下列（   ）情形下，房屋出租人有权终止合同。
   A. 房屋承租人擅自转让房屋
   B. 承租人累计拖欠房租 3 个月以上
   C. 承租人经出租人同意将房屋全部转租
   D. 承租人故意损坏承租房屋

3. 房地产租赁居间业务主要包括（   ）。
   A. 新建商品房的期权预租 B. 新建商品房现房出租
   C. 存量房屋的出租 D. 存量房屋的期权预租

4. 居间业务的售后服务内容主要包括（   ）。
   A. 延伸服务 B. 针对性服务
   C. 改进服务 D. 信息咨询服务

5. 房地产居间业务流程中的主要环节有（   ）。
   A. 居间业务洽谈 B. 物业投资
   C. 代理委托人办理房地产权属登记备案 D. 信息收集与传播

（三）简答题
1. 何谓房屋租赁合同？房屋租赁合同具有哪些方面的特征？
2. 在房屋租赁关系中，房屋租赁合同通常具备哪些主要条款？
3. 在租赁关系中出租人和承租人分别有哪些权利和义务？

项目任务书

1. 案例分析

   李某通过某房地产经纪公司与吕某签订租房意向书，约定李某向吕某承租某房屋，租金每月 5 000 元。同时，李某与房地产经纪公司签订佣金确认单，约定佣金为 1 750 元，如逾期未支付的，李某还应按每天 0.05% 计算缴纳滞纳金。后来，李某与吕某签订了房屋租赁合同，并盖有房地产经纪公司及公司印章。房地产经纪公司向李某要求支付佣金，李某以该公司没有履行提供承诺的固定停车位为由予以拒绝。该停车位的承诺没有书面形式。根据案情讨论并回答下列问题：

   （1）李某应该支付佣金吗？为什么？
   （2）通过本案例，房地产经纪人在从事居间业务过程中应该注意哪些事项？

2. 认真阅读并学会签订房屋租赁居间合同（三方合同）

房屋租赁居间合同（范本）

出租人（以下简称甲方）_____身份证号_____

承租人(以下简称乙方)_____身份证号_____
居间方(以下简称丙方)_____公司

根据国家有关法律法规,和本市有关规定,经丙方居间,甲、乙双方在自愿、平等、诚信的基础上,就甲方将其合法拥有的房屋出租给乙方使用,乙方承租使用甲方房屋事宜订立本合同。

第一条 房屋位置及权属基本情况

1. 甲方自愿将其合法拥有的坐落于_____的房屋出租给乙方使用。该房屋建筑面积共_____平方米,房产性质_____,证号为_____。
该房屋抵押情况_____。

2. 房屋附属设施及水电气表读数
水表_____,电表_____(其中峰数_____谷数_____),
煤气表_____。

第二条 租赁用途

1. 乙方租赁该房屋作为_____使用。
2. 在租赁期限内,未事前征得甲方同意,乙方不得擅自改变该房屋的使用用途。

第三条 租赁期限

1. 该房屋租赁期为_____个月,自_____年_____月_____日起,至_____年_____月_____日止。
2. 租赁期满,甲方有权收回全部出租房屋,乙方应如期交还。乙方如要求续租,则必须在租赁期满前的1个月向甲方提出,甲方在同等条件下应优先考虑乙方的续租要求。

第四条 租金及支付方式

1. 该房屋的月租金为人民币_____,大写_____;
年租金为人民币_____大写_____;
总租金为人民币_____大写_____。
2. 双方约定租金支付方式为_____。

第五条 其他费用

1. 乙方在租赁期内实际使用的水费、电费、煤气费、电话费、宽带费、有线电视费、物管费(含公摊费用)_____应由乙方自行承担,并按单如期缴纳。
2. 若需要电话及宽带,可由甲方代为申请,费用由乙方承担。

第六条 甲方的权利与义务

1. 该房屋及附属设施所有权属甲方所有,若是乙方后来因需要添加的设施不属甲方所有。

2. 甲方需按时将房屋及附属设施交付乙方使用。

3. 甲方应负责对房屋和设施进行维修保养（须提前15天通知乙方）。

4. 甲方应保证所出租房屋权属清楚，无任何债务纠纷；房屋共有人对出租该房屋完全同意，并同意由甲方全权处理。

5. 在甲方将房屋交给乙方使用之前，应确保房屋内的电器及所提供的各种设施性能完好。

6. 租赁期间，甲方如将房屋所有权转移给第三人，须提前三个月通知乙方。转移给第三人后，该第三人成为本合同的甲方，并拥有原甲方的权利及义务。（合同另有约定的除外。）

第七条 乙方的权利与义务

1. 乙方有权在租赁期限内使用该房屋，但不得损坏房屋及附属设施。

2. 乙方在承租期限内若损坏房屋结构及附属设施，应负责照价赔偿。但因自然损坏或不可抗力因素造成损坏，乙方不承担责任。

3. 乙方在租赁期内保证在该租赁房屋内的所有活动均能合乎中国的法律及该地点管理规定，不作任何违法之行为。

4. 乙方应按合同的规定，按时支付租金及其他各项费用。

5. 未经甲方同意，乙方不能改变租赁房屋的结构装修，乙方不得转租房屋。

第八条 租赁期满后，甲乙双方须清点屋内设施，房屋内有乙方增设的附属设施，乙方自行拆除带走，并将房屋恢复原样。

第九条 押金及违约金

1. 甲乙双方同意本合同的押金（保证金）为人民币_____大写_____。在本合同到期时，房屋无损坏且各项费用结清后三日内退还给乙方。

2. 甲乙双方如有特殊情况需提前终止合同，必须提前一个月通知对方，需双方同意后，方可办理退房手续。若甲方违约，除退还给乙方保证金外，还需支付给乙方上述金额的违约金，反之，若乙方违约，则甲方有权不退还保证金。

3. 如遇不可抗拒因素中止合同，甲乙双方互不承担违约责任，租金及费用按实计算，多退少补。

4. 凡在执行本合同或与本合同有关的事情时双方发生争议，应首先友好协商，协商不成，可向房屋所在地人民法院提起诉讼。

第十条 其他条款

1. 中介信息服务费

（1）合同签订之日，甲方按本合同月租金的 50%，一次性向丙方支付中介信息服务费人民币_____元大写_____。

（2）合同签订之日，乙方按本合同月租金的 50%，一次性向丙方支付中介信息服务费人民币_____元大写_____。

2. 本合同未尽事宜，经双方协商一致，可订立补充条款，本合同及其补充条款和附件设备清单内空格部分填写的文字与打印文字具有同等效力。

3. 本合同壹式叁份，均具有同等效力。甲乙丙各执1份。签字生效。

甲方_____　　乙方_____　　丙方_____
经办人_____　　经办人_____　　经办人_____
电话_____　　电话_____　　电话_____
签约日期____年____月____日

模块三　二手房买卖居间业务

1. 掌握二手房买卖居间业务流程。
2. 能签订房屋买卖居间合同。

 案例导入

购房者在中介公司看中一套二手房后，在中介签署了三方的居间买卖协议，给付卖家定金。后来，因为资金另有他用，遂与卖家解除协议。原居间协议约定，若买方或卖方单方毁约，除了需承担定金罚则外，还要支付给中介相当于房价2%的违约金。可买方不愿支付违约金。根据案情，请思考下列问题：

1. 买方应该支付违约金吗？为什么？
2. 居间人在二手房买卖中有哪些权利，又有哪些义务？

在二手房买卖居间业务中，房地产经纪人只给客户提供信息及订立合同的机会，不能代理客户签订合同。从目前实践来看，二手房买卖居间业务比二手房代理业务要常见得多。在居间业务中，房地产经纪人所承担的风险也比代理业务小得多。

一、二手房买卖居间业务流程

二手房买卖居间业务流程和二手房买卖代理业务流程基本相同，都需要进行业务开拓、业务洽谈、产权核实、现场查勘、发布信息、房源客源配对、带客看房、佣金结算、售后服务等。本部分只介绍与二手房买卖代理业务流程的不同处。

1. 业务涉及对象不同

房地产代理业务主要是卖方代理，较少有买方代理，在二手房买卖居间业务中，买方居间和卖方居间都很常见。因此，在接受卖方客户委托与买方客户委托时，房地产经纪人应分别让其填写不同的表格，见表5-3、表5-4。

表5-3　房地产转让物业情况登记

物业名称		地址			
业主姓名		联系电话		共有人姓名	
房号		产权证号		产权性质	
土地使用年限		法定用途		楼龄	
建筑面积		楼层/总楼层		户型	
配套设备设施				物业管理费	
装修情况					
有何遗留问题		如何处理			
其他					
业主签名					
产权核实情况				日期	
物业勘查情况				日期	
经纪人签名					

表5-4　购房客户个人资料记录

姓名		职业		联系电话	
现居住区域		拟居住区域		信息来源	
购房目的		户型意向		面积	
总价范围		单价范围		其他要求	
首次洽谈情况					
跟踪及处理记录					
客户特征	年龄：　　　性别：　　　籍贯：　　　性格：				
	家庭及其成员情况				
首次上门时间				成交时间	

2. 签订合同不同

在从事二手房买卖居间业务中签订的是居间合同，其条款、居间服务事项、范围、要求、期限、双方的权利与义务、佣金标准、支付时间及支付方式等都与代理合同不同。在二手房买卖代理业务中,客户会主动签订代理合同,而在二手房买卖居间业务中,许多客户不习惯签订居间合同,而且由于是多家委托,容易出现业务纠纷。因此,经纪人要尽量争取客户能签订居间合同。

值得注意的是,房地产经纪机构与买卖双方各自签订房地产居间合同的时间常常是不一致的,与卖方的居间合同通常在完成房地产查验后进行,而与买方的居间合同常常要求在"信息收集与传播"完成之后才能进行。

3. 扮演角色不同

二手房买卖代理业务中,房地产经纪人代理委托人进行房屋买卖业务,代表委托人谈判,甚至代表委托人签订合同;而在二手房买卖居间业务中,房地产经纪人不能代表客户进行交易谈判,只能将交易程序、有关规定、合同条款、需要提交的资料、应纳税费、按揭手续、房款支付手续等一系列的问题向客户介绍清楚,让客户心中有数。同时就自己的专业知识和市场经验向客户提供咨询服务,撮合成交。

4. 协助按揭贷款、房地产权属登记及验房等事项

在房地产代理业务中,房地产经纪机构要代理委托人办理房地产按揭贷款、权属登记备案及验房等事项。在房地产居间业务中除非交易当事人正式委托代办事宜,否则,房地产经纪机构不能亲自代理委托人代办这些事项,只能提供咨询服务,协助其办理相关手续。

二、二手房买卖居间合同

二手房代理合同当事人关系比较简单,就是委托人与代理人间的权利与义务的约定;而二手房买卖居间合同关系比较复杂,涉及卖方、买方及居间人三方。

1. 确定上下家与中介的关系

《房屋买卖居间合同》实际上是一个比较复杂的合同,既有买卖合同的内容又有居间合同的内容,实际上包括了三个合同:①上下家的买卖合同;②上家与中介的居间合同;③下家与中介的居间合同。上下家在签订正式的买卖合同时也将依据《房屋买卖居间合同》条款来签订,所以《房屋买卖居间合同》在二手房买卖流程中具有至关重要的作用。在实务中,因《房屋买卖居间合同》而产生的纠纷远远多于买卖合同产生的纠纷,因此在签订时要特别注意。

2. 确定订立正式的《房地产买卖合同》的主要条款

一份完善的房地产买卖居间合同中涉及房地产买卖的内容应与房地产买卖合同

相符,包括买卖双方主体身份、房屋标的、交易金额、付款方式与时间、过户时间、房产及附属设施的交接时间和有关费用承担、违约责任。尤其是在户口是否迁出、是否赠与维修基金、是否赠与二手房装修与附带设备、是否赠送产权车位、贷款未获批准是否承担违约责任等方面,应当在签订居间合同时引起特别的关注。如果遇到居间合同约定不明,容易引起买卖双方间的纠纷。

3.《房屋买卖居间合同》的签订程序

(1)中介在上下家之间协调,并就合同主要条款口头达成一致。

(2)中介持《居间合同》让下家先签署并收取下家支付的意向金,中介出具中介公司盖章的"意向金收据"。

(3)中介再持下家签署好的《居间合同》交由上家签署。

如果《居间合同》有上家委托中介保管定金的条款,则须让上家再签署一份《定金保管确认书》。如《居间合同》中没有上家委托中介保管定金的条款,则将下家所交的"意向金"交给上家,让上家出具《定金收据》。

(4)中介再持上家出具的《定金收据》交给下家,下家将中介出具的《意向金收据》还给中介。

(一)单项选择题

1. 房地产转让委托服务手续的第一流程是(   )。
   A. 经纪机构核验、勘察物业
   B. 经纪机构核验产权的真实性、合法性和有效性
   C. 卖方与经纪机构签署独家《委托代理协议书》
   D. 卖方与向经纪机构提供房地产权证明文件

2. 核实产权最直接的方式是(   )。
   A. 到房地产产权登记部门核实   B. 请鉴定机构鉴定
   C. 请开发商核实   D. 请公证机关公证

3. (   )是指房地产权属是合法的,但因为权属关系暂时不能转移。
   A. 合法性   B. 完整性
   C. 真实性   D. 有效性

4. 房地产转让经纪中信息发布的主题是(   )。
   A. 售房信息   B. 消费者偏好
   C. 经纪机构的品牌与信息   D. 房产基本情况

5. 房地产居间业务开拓的主要工作是(   )。

　　　　A．外塑形象　　　　　　　　　　B．内强素质
　　　　C．公关宣传　　　　　　　　　　D．争取客户
（二）多项选择题
1．在房地产居间业务中促成交易的技巧有（　　　）。
　　　　A．直接促成法　　　　　　　　　B．便利促成法
　　　　C．惠顾促成法　　　　　　　　　D．从众促成法
2．房地产销售前准备工作包括（　　　）。
　　　　A．准备销售资料　　　　　　　　B．划分销售阶段
　　　　C．准备销售现场　　　　　　　　D．确定销售人员
3．房地产居间合同一般情况下是（　　　）。
　　　　A．单务合同　　　　　　　　　　B．双务合同
　　　　C．不要式合同　　　　　　　　　D．从合同

（三）简答题
1．签订房屋买卖居间合同要注意哪些事项？
2．简述二手房买卖居间业务流程。

项目任务书

1．认真学习并能签订《房屋买卖居间合同》。

房屋买卖居间合同

出卖方（以下简称甲方）
　　姓　　名_____　　身份证号_____
　　联系电话_____　　地　　址_____
买受方（以下简称乙方）
　　姓　　名_____　　身份证号_____
　　联系电话_____　　地　　址_____
居间方（以下简称丙方）
　　名　　称_____　　地　　址_____
　　资质证号_____　　联系电话_____

　　甲、乙双方经丙方居间，本着平等、互利、自愿的原则，就乙方购买甲方共有房屋事宜，订立本《房屋买卖合同》（以下简称《买卖合同》），并在丙方见证下共同遵守。
　　第一条　房产基本状况
　　甲方自愿将其所有房产即坐落于_____院落及房屋（以下简称该房屋）出售给乙方，建筑面积_____平方米，房屋所有权证号_____，共

有权号_____。

该房屋权属性质为_____。

乙方对该房屋情况已充分了解。

第二条 出售价格

甲、乙双方同意该房屋的成交价格为人民币_____元（大写_____），此款为甲方净得价款。

第三条 共同约定

甲、乙双方同意共同委托丙方作为交易居间人代为办理交易相关手续，委托期限自本合同签订之日起至该房产过户登记手续办理完毕，甲方拿到全部房款之日止。

第四条 佣金及其他费用的约定

1. 丙方提供的居间服务的佣金和过户费由_____方承担，总金额为人民币_____元（大写 _____元），上述佣金及过户费甲乙双方应于本合同签订之日向丙方支付。

2. 甲方取得该房屋所占土地的国有土地使用权证书所应缴纳的测绘费由_____方负担。

3. 甲乙双方约定在房屋买卖过户过程中，所有税费、手续费由_____方负担，丙方协助办理，由此发生的一切问题与丙方无关。

第五条 付款方式

1. 签订本合同之日，乙方向甲方支付房产成交价的3%，即人民币_____元（人民币大写_____元整）作为定金，甲方应向乙方出具收据，丙方作为居间方见证签字，该定金在甲、乙方办理该房屋产权过户之日即抵作购房款。

2. 甲、乙双方在房地产交易中心办理该房屋产权过户登记当日，乙方将剩余购房款即人民币_____元（大写_____元整）划拨至甲方指定账户。

第六条 房屋交验

1. 甲、乙双方协商该房屋交验前所发生的水费、电费及其他风险由甲方承担，该房屋交验后发生的各种费用及风险由乙方承担。

2. 甲、乙双方协商该房屋交验日期为甲、乙双方在房地产交易中心办理完过户手续之日，即乙方取得乙方名下上述房屋产权证领证通知单之日。且在该日甲方应将房屋钥匙交付与乙方，乙方自收到该房屋钥匙之日起承担在该日之后发生的各项费用。

3. 甲方在取得上述尾款时应向乙方出示户口迁出证明及该房屋水、电费用结清的单据，如甲方无法出示上述结清单据，则乙方有权在上述尾款中扣除人民币_____元（大写_____元整）作为费用，由丙方保存，待甲方结清所有欠费后一次交付给甲方，甲方有义务按照相关单据结清各项费用，多退少补。

4. 办理房屋过户变更登记的期限为自本协议签订之日至____年__月__日止。在甲方领到国有土地使用证后，_____个工作日内，甲乙丙三方办理房屋过户变更登记。

第七条 甲方责任

1. 甲方须保证该房屋权属为其所有且无任何权属争议,该房屋的权属证书应当齐全。甲方应在签订《买卖合同》当天将该房屋有关资料交给丙方作为办理交易过户手续之用。

2. 甲方保证乙方所购上述房屋产权清晰、不存在任何产权纠纷,确保乙方所购上述房屋在交易过程中该房屋共有权人或共同居住人同意出售该房屋并对本《房屋买卖居间合同》予以认可,否则甲方则应承担相应的违约责任。

3. 甲方在办理过户手续之前,必须将租赁户腾退。

4. 甲方保证该房屋不存在抵押等其他权属瑕疵,否则应承担相应的违约责任。

5. 甲方需积极配合乙方及丙方办理全程过户手续,如因故不能前往,需在两日内通知丙方,否则因甲方原因延误过户期限视甲方违约,并向乙方承担违约责任,赔偿损失。

第八条 乙方责任

1. 乙方保证在交易过程中应支付给甲方的款项按以上规定期限支付,若到期未支付,视乙方违约,并向甲方承担违约责任。

2. 乙方需积极配合甲方及丙方办理全程过户手续,如因故不能前往需在两日内通知丙方,否则因乙方原因延误过户期限视为乙方违约,并向甲方承担违约责任,赔偿损失。

第九条 丙方责任

1. 见证本合同并保管其中一份。

2. 代办相关过户及房屋交验手续等。

3. 对该房屋交易全过程有见证及协调的义务。

4. 在签订《买卖合同》前丙方有义务向甲乙双方告知国家相关部门所执行政策、制度及税费标准,如在房屋交易过程中以上标准有变化,合同各方均有义务按照最新标准来执行合同,不得以此为理由拒绝或延误执行《买卖合同》。

第十条 违约责任

1. 自乙方向甲方交付定金之日起,甲方不得将上述房屋出售给第三方,否则甲方应向乙方双倍返还定金。

2. 如果甲方未按合同第六条第四款的约定期限内办理房屋过户变更手续,则甲方应向乙方双倍返还定金。

3. 如果由于所售房产的权属纠纷而导致该房屋交易无法进行,则甲方应向乙方双倍返还定金。

4. 本合同签订之日起,在甲方未发生违约的前提下,乙方因任何原因提出终止本合同,均视为乙方违约,则甲方收取的定金不予退还,丙方已收取的居间服务佣金不予退还。

5. 本合同各方如未按照约定期限履行付款义务的，每逾期一日付款方应向收款方支付逾期款项万分之四的违约金，并继续履行原付款义务。

6. 若因甲、乙任意一方违约而导致《买卖合同》无法履行，违约方仍应向丙方支付本合同第四条所规定的佣金及交易过程中实际发生的费用，同时，守约方应支付的各项费用也由违约方支付，上述费用违约方应在接到丙方书面通知后三个工作日内付清。

第十一条　免责条件

因自然灾害、政府重大政策调整等不可抗力而导致本合同无法履行，本合同三方均不承担违约责任。但甲方应退还乙方已支付的定金及房款。

第十二条　争议的解决方式

本合同履行过程中如产生争议，三方应协商解决；协商不成的，三方均可向该房屋所在地的人民法院提起诉讼。

第十三条　生效及其他

1. 甲、乙双方就《买卖合同》条款的未尽事宜，可协商签订《补充协议》，《补充协议》为《买卖合同》的附件，具有同等法律效力。甲、乙双方自行协商的条款，丙方仅负责见证（三方另有约定的除外）。

2. 房地产交易部门、房地产开发部门、银行、政府相关部门对外承诺的工作日和丙方无关，丙方只是负责按照以上部门的有关规定协助甲、乙双方办理相关手续。

3. 本《房屋买卖居间合同》一式三份，自甲、乙、丙三方签字或盖章之日起生效，三方各执一份为凭。

第十四条　补充协议

甲方签字_____　　　乙方签字_____
代理人签字_____　　代理人签字_____
____年____月____日　　　　　　____年____月____日
丙方经办人签字_____
____年____月____日

附件一：房地产交接

房地产交接清单（略）

（1）对于上述情况，买方经验收认为符合房地产交付条件，同意接收。

（2）本交接清单为《二手房买卖及居间服务合同》（编号：_____）附件，由买卖双方签字确认即行生效。

（3）本交接清单一式三份，卖方、买方及居间方各执一份。

卖方_____
买方_____
居间方_____

附件二：三方其他约定
（1）_____
（2）_____
（3）_____

2. 案例分析

2006年4月10日，吕某、谢某及房产中介公司三方共同签订了《房地产买卖居间合同》（以下简称《居间合同》）。该合同约定：卖方谢某将其名下的××花园502号房产出售给买方吕某，转让成交价为165万元。合同签订之日，吕某需支付定金5万元。2006年4月30日之前吕某需付清首付款85万元。

《居间合同》签订当日，吕某即向谢某交付了5万元定金。但随后谢某迟迟不告知自己的银行账户，也不配合办理银行资金监管手续，导致买方吕某无法支付首期款。后谢某在电话中称，房产是夫妻共同财产，自己的丈夫没有在《居间合同》上签字，所以该合同无效。自己不用继续履行合同。

无奈之下，吕某为了证明自己没有拖延交纳首期款的时间，向公证处申请将该笔85万元的首期款存放在公证处，但公证处称不符合办理提存业务的条件，拒绝办理公证。随后吕某将谢某和房产中介公司诉至法院，请求解除三方签订的《居间合同》，并要求谢某双倍返还定金10万元。根据案情讨论并回答下列问题：

（1）夫妻双方在婚后购置房产，但房产证只登记了夫妻一方的名字。在转卖该房产时，只有登记了名字的一方在房屋买卖合同中签字，另一方没有签字。那么，已签订的房屋买卖合同是否有效？

（2）卖方在行为上不配合买方支付购房首期款，并口头表示不想卖房。此时，买方是否还需要去公证处提存房款，以证明自己按期支付房款？

（3）卖方收取了买方定金后出具了《收据》，但随后卖方将定金交由房产中介保管。如卖方违约导致购房合同解除，买方可否直接向房产中介追要定金？

项目六 房地产经纪其他业务

项目概要

随着房地产市场的日益成熟,房地产经纪其他业务不断涌现。本项目主要在介绍个人住房抵押贷款业务、房地产权属登记业务、房地产拍卖基本知识的基础上,学习这些业务的操作流程,要求能为客户提供相应的服务。

模块一　个人住房贷款代办业务

学习目标

1. 熟悉个人住房商业性贷款业务流程，并能根据流程完成相关代办业务。
2. 熟悉个人住房公积金贷款业务流程，并能根据流程完成相关代办业务。
3. 熟悉个人住房商业性贷款业务流程，并能根据流程完成相关代办业务。

案例导入

甲向银行办理了个人住房抵押贷款，购置了一套商品房。后来房价大幅上涨，于是甲便把该房屋转卖给乙。但是后来双方去办理产权过户手续时，被告知该房屋不能转让。请根据案情思考：

1. 甲的房产为什么不能登记过户给乙？
2. 这种情况如何解决？

随着房地产业的发展，个人住房贷款在银行个人贷款中的比例急剧攀升，个人住房贷款代办业务在房地产经纪公司占有较大的比重。个人住房抵押贷款，用于个人在中国内地城镇购买、建造、大修住房。目前个人住房抵押贷款更多是用于购买住房，即借款人在支付了首付款之后，以所购住房作为抵押物向银行申请、用于支付剩余房款的贷款。在具体办理业务中，经常把个人住房抵押贷款叫按揭。"按揭"是中国香港的叫法，本质上是一种抵押贷款的方式，在中国人民银行和各商业银行的正式文件中称为个人住房抵押贷款。

一、个人住房商业性贷款代办业务流程

（一）接受客户委托

房地产经纪公司接受需要办理房地产抵押贷款的客户委托，与之签订个人住房贷款代理委托协议，公司同时分派具体的房地产经纪人代办业务，经纪人向客户介绍个人贷款的条件及申请个人住房贷款需提交的材料，并请客户将所需申请材料准备齐全。申请个人住房抵押贷款的条件如下。

（1）在中国境内具有合法居留身份和完全民事行为能力的自然人，年龄一般应

项目六 房地产经纪其他业务

在 18 周岁以上,不超过 65 周岁(有的银行规定男性不超过 60 周岁,女性不超过 55 周岁)。

(2)有稳定的经济收入,信用良好,有偿还贷款本息的能力。

(3)有合法有效的购买(建造、大修)住房的合同、协议,以及贷款银行要求提供的其他证明文件。

(4)已交纳所购住房规定的首付款。

(5)有贷款银行认可的资产进行抵押或质押,或(和)有足够代偿能力的法人、其他经济组织或自然人作为保证人。

(6)贷款银行规定的其他条件。

(二)贷款申请

房地产经纪人向贷款银行提出贷款申请,提交申请表及各种审核材料。申请个人住房贷款应提供的主要材料如下。

(1)个人住房抵押贷款业务申请表(表 6-1)。

表 6-1 个人住房抵押贷款业务申请表(范本)

以下栏目内容申请人填写

申请人情况	申请人(1)	姓　名		性　别		出生年月	
		身份证号码				婚姻状况	
		工作单位				手机号码	
		单位地址				单位电话	
		现家庭地址				家庭电话	
	配偶情况	姓　名		身份证号码			
		工作单位				单位电话	
		单位地址				手机号码	
	申请人(2)	姓　名		性　别		出生年月	
		身份证号码				婚姻状况	
		工作单位				手机号码	
		单位地址				单位电话	
		现家庭地址				家庭电话	
	配偶情况	姓　名		身份证号码			
		工作单位				单位电话	
		单位地址				手机号码	
	联系人		住　址			电　话	
房产基本资料		房屋类别:□住宅　□办公　□商业　□其他					
		房屋用途:□自住　□出租　□经营　□空置　□其他					
		详细地址					
		房地产证号码					
		房屋面积			现房产市值/万元		
申请贷款金额/万元				申请贷款期限			
贷款用途				银行是否有逾期不良记录			

本人保证以上所填内容真实、合法、有效,如有欺骗、虚假,本人愿承担因此给银行造成的一切损失与法律责任。

签名:
年　月　日

（2）身份证件原件及复印件（如居民身份证、户口簿、军官证等）。

（3）贷款银行认可的有关部门出具的借款人稳定经济收入证明或其他偿债能力证明资料。

（4）合法的购买（建造、大修）住房合同、协议及相关批准文件，购买商品房的，需要提供所购商品房的用地、规划、建设和销售等方面的合法性材料。

（5）抵（质）押物的清单及权属证明文件，有处分权人出具的同意抵押或质押的证明。

（6）贷款银行认可的房地产估价机构出具的抵押物估价报告。

（7）保证人出具的同意提供担保的书面承诺及保证人的资信证明。

（8）银行的存款单据、凭证式国债单据等借款人拟提供给贷款银行质押的有价证券等。

（9）借款人用于购买（建造、大修）住房的自筹资金的有关证明。

（10）《商品房预售许可证》或房地产权证（现房）（复印件）。

（11）如果借款人有配偶的，其借款申请书上还要填写清楚配偶的有关情况，并出示相应结婚证或户口簿等证明材料。

（12）贷款银行要求提供的其他文件材料。

（三）受理申请、贷前审查

银行同意受理借款申请后，银行经办人员需要对借款人的主体资格、借款材料的真实性和有效性、借款人现有银行信用、项目情况、保证人保证资格和能力、抵押（质押）物合法、有效性等进行审查，并做出评价。

（四）签订贷款合同

如果银行审批后同意贷款，则借款人与银行签订《借款合同》，并根据担保方式的不同，借款人与银行签订《抵押合同》或《质押合同》，或第三方保证人与银行签订《保证合同》、《抵押合同》或《质押合同》。如果采用抵押的担保方式，还应根据有关法律、法规的规定，办理抵押登记、保险及其他必需的手续，抵押登记与保险费用由借款人负担，抵押期间保险单正本由银行保管。另外，视实际情况由合同双方办理合同公证。在个人住房贷款中，抵押贷款占比最高，本项目主要学习房地产抵押合同，具体合同见项目任务书。

（五）办理房产登记过户

与银行签订个人住房抵押贷款合同后，买卖双方就可以到国土房管部门办理房地产登记过户手续。

（六）办理抵押登记手续

签订房地产贷款合同后，应根据国家和当地的法律法规，办理抵押登记、保险及其他必需的手续，并视实际情况办理合同公证。抵押登记与保险费用由借款人负担，合同公证费用由借贷双方各承担 50%，抵押期间保险单正本由贷款银行保管。办理登记过户前应缴税费、税费的种类及征收标准在前面已学习过。

（七）发放贷款

房地产经纪人根据经办银行的通知携带有关材料、印鉴到银行会计柜台办理贷款发放手续。

（八）佣金结算

佣金由房地产经纪公司与委托人共同确定。

（九）售后服务

个人住房抵押贷款对于购房人来讲，延续时间长，后续工作比较多，房地产经纪人应就下列事项特别提醒客户注意。

1．提醒客户归还贷款

借款人应严格履行借款合同，按合同约定的还款计划、还款方式偿还贷款本息。借款人如有特殊情况要求提前归还贷款，应于贷款到期日向经办银行提交《提前归还贷款申请书》，经审批同意后方可办理，利率及损失赔偿金等费用按合同或有关规定执行。

2．提醒客户合同变更情况

借款合同需要变更或借款人将借款合同项下的权利、义务转让给他人，必须经借贷双方协商同意，并签订变更协议；在担保期间，必须事先征得担保人的书面同意，如需要办理抵押变更登记的，还应到原抵押登记部门办理变更抵押登记手续，同时应办理保险等手续。借款人如需变更担保，必须事先征得贷款银行同意，才能办理有关变更手续。

3．提醒客户贷款结清履行的手续

借款人将贷款本息全部归还后，银行清退抵押物权利凭证或质押物。采用抵押担保的，借款人凭贷款行出具的还款凭证，取回房地产权属抵押登记证明文件及保险单正本等，并持贷款银行出具的贷款结清证明到原抵押登记部门办理抵押登记注销手续。采用质押担保的，借款人凭贷款行出具的还款凭证，取回质押的权利凭证等资料，并向银行开具收据或办理签收手续。

二、个人住房公积金贷款代办业务流程

个人住房公积金贷款可用于职工购买公有住房、经济适用住房、商品房和住房二级市场购买的合法产权住房；企业和自收自支事业单位的职工参加单位

集资建房；职工自建住房，翻建、大修自住住房；职工本人偿还商业银行的自住购房贷款。申请个人住房公积金贷款代办业务流程如下。

1. 提出贷款意向，领取有关材料

房地产经纪人需要代委托人到其交存住房公积金的住房资金管理中心或所属分中心提出贷款要求，向贷款经办人员如实介绍其所购房屋情况、委托人及配偶的工作和收入情况、希望申请的金额和期限、其住房公积金的缴存情况、可以提供什么样的担保，同时领取借款申请表及有关材料，由经办人员给申请人初步建议，告诉其需要准备的材料。申请住房公积金贷款的条件。

（1）具有本市常住户口或本市有效居留身份。

（2）申请贷款时，连续缴存住房公积金一年（含）以上。

（3）买自住住房，首付款不低于国家规定的购房总款的百分比。

（4）有稳定的经济收入，个人信用良好，具有按时偿还贷款本息的能力。

（5）购买、建造自住住房或者翻建、大修自住住房。

（6）同意以贷款所购买、建造、翻建、大修的房产价值全额作为抵押；购买商品房的，该开发商须为购房人作阶段性担保。

（7）申请第二次住房公积金贷款的，须还清首次住房公积金贷款。

（8）住房公积金管理中心规定的其他条件。

2. 提出书面申请

房地产经纪人按照经办人员的要求准备齐全的文字材料，请经办人员审核。申请个人住房公积金贷款应提供的主要材料如下。

（1）个人住房公积金贷款申请表（表6-2）。

表6-2 个人住房公积金贷款申请表

一、借款人基本情况及申请借款金额					
姓　　名		性别		身份证号码	
申请借款金额	人民币（大写）：			工作单位及职务	
住房公积金账号				现住址	
单位电话		住宅电话		手机	
二、借款人配偶情况					
姓　　名		性别		身份证号码	
工作单位及职务				住房公积金账号	
单位电话				手机	
三、共同借款人情况					
姓　　名		性别		身份证号码	
工作单位及职务				手机	

项目六 房地产经纪其他业务

(续)

四、保证人情况						
姓 名		性别		身份证号码		
工作单位及职务				手机		

五、借款申请人意见及授权书

同意按《_____市住房公积金个人住房贷款实施细则》及有关操作流程规定提供资料，签订合同并承担相应的民事法律责任，本人保证本表所填内容真实，若有虚假，取消本人的贷款资格，并由本人承担由此造成的后果。如未按合同规定按时偿还本息，本人无条件同意单位财务每月从工资、奖金等一切应发款项中代扣。

同时，本人授权_____市住房公积金管理中心在整个贷款业务过程中（从贷款申请之日至贷款还清之日止），通过中国人民银行个人信用信息基础数据库查询本人的个人信用报告，用于贷款或贷款担保的审批，同时授权你中心可将身份识别、职业和居住地址等个人基本信息及个人贷款、担保等信用活动中形成的交易记录等个人信用信息向中国人民银行个人信用信息基础数据库报送。

借款申请（授权人）人签名：　　　　　配偶或共同借款申请人（授权人）签名：

　年　　月　　日　　　　　　　　　　　年　　月　　日

六、借款申请人单位证明（略）

七、购买、建造、翻建大修自住住房基本情况						
购买自住住房	售房单位			单位地址		
	房屋地址			联系电话		
	房屋总价	元	面积	平方米	单价	元/平方米
	已交房款	元	购房合同号		产权证号	
建造自住住房	报建个人（单位）			国有土地使用证号		
	土地规划许可证号			建设工程规划许可证号		
	施工许可证号			地　址		
	面积		平方米	预决算总价		元
	开工日期			计划竣工日期		
翻建大修自住住房	房产部门提供的房屋安全鉴定书			规划部门批准文号		
	现场勘查情况			地　址		
	预决算造价	元	开工日期		计划竣工日期	

八、担保方式及抵押物情况								
贷款担保方式选择	保证	□	抵押	□	质押	□	其他	□
抵押人		产权证号		出质人		质押物名称		
面积	平方米	房屋性质		面值	元	质押物凭证号		
抵押物坐落				联系电话				

（2）身份证件（居民身份证、户口簿或其他身份证件）。

（3）所在单位出具的借款人稳定经济收入证明或其他偿债能力证明资料。

（4）合法的购买住房的合同、协议及批准文件。

（5）抵押物或质押权利清单及权属证明文件，有处分权人出具的同意抵押或质押的证明。

（6）住房公积金管理部门认可的评估机构出具的抵押物估价报告书。

（7）保证人出具的同意提供担保的书面承诺及保证人的资信证明。

（8）借款人用于购买住房的自筹资金的有关证明。

（9）住房公积金管理部门规定的其他文件和资料。

3．评估

对于购买商品房等需要评估的贷款，贷款经办人员对上述材料审核无误后，给房地产经纪人以初步意见，并开具抵押物审核评估通知单，房地产经纪人持单到评估机构对贷款房屋进行评估。对于购买房改房、安居房等不需要评估的贷款，按照第5步办理。

4．开具贷款承诺

评估完毕后，房地产经纪人持评估报告再次到管理中心，经办人员进一步综合评估结果对贷款申请进行审核。对于未签订正式购房合同的，贷款经办人员审核同意贷款后开具贷款承诺书，房地产经纪人持贷款承诺书到开发商处签订购房合同文本，购买期房者须办理预售登记。

5．开具《调查通知单》

房地产经纪人持所有文件到公积金管理中心，经办人员审查后，确定贷款额度、贷款期限、担保方式，并开具《调查通知单》。经办人员每日将《调查通知单》登记后录入计算机系统。

6．银行调查

经纪人拿到《调查通知单》后，要到《调查通知单》上注明的银行经办机构，由银行经办机构对贷款进行调查，并指导借款申请人填写有关的贷款合同。需要盖章的合同（如保证合同、收押合同）到有关部门加盖公章，采用财产抵押担保或购买购房综合险的办理有关保险手续，采用保证担保的银行对保证单位进行审核调查。

7．签署委托合同、委托贷款通知单

银行经办机构对贷款调查完毕后将有关材料送管理中心，并告知房地产经纪人等待通知。管理中心根据银行的调查意见对所有贷款材料、合同进行审批，审批同意后与银行经办机构签订委托合同和委托贷款通知单，通知银行可以办理放贷手续。

8．划款

银行在放贷前准备工作完毕后确定具体放款日期，通知借款人，并于放款日（或提前一两天）填写《个人住房担保委托贷款拨款明细单》，加盖银行经办机构公章后到公积金管理中心办理划款手续。公积金管理中心贷款经办人员对拨款明细单审核后开具拨款通知单,通知财务人员开具有关划款单据。经办人员根据拨款通知单、拨款明细单登记后第二次录入计算机系统。

9. 放款

借款人于放款日到银行办理放款手续,贷款将直接拨付至售房单位账户。贷款的审查发放手续完毕。

10. 结算佣金

佣金标准按本市统一规定,可在浮动范围内与客户协商。

三、转按揭贷款业务流程

"转按揭"是个人住房转贷款的通称。二手房买卖中的上家原先在银行办理过贷款,通过转按揭手续,可以将贷款随房屋转给下家。如借款人因融资或周转资金等需要,欲利用已抵押给银行的房屋增加贷款额,也可以通过转按揭手续转由其他银行办理贷款。本项目仅指前一种。

(一)接受委托

房地产经纪人接受原贷款人和新借款人同时委托,代理原借款人向银行提出申请。经纪人这个过程中要向委托人介绍转按揭贷款的条件,以及应向银行提供的材料。

1. 转按揭贷款条件

(1)转按揭房屋的产权明晰,无重复抵押、租赁等情形。
(2)转按揭客户已对房屋买卖事宜达成一致,签订了买卖合同。
(3)原借款人的资信良好,贷款无逾期、拖欠情况。
(4)原借款人已取得有关房屋的权利证明。
(5)新借款人的资信良好,符合贷款要求,且能提供相关的申请资料。

2. 原借款人所需资料

(1)借款人和权利共有人身份证复印件。
(2)房地产权证原件。
(3)借款合同(抵押合同)原件。
(4)最近一期银行还款对账单原件。
(5)还款卡或还款存折复印件。
(6)房屋买卖合同。

3. 新借款人所需资料

(1)借款人和权利共有人身份证复印件。

(2）借款人和权利共有人户口簿复印件。
(3）借款人婚姻证明复印件。
(4）借款人和参贷人的收入证明。
(5）首付款收据。
(6）房屋估价报告。
(7）房屋买卖合同。
(8）如为公积金贷款需另附公积金账号。
(9）如为消费贷款需另附消费用途证明，水电煤气费账单。

（二）提出申请

房地产经纪人将上述原借款人和新借款人的材料及转按揭贷款申请表提交给银行，交银行核验。

（三）同意转按揭

银行经审查同意的，由银行、售房人和购房人签订协议，银行同意售房人转让住房，售房人承诺将售房款优先用于偿还银行贷款并授权银行从其在银行开立的账户上直接扣收尚未偿还的贷款本息，购房人承诺交易时将房款划入售房人在银行开立的账户上。

（四）贷款申请

房地产经纪人代理购房人向银行提出新的贷款申请，贷款额可以为售房人剩余贷款余额，也可以按照下列公式计算贷款额：贷款额=所购住房市场价格×二手房贷款成数。

（五）签订贷款合同

银行经审批同意后，与购房人签订新的借款合同和抵押合同，出具同意贷款的承诺函。

（六）办理登记

银行与房地产经纪人到房地产管理部门办理注销抵押登记手续，房地产经纪人代理售房人与购房人办理房屋产权过户手续，银行与购房人办理新的抵押登记手续。

（七）放贷

银行对购房人发放贷款，根据购房人的授权，将贷款划到售房人开立的账户上，然后根据售房人的授权，从账户上直接扣收售房人尚未偿还的贷款本息，终止原借款合同。

（八）结算佣金

佣金标准按本市统一规定，可在浮动范围内与客户协商。

课后思考与练习

（一）单项选择题

1. 设定房地产抵押时，抵押房地产的价值可以由（　　）确定。
   A. 抵押权人　　　　　　　　　　B. 价格评估机构
   C. 抵押当事人协商　　　　　　　D. 抵押人

2. 抵押房地产的房屋所有权人或建设用地使用权人是（　　）。
   A. 借款人　　　　　　　　　　　B. 抵押人
   C. 贷款人　　　　　　　　　　　D. 抵押权人

3. 房屋在个人贷款备案抵押期间，经登记备案的《商品房买卖合同》丢失，须由（　　）出具同意书后，方可办理《商品房买卖合同》丢失补办登记。
   A. 抵押人　　　　　　　　　　　B. 抵押权人
   C. 房产抵押登记部门　　　　　　D. 以上都是

4. 银行向某家庭发放了一笔月还款额为 2 000 元的个人住房抵押贷款，该家庭所购住房的物业费为每月 150 元，从当期我国商业银行风险管理的角度来看，该家庭的月均收入应不低于（　　）元。
   A. 3 583　　　　　　　　　　　　B. 3 909
   C. 4 300　　　　　　　　　　　　D. 4 778

5. 在房地产抵押贷款期间，未经（　　）同意，抵押人不得变卖抵押房地产。
   A. 保险机构　　　　　　　　　　B. 房屋主管部门
   C. 抵押权人　　　　　　　　　　D. 房屋承租人

（二）多项选择题

1. 办理注销房地产抵押贷款登记除提交《房屋所有权证》原件、《房屋他项证》原件外，还需提交的文书证件有（　　）。
   A. 《房地产抵押贷款登记申请审批书》（复印件一份）
   B. 原《关于房地产抵押登记的批复》（复印件一份）
   C. 抵押权人、抵押人单位名称或法定代表人已更改的，提供相关文件
   D. 《国有土地使用证》（验原件、留复印件）或国有土地使用证明原件

2. 抵押人擅自以（　　）或者以其他方式处理或者处分抵押房地产的，其行为无效，造成第三人损失的，由抵押人予以赔偿。
   A. 出售　　　　　　　　　　　　B. 出租
   C. 交换　　　　　　　　　　　　D. 转让

3. 房地产抵押合同应当载明下列哪些内容？（　　）

A. 抵押人、抵押权人的名称或者姓名、住所
B. 主债权的种类、数额
C. 抵押房地产的价值
D. 债务人发行债务的期限

（三）简答题

1. 个人住房公积金贷款和个人住房商业贷款业务流程有哪些不同？
2. 个人住房商业贷款要提供哪些材料？

项目任务书

1. 案例分析

2009年6月，李先生看中了放盘于某中介公司的一处物业，经向该公司经纪人员了解得知，业主购买该物业的价格是100万元，该物业还从未入住，保存较新。于是，李先生与业主和中介公司签订了三方《房屋买卖合同》，在合同中约定李先生以120万元的价格购买该物业。当时李先生表示只有付36万元首期款的能力，余下的楼款需申请银行抵押贷款，即申请7成银行按揭贷款。该中介公司经纪人员表示该物业至少能贷款90万元。合同签订后，李先生被中介公司告知，根据银行评估，该物业只能申请到70万元的抵押贷款。李先生表示没办法再筹到余下的14万元，房屋买不成，要求解除合同，并且要求中介公司赔偿损失。根据案情分析讨论下列问题：

（1）个人住房贷款有哪些条件？
（2）该房地产经纪人在此业务中是否存在过错？
（3）中介公司应该赔偿李先生的损失吗？

2. 认真阅读个人住房贷款合同，并能指导客户签订该合同。

个人住房贷款抵押合同（中国建设银行文本）

抵押人（甲方）＿＿＿＿＿＿＿＿　　抵押权人（乙方）＿＿＿＿＿＿＿＿
住　　所＿＿＿＿＿＿＿＿　　　　　住　　所＿＿＿＿＿＿＿＿
电　　话＿＿＿＿＿＿＿＿　　　　　法定代表人（或授权代理人）＿＿＿＿
邮政编码＿＿＿＿＿＿＿＿　　　　　电　　话＿＿＿＿＿＿＿＿
开户金融机构及账号＿＿＿＿＿　　　邮政编码＿＿＿＿＿＿＿＿

为确保乙方与＿＿＿＿＿＿签订的＿＿＿＿＿＿号借款合同（以下简称借款合同）的履行，甲方愿意以其有权处分的财产作抵押，乙方经审查，同意接受甲方的财产抵押，甲、乙双方根据有关法律规定，经协商一致，约定如下条款：

第一条　甲方以"抵押物清单"（附后）所列之财产设定抵押。

第二条　以房地产设定抵押的产权情况
1. 房地产坐落_____
2. 地号_____
3. 土地面积_____
4. 土地使用年限_____
5. 土地来源_____
6. 土地出让（转让、划拨）合同号_____
7. 国有土地使用证号_____
8. 房屋建筑面积_____
9. 共有权份额_____
10. 房屋所有权证号_____
11. 房屋预售、买卖契约号_____

第三条　以房地产设定抵押的抵押情况
1. 抵押土地四至_____
2. 抵押土地面积_____
3. 抵押土地评估价值_____
4. 抵押房屋部位_____
5. 抵押房屋建筑面积_____
6. 抵押房屋评估总价值_____
7. 房地产评估总价值_____
8. 在土地使用权抵押期间，抵押人其抵押的土地上所建的房屋不得转让、出租、出售。

第四条　甲方抵押担保的贷款金额（大写）_____元，贷款期限自_____年_____月_____日至_____年_____月_____日，贷款用途为_____。

第五条　甲方对抵押物依法享有所有权。

第六条　甲方在本合同生效之日将抵押物权属证明文件交乙方，抵押期间该抵押物权属证明文件由乙方代为保管。

甲方以所购期房作抵押，在借款合同生效之日起把购房合同、抵押登记证明交乙方执管。取得房屋所有权证后，将房屋所有权证一并交乙方执管。

第七条　抵押担保的范围：贷款金额（大写）_____元及利息、借款人应支付的违约金（包括罚息）和赔偿金，以及实现贷款债权和抵押权的费用（包括律师费、诉讼费等）。

第八条　本合同的效力独立于被担保的借款合同，借款合同无效不影响本合同的效力。

第九条　本合同项下有关的评估、保险、鉴定、登记、保管等费用均由甲方承担。

第十条　抵押期间，甲方有义务妥善保管抵押物，保持抵押物完好无损，并随时接受乙方的检查。

第十一条　甲方应办理抵押物在抵押期间的财产保险，财产保险的第一受益人为乙方。保险单证由乙方代为保管。

第十二条　抵押期间，抵押物如发生投保范围的损失，或者因第三人的行为导致抵押物价值减少，保险赔偿金或损害赔偿金应作为抵押财产，由甲方存入乙方指定的账户，抵押期间甲方不得动用。

第十三条　抵押物价值减少，甲方应在30天内向乙方提供与减少的价值相当的担保。

第十四条　抵押期间，未经乙方书面同意，甲方不得赠与、出售、出租、转让、再抵押或以其他任何方式处分本合同项下的抵押物。

第十五条　抵押期间，经乙方书面同意，甲方转让抵押物所得的价款应优先用于向乙方提前清偿所担保的债权。

第十六条　借款合同履行期限届满，借款人未能清偿债务，乙方有权以抵押物折价或者以拍卖、变卖抵押物所得价款优先受偿，实现抵押权。

第十七条　发生下列情况之一，乙方有权提前处分抵押物实现抵押权、停止发放借款合同项下贷款或者提前收回借款合同项下已发放的贷款本息：

1. 甲方被宣告破产或被解散；
2. 甲方违反本合同第六条、第十条、第十一条、第十二条、第十三条、第十四条约定义务或发生其他严重违约行为；
3. 借款合同履行期间借款人死亡、宣告失踪或丧失民事行为能力致乙方贷款债权落空、改变贷款用途、发生其他足以影响其偿债能力或缺乏偿债诚意的行为等情况。

第十八条　甲方因隐瞒抵押物存在共有、争议、被查封、被扣押或已设定抵押权等情况而给乙方造成经济损失的，应向乙方支付借款合同项下贷款金额＿＿＿＿％违约金，违约金不足以弥补乙方损失的，甲方还应就不足部分予以赔偿。对上述违约金、赔偿金及甲方未承担抵押担保责任的贷款本金、利息和其他费用，乙方有权直接用甲方存款账户中的资金予以抵消。

第十九条　乙方依法处分抵押物所得的价款，按下列顺序分配：

1. 支付处分抵押物所需的费用；
2. 清偿借款人所欠乙方贷款利息；
3. 清偿借款人所欠乙方贷款本金、违约金（包括罚息）和赔偿金等；
4. 支付其他费用。

第二十条　本合同有效期内，甲、乙任何一方不得擅自变更或解除合同。

第二十一条　其他约定事项＿＿＿＿＿＿＿＿＿＿＿＿＿＿＿＿＿＿＿＿。

第二十二条　因本合同发生的争议，经协商不能达成一致意见，应当向乙方所

项目六 房地产经纪其他业务

在地人民法院提起诉讼。

第二十三条 本合同自"抵押物清单"中的抵押物均办理登记之日起生效。

第二十四条 本合同正本一式两份,甲乙双方各执一份。副本_____份。

附:抵押物清单(略)

模块二 房地产权属登记代办业务

学习目标

1. 熟悉房地产权属登记的种类。
2. 熟悉房地产权属登记的条件。
3. 能为客户代办房地产权属登记。
4. 能识别房地产权属证书。

案例导入

甲拥有一处房产,与乙订立买卖合同,将房产转让给乙,乙按合同规定预付房款,同时约定1个月后双方共同向有关部门办理房产过户登记手续。又有不知情的丙与甲协商欲买甲之房产,价格比乙高,甲转而将房产卖给丙,并与丙一起办理了房产过户登记,领取了房产证。随后甲将房产已售给丙情况告知乙,退还乙的预付房款并支付违约金。乙不愿接受,要求与甲继续履行合同。请根据案情思考下列问题:

1. 乙要求继续履行合同,会得到支持吗?为什么?
2. 此案例中如果丙已知甲、乙之间的购房意向,仍继续购买甲房,乙要求继续履行合同,会得到支持吗?为什么?
3. 为了防止已预订房产被别人抢先登记,乙在预付房款后应采取什么办法?

房地产权属登记是指经权利人申请,由房地产权属登记机关将有关申请人的房地产权利事项记载于房地产登记簿并进行公示的行为。这是保障房地产权利人合法权益的基本手段。《城市房地产管理法》规定,国家实行土地使用权和房屋所有权登记发证制度。

一、房地产权属登记的种类

房地产权属登记分为房屋总登记、土地使用权初始登记、房屋所有权初始登记、房屋转移登记、房屋变更登记、房屋他项权利登记、房屋注销登记七种。

（一）总登记

总登记也叫静态登记，是在一定行政区域和一定时间内进行的房屋权属登记。

（二）土地使用权初始登记

以出让或划拨方式取得土地使用权的，权利人应申请办理土地使用权初始登记。

（三）房屋所有权初始登记

房屋所有权初始登记是指新建房屋申请人，或原有但未进行过登记的房屋申请人原始取得所有权而进行的登记。

（四）房屋转移登记

房屋转移登记是指房屋因买卖、赠与、交换、继承、划拨、分割、合并、裁决等原因致使其权属发生转移而进行的登记。

（五）房屋变更登记

房屋变更登记是指房地产权利人因法定名称改变或是房屋状况发生变化而进行的登记，包括改建、添建、用途变化等。

（六）房屋他项权利登记

房屋他项权利登记是指设定抵押、典权等他项权利而进行的登记。

（七）房屋注销登记

房屋注销登记是指房屋权利因房屋或土地灭失、土地使用年限届满、他项权利终止、权利主体灭失等而进行的登记。下列几种情况均应申请注销登记。

1. 房屋灭失

所有权的要素之一客体灭失时，房屋所有权不复存在。

2. 土地使用权年限届满

土地使用权年限届满，房屋所有权人未按城市房地产管理法的规定申请续期，或虽申请续期而未获批准的，土地使用权由国家无偿收回。

3. 他项权利终止

抵押权是因主债权的消灭，如债务的履行及房屋灭失或抵押权的行使而使抵押权归于消灭。典权是因典期届满、出典人回赎或转典为卖,以及房屋灭失而使典权归于消灭。

房地产权利丧失时,原权利人应申请注销登记。申请注销登记,申请人应提交房地产权属证书、相关的合同、协议文件。无权利承受人或不能确定承受人的,由登记机关代为注销登记。

二、申请房地产权属登记的条件

1．申请房地产权属登记应同时具备以下三项条件

(1)申请人或代理人具有申请资格,权利人为法人、其他组织的,应使用法定名称,由其法定代表人申请;权利人为自然人的,应使用其身份证件上的姓名;共有的房地产,由共有人共同申请。

(2)有明确具体的申请请求。

(3)申请登记的房地产产权来源清楚、合法,证件齐全,没有纠纷,且不属于被限制转移或被查封及违章建筑的房屋。

2．按照法律规定,下列房地产不得转让

(1)以出让方式取得土地使用权的,不符合《城市房地产管理法》第38条规定条件的。

(2)经司法机关和行政机关依法裁定,决定查封或者以其他形式限制房地产权利的。

(3)依法收回土地使用权的。

(4)共有房地产,未经其他共有人书面同意的。

(5)权属有争议的。

(6)未依法登记领取权属证书的。

(7)法律、行政法规规定禁止转让的其他情形。

三、房地产过户登记时限

建设部于2001年8月15日分别以第95、96、99号令形式发布了关于修改《城市商品房预售管理办法》、《城市房地产转让管理规定》、《城市房屋权属登记管理办法》的决定,房地产权利人办理房地产权属登记,即过户登记的时限有明确规定:预售商品房的承购人应在预售房屋交付使用后90日内办理过户登记手续;房地产转让当事人应在合同签订后90日内办理过户登记申请手续;房屋买卖、交换、赠与、继承、划拨、分割、合并、裁决等原因致使房屋权属发生转移的当事人,应自事实发生之日起90日内申请转移登记。

由上可见，房地产过户登记的时限为 90 天。根据修改后的《城市房屋权属登记管理办法》新增加的第二十九条规定，权利人（申请人）逾期办理房地产过户登记的，登记机关可以按照规定登记费的 3 倍以下收取登记费。因此，房地产经纪人一定要提醒购房人在上述规定时限内及时办理房地产登记，否则不仅可能会产生不必要的房地产权利风险（主要是不能对抗登记的第三人），而且会导致不必要的经济损失。

另外对于下列几种情形的，权利人应当自事实发生之日起 30 日内申请变更登记：①权利人名称变更和房屋现状发生变化的；②设定房屋抵押权、典权等他项权利的；③因房屋灭失、土地使用年限届满、他项权利终止的。

四、房地产权属登记提供的资料

1. 国有土地上房屋申请初始登记提交的资料

（1）房地产登记申请书（原件）。

（2）申请人身份证明（复印件）。

（3）国有土地使用证（复印件）。

（4）建设工程规划许可证（正本，包括附图、附件）（复印件）。

（5）施工许可证（复印件）。

（6）房屋竣工验收备案表和竣工验收报告（原件）。

（7）房屋测绘报告（原件）。

2. 集体土地上房屋申请初始登记提交资料

（1）房地产登记申请书（原件）。

（2）申请人身份证明（复印件）。

（3）宅基地土地使用权证或集体建设用地使用权证（复印件）。

（4）申请登记房屋符合城镇规划的证明（原件）。

（5）房屋测绘报告或村民住房平面图（原件）。

（6）房屋自检证明、房屋竣工验收证明或房屋安全鉴定报告（原件）。

（7）公告回执（原件）。

村民申请房屋所有权初始登记的，还应当提交申请人属于房屋所在地农村集体经济组织成员的证明。

农村集体经济组织申请房屋所有权初始登记的，还应当提交经村民会议同意或者由村民会议授权经村民代表会议同意的证明材料。

3. 国有土地上房屋所有权转移登记提交的资料

（1）房地产登记申请书（原件）。

（2）申请人身份证明（复印件）。

(3) 房屋权属证书（原件）（商品房买卖除外）。
(4) 房屋测绘成果报告（原件）。
(5) 相关税费凭证（原件）。
(6) 证明房屋所有权发生转移的材料：

1) 新建商品房买卖提供的登记材料：已备案的商品房买卖合同（原件）；购房发票联及办证联原件（在发票联注明"已办证"，留办证联存档）；网上备案单及商品房买卖分户证明（原件）。

2) 未进行网上备案的商品房买卖提供的登记材料：商品房买卖合同（原件）；购房发票（原件）。

3) 存量房（二手房）买卖提供的登记材料：房屋买卖协议（明显偏离正常市场价格的另外提供房地产价格评估报告）（原件），房屋买卖资金托管证明或免予托管的证明材料（原件）。

4) 房屋赠与应提供的登记材料：《赠与合同公证书》或者《赠与公证书》和《接受赠与公证书》（原件），房地产价格评估报告（原件）。

5) 房屋继承的，根据不同继承类型提交的登记材料：法定继承，提供《继承权公证书》（原件）；遗嘱继承，提供《遗嘱公证书》及《遗嘱继承权公证书》（原件）；司法判决或调解继承，提供已生效的《民事判决书》和《民事调解书》（复印件）。

6) 离婚导致房屋所有权转移的，根据不同的离婚方式提交的登记材料：在民政局办理协议离婚的提供《离婚证》、离婚协议书（复印件）；法院调解离婚的提供《民事调解书》（复印件）；法院判决离婚的提供已生效的《民事判决书》（复印件）。

7) 房屋拍卖提供的登记材料：委托拍卖合同书（原件）；拍卖公告（报纸原件）；现场拍卖公证书（原件）；拍卖成交确认书（原件）；交款收据（原件）。

8) 房屋交换提供的登记材料：房屋互换协议（原件）；房地产价格评估报告（原件）；补差价部分的发票及应缴税费（原件）。

4．变更登记提交的资料

(1) 登记申请书（原件）。
(2) 申请人身份证明（复印件）。
(3) 房屋所有权证（原件）。
(4) 证明登记事项发生变更的材料：

1) 房屋所有权人姓名或者名称变更的，提供房屋所有权人为自然人的，户口所在地派出所出具的姓名变更证明（原件）及《居民户口簿》（复印件）；房屋所有权人为法人或其他组织的，工商部门出具的证明（原件）及变更登记申请书（复印件）；机关、事业单位及其他组织，提供向上级主管部门提出名称变更申请文件及名称变更的批准文件（复印件）。

2）房屋面积增加或者减少的，提供房屋测绘报告（原件）；房屋改、扩建的，还需提供规划主管部门出具的房屋建筑面积变更的证明及竣工验收手续（复印件）。

3）同一所有权人分割、合并房屋的，提供地名管理部门出具的地名审批材料（原件）；房屋测绘报告（原件）。

5. 房屋所有权注销登记提交的资料

（1）登记申请书（原件）。

（2）申请人身份证明（复印件）。

（3）房屋所有权证书（原件）。

（4）证明房屋所有权灭失的材料（复印件）（房屋灭失的提供）。

经依法登记的房屋上存在他项权利时，所有权人放弃房屋所有权申请注销登记的，应当提供他项权利人的身份证明（复印件）、他项权利人书面同意文件（原件）、房屋他项权证（原件）。

6. 抵押权注销提交的资料

（1）申请人身份证明（复印件）。

（2）房屋他项权证（原件）。

（3）证明房屋抵押权灭失的材料（原件）。

五、房地产权属证书

（一）房地产权属证书种类

房地产权属证书包括《房屋所有权证》、《土地使用权证》、《房屋共有权证》、《房屋他项权证》，在北京《房屋所有权证》和《土地使用权证》两证合一为《房地产权证》，因此，在北京这四证为三证。

1.《房屋所有权证》

《房屋所有权证》是国家依法保护房屋所有权的合法凭证，是具有法律效力的证件，由人民政府房地产行政机关核发，其他任何部门和单位均无权制作或发放，所发放的权证一律无效。建设部在《关于加强〈房屋所有权证〉发放管理工作的通知》中也规定房屋所有权人必须依法到房屋所在地的房地产行政主管机关申请登记领取房屋所有权证。凭证管理房产；凭证出售、出租房屋；凭证申请房屋翻、改、扩建；凭证申请办理房屋继承、析产、分割、赠与、交换、调拨等产权转移手续；凭证办理抵押手续；凭证办理拆迁、安置、补偿手续。管理部门在办理有关手续时凡涉及房屋所有权证的归属，也均应以《房屋所有权证》作为确认证件，不得以其他证件替代。

2. 《土地使用权证》

《土地使用权证》又称国有土地使用权证，是指经土地使用者申请，由城市各级人民政府颁发的国有土地使用权的法律凭证。该证主要载明土地使用者名称、土地坐落、用途、土地使用权面积、使用年限和"四至"范围。

3. 《房地产共有权证》

对于共有房地产，2008年以前共有人推举一名产权人拿房地产权证，产权共有人只能拿到《房地产共有权证》。2008年后，进行共有房产登记时，房产登记部门对产权人和产权共有人一视同仁，都颁发《房屋所有权证》，产权人和共有人在办理房屋权属登记时应共同申请，房产登记部门依据共同申请的相关信息，对产权人和产权共有人颁发相应的权证，几个共有权人拥有几份《房屋所有权证》，即每个共有人都有一份。这样，有效地避免了拥有房地产权证人侵害共有人的利益，充分保护了共有人的权利。

4. 《房屋他项权证》

《房屋他项权证》是属于房屋权属证书的一种。《房屋他项权证》是当事人设定房屋抵押权、典权等他项权利时，权利人申请他项权利登记所得到的权利证书。以房屋抵押的，抵押权人应当自抵押权设定之日起30日内到房屋管理部门申请他项权利登记。申请房屋他项权利登记时，当事人应当向登记机关提交房屋权属证书、设定房屋抵押权的合同及其他的相关证明文件。登记机关在审查了当事人所提供的申请抵押登记的有关资料后，对符合条件的，应当批准登记，并在原《房屋所有权证》上作他项权利记载后，由抵押人收执，并向抵押权人颁发《房屋他项权证》。《房屋他项权证》是抵押权人享有房屋抵押权的权利凭证。抵押权人将房屋抵押权和债权一起转让或者为其他债权设定抵押时，应将《房屋他项权证》一起转让给受让人或抵押权人。

（二）房地产权属证书的识别

1998年由建设部统一设计监制、中国人民银行北京印钞厂独家承印了新的房屋权属证书。这些权证均采用进口护照面料，采取钞票的印制工艺，增加了防伪功能。主要特征有以下几点。

1. 封皮

材质为进口涂塑纸，封面上部印有中华人民共和国国徽，下部第一行字"中华人民共和国"是用圆体字印刷，第二行字"房屋所有权证"为黑体字印刷，全部为金黄色。

2. 建房注册号

在封面里页上由建设部对每个能够发证的市、县级发证机关进行注册登记并予以编号。

3. 团花

在封面里页上有红色和绿色两色细纹组成的五瓣叠加团花图案，线条流畅，纹理清晰。

4. 水印

水印为宋体"房屋所有权证"底纹暗印。

5. 发证机关盖章

法定的发证机关是各市、县房管局，房产证上所盖的发证机关印章均是机器套印，印迹清晰、干净，印色均匀，"××市发证机关"为××市房管局。

6. 用纸

用纸为浅粉色印钞纸。

7. 花边

在首页，有上下左右均等对称的咖啡色花纹边框，花纹清晰、细腻。

8. 填发单位

在第二页右下角为填发单位；"（盖章）："即为房屋产权所在地区房管局印章。

9. 编号

在封底"注意事项"右下角，有印钞厂的印刷流水编号，同一发证机关的权证号码是连续的。

六、房地产权属登记代办业务基本流程

1. 房地产权属登记代办业务受理

房地产经纪人与委托人进行业务洽谈时，要充分了解客户意图与要求，查清委托人是否具有申请资格，查清申请登记的房地产产权来源是否清楚、合法，证件是否齐全，有无纠纷等情况。另外还要能迅速判断代办业务是否属于受理登记的登记机关管辖。房地产经纪人在接受委托后应与委托人签订书面的房地产权属登记代理合同。

2. 登记申请

登记申请主要包括填写申请书、墙界表和收取并交验证件。申请书中产权人情况、房屋状况应由产权人房产登记机关提供的房屋四周本体、使用土地的归属的自我认定及利害关系的邻户对其认定的承认和证明。登记时，申请人应按要求出示个人身份证件、法人资格证明等一切所需文件或证明。房屋权属登记由权利人提出申请，共

有的房屋，由共有人共同申请。由房地产经纪人代理产权登记的，要求代理人出具书面代理委托合同。房地产权属登记申请表见表 6-3。

表 6-3 房地产权属登记申请表

房屋地址			区镇（街道）			
申请人	姓 名		国 籍		身份证或护照号码	
	联系地址				联系电话	
代理人	姓 名		联系电话		身份证或护照号码	
房地产情况	土地性质	□国有　□集体	宗地地号		建成年份	
	土地用途		房屋用途			
	共有方式	□共同共有　□按份共有	申请人占有份额			
房地产共有人	姓 名	身份证或护照号码	与申请人关系	份额	现住址或联系电话	
申请原因	一、初始登记 　□1．新建房屋　　□2．老屋　　□3．只领有房屋所有权证　　□4．其他：_____ 二、变更登记 　□1．房地产换证验证　　□2．权属人姓名或名称改变　　□3．房屋加、改、扩建 　□4．房地产继承　　□5．身份证号码改变　　□6．房地产坐落地址改变 　□7．房地产权属证书破损或遗失，申请补发　　□8．分宗、合宗 　□9．析产　　□10．只领有土地使用权证　　□11．其他：_____					
声 明	本人现按填报及提交的资料如实申请登记上述房地产，如有虚假，愿负相应的经济及法律责任。 申请人及共有人签章： 代理人签章： 　　年　　月　　日					

登记机关自受理登记申请之日起 7 日内将会决定是否予以登记，对暂缓登记、不予登记的，将书面通知权利人（申请人）。对于受理登记的，将进入下一程序，对暂缓登记和不予登记的，房地产经纪人应弄清楚暂缓登记和不予登记的原因，以便进一步与客户沟通。

3. 权属审核

受理人对申请人提交的申请材料和实地调查结果进行审核，填写《房屋所有权登记审批表》，转交给初核人进行审核。审核内容包括：当事人提供的材料是否合法、有效；申请书填写的内容与提供的材料是否一致、无误；房地产的权属是否清楚，有无权属纠纷或他项权利不清的现象，是否属于《房地产转让办法》规定不得转让的范围；受让人按规定是否可以受让该房地产；买卖的房地产是否已设定抵押权；买卖已出租的房地产，承租人是否放弃优先购买权；买卖共有的房地产，共有人是否放弃优先购买权及房地产交易管理机构认为应该审核的其他内容。

4. 初核登记

初核人审核通过后，根据《房屋所有权登记审批表》填写《房屋交易明细表》，转交给初审人进行审核。

5. 初审

初审人对申请人提交的申请材料和房屋权属情况进行审核，填写《房屋所有权登记审批表》，转交给复核人进行审核。

6. 复核

复核人对申请人提交的申请材料和房屋权属情况进行审核，填写《房屋所有权登记审批表》，转交给审批人进行审批。

7. 审批

审批人根据上述各级办理意见，审批人（中心分管领导）做出准予登记或不予登记的决定。对准予登记的，核发房屋他项权利证书；对不予登记的，予以退回。

8. 领证

只要按照规定，提交的证明材料齐全、手续完备，没有拆迁冻结、司法查封等限制转让情形的，登记部门在受理登记后10个工作日内核准登记，并颁发房屋权属证书。

房地产经纪人凭本人身份证件、委托函、登记收据向发证窗口申请领证，发证窗口工作人员查验身份证件、委托函，收取登记收据后，开具收费通知单。房地产经纪人凭收费通知单到收费窗口缴费，缴完费后，发证窗口工作人员收取缴费回执一份，并请房地产经纪人签字领证。

房地产经纪人要会识别房地产权属证书，当客户的房地产权属证书下发后，应仔细检查证书上所载明的各登记事项是否准确，同时也请客户仔细查验，当所载无误后请客户签收。

9. 收取代办手续费

代办手续费标准可以由房地产经纪公司和委托人协商确定。

课后思考与练习

(一) 单项选择题

1. ( ) 是指经权利人申请,由房地产权属登记机关将有关申请人的房地产权利事项记载于房地产登记簿(权属档案)的法律行为。
   A. 房地产转让　　　　　　　　B. 房地产交易
   C. 房地产权属　　　　　　　　D. 房屋所有权

2. ( ) 是指新建房屋申请人,或原有但未进行过登记的房屋申请人原始取得所有权而进行的登记。
   A. 总登记　　　　　　　　　　B. 新建登记
   C. 房屋所有权初始登记　　　　D. 转移登记

3. 房地产买卖、交换、赠与、继承、划拨、转让、分割、合并、判决等原因导致权利人转移时,权利人应申请( )登记。
   A. 他项权利　　B. 变更　　C. 注销　　D. 转移

4. 房屋权利因房屋或土地灭失、土地使用年限届满、他项权利中止、权利主体灭失等而实行的登记称为( )登记。
   A. 他项权利　　B. 变更　　C. 注销　　D. 转移

5. 因房屋的改建而使房屋面积增加的登记属于( )登记。
   A. 他项权利　　B. 变更　　C. 注销　　D. 转移

6. 设定房地产抵押权、典权等权利时,权利人应申请( )登记。
   A. 他项权利　　B. 变更　　C. 注销　　D. 转移

7. 转移登记应当在事实发生之日起( )内提出申请。
   A. 30日　　B. 60日　　C. 90日　　D. 10日

(二) 多项选择题

1. 下列房地产可以设定抵押权的有( )。
   A. 国有土地上依法取得的房屋
   B. 以出让方式取得的土地使用权
   C. 集体土地使用权
   D. 乡、村企业的厂房

2. 利益关系人申请异议登记应提交哪些材料?( )
   A. 利益关系证明　　　　　　　B. 申请书
   C. 登记簿记载有错误的证明　　D. 身份证明

3. 房屋权属登记机关有权注销房屋权属证书的情形有( )。

A. 申报不实的

B. 涂改他项权利证书的

C. 抵押期限已到，而抵押当事人未办理他项权利注销登记的

D. 房屋权利灭失，而权利人未在规定期限内办理房屋权属注销登记的

4. 申请抵押权变更登记，应当提交下列哪些资料？（　　）

A. 登记申请书

B. 申请人的身份证明

C. 房屋他项权证书

D. 抵押人与抵押权人变更抵押权的书面协议

5. 注销登记是指房屋权利因（　　）等而进行的登记。

A. 房屋或土地灭失

B. 土地使用年限届满

C. 土地使用年限未满

D. 权利主体灭失

（三）简答题

1. 房地产权属登记有哪些类型？
2. 房地产权属证书有哪几种？

 项目任务书

1. 到互联网上下载一份房地产权属证书，能熟记里面所载内容，并能对证书真伪进行识别。

2. 案例分析

2003年9月张某与朱某登记结婚。2005年10月8日，二人共同购买一套价值50万元的房屋，《房屋所有权证》登记在朱某的名下。2008年12月29日朱某背着张某擅自将房屋以80万元的价格卖给蔡某，双方未办理房地产权属转移登记手续。而后蔡某委托A房地产经纪公司的经纪人吴某将此房卖给王某，吴某、蔡某运用私人关系为王某办理了《房屋所有权证》。根据案例讨论并回答下列问题：

（1）朱某将房屋卖给蔡某的行为有效吗？为什么？

（2）蔡某将房屋卖给王某的行为有效吗？为什么？

（3）如果张某不同意朱某的售房行为，张某应该怎么做？

（4）如果张某不同意售房，王某的《房屋所有权证》可以变更吗？如果能，怎么变？

（5）本案例中房地产经纪人吴某有哪些过错？房地产经纪公司应如何加强对房地产经纪人的管理？

项目六　房地产经纪其他业务

模块三　房地产拍卖业务

学习目标

1. 了解拍卖的基本知识。
2. 熟悉房地产拍卖基本知识。
3. 能审查拍卖标的物，并作适当处理。
4. 熟知拍卖程序，并能进行房地产拍卖。

案例导入

2002年10月，某法院与A拍卖事务所签订委托拍卖协议，决定将某路一栋三层楼房拍卖，当时载明为出让地。同年11月，B服务公司通过竞价，竞买到这栋房产及土地，成交金额233万元。据此，服务公司顺利办理了房产过户手续，但在办理土地使用权过户手续时被告知该地是划拨地，尚需补缴出让金40万元。为此，服务公司多次要求拍卖事务所补交该款，但没有得到答复。请根据案情思考下列问题：

1. A拍卖事务所在这项拍卖业务中是否存在过失？如果有，是哪方面的？
2. 承接房地产拍卖业务，拍卖公司及房地产经纪人应着重审查哪些方面的内容？

随着我国房地产市场的迅猛发展，房地产拍卖业务从无到有急速发展起来。房地产拍卖业务也是一手托两家，一方是委托拍卖的房地产拥有者；另一方是想拥有房地产的竞买者。拍卖是一种中介服务性质的交易方式，拍卖过程实际上是由委托和竞买两个阶段构成的，拍卖位于中枢位置，连接两家，维持整个拍卖活动的正常运转。

一、拍卖的认知

（一）拍卖的概念

1997年1月1日实施的《中华人民共和国拍卖法》对拍卖的定义为："拍卖是指以公开竞价的方式，将特定物品或者财产权利转让给最高应价者的买卖方式。"

拍卖活动的当事人由拍卖人、委托人、竞买人和买受人组成。

（二）拍卖的特征

拍卖与普通商品交易的不同之处如下。

1. 当事人不同

普通交易中当事人只有买方和卖方两方，而拍卖需有委托人、拍卖人和竞买人，三方缺一不可。

2. 成交价不同

普通交易中商品销售价格由卖方定价或由买卖双方协商定价，而拍卖的整个过程是在公众监督下形成的，价高者得。普通交易的价格竞争主要在卖方即生产厂家、供应商中间展开，有时也在买卖方之间以讨价还价的方式展开，而拍卖方式价格竞争主要在买方中间展开。

3. 买家身份公开

拍卖方式交易中，竞买人必须向拍卖人公开其真实身份，参与竞买前必须出示身份证明及办理竞买手续。

（三）拍卖规则

拍卖的规则包括价高者得规则、保留价规则、瑕疵请求权规则、禁止参与竞买规则。

1. 价高者得规则

价高者得规则是指拍卖标的应卖给出价最高的竞买人的成交规则。价高者得规则是为买方的竞争而设定的，需在拍卖现场通过比较得出，比较的基础是买方的报价。买方只有在竞争中报价取胜，才能得到拍卖的标的，它体现了拍卖的竞争性。

2. 保留价规则

保留价指拍卖人可以据以确认拍卖成交的最低价格，在有保留价的拍卖中，委托人和拍卖人需事先商定保留价，保留价以具体的价格表示。保留价一经确定，不得随意改变。保留价规则保证拍卖标的有保留价的，竞买人的最高应价未达到保留价时，该应价不发生效力，拍卖师应当停止拍卖标的的拍卖。

3. 瑕疵请求权规则

瑕疵请求权规则是指竞买人在参与竞买前或参与竞买时，有权知道他应该知道的拍品的缺陷，如果该缺陷因他人的过错被隐蔽了，他成为实际买受人时就可以为自己所受到的欺骗和损失主张权利。瑕疵请求权是针对拍卖人和委托人的，除他们有正当理由对抗瑕疵请求权外，必须按谁知晓、谁负责承担责任，而且拍卖人有先行负责的义务。

4. 禁止参与竞买规则

此规则包含两方面含义，一是禁止拍卖人参与竞买，另一方面禁止委托人参与竞买。

（四）拍卖的程序

拍卖的程序主要分为委托、公告与展示、拍卖、拍卖的佣金和价款结算，以及拍卖物交付五个阶段。

1. 拍卖的委托阶段

拍卖的委托也就是拍卖的提起，在这一阶段，拍卖人必须了解拍卖标的物的性质，对拍卖标的物进行看样鉴定，初步了解拍卖标的物的权属情况并进行初步评估，经与委托人协商后签订《委托拍卖协议书》。

2. 拍卖的公告与展示阶段

拍卖的公告与展示是一种法定行为，是举行拍卖会之前的一个重要环节，也是拍卖人进行招商、寻找竞买人的重要途径之一。此过程包括：拍卖的公告发布，对拍卖标的物的宣传，对竞买人的联络与咨询，以及对拍卖标的物的展示。

3. 拍卖阶段

潜在的竞买人经过咨询和看样过程后，为明确表示其参加竞买的意愿，就必须进行竞买登记，从而成为真正意义上的竞买人。经交付保证金和领取竞价号牌后，依照公告规定的时间和地点参与竞价，当拍卖师落槌表示成交后，在诸多竞买人中就会产生出买受人。竞买人一旦成为买受人，就应与拍卖人签署《拍卖成交确认书》。

4. 拍卖的佣金和价款结算阶段

佣金结算与标的物的交割是拍卖的后期工作。拍卖的结算包括：买受人的结算，除买受人外其他竞买人的结算，拍卖标的物的保管交付，委托人的结算，拍卖人的核算，以及拍卖的总结和资料的管理归档。

拍卖人收到买受人的价款后，就应及时与委托人进行结算，将扣除委托手续费后的价款移交给委托人。对于有些标的物，拍卖人还应该要求委托人提供相关文件手续等，以利于买受人办理权属变更。

5. 拍卖物交付阶段

买受人按拍卖人规定的时间支付全部货款和拍卖手续费后，拍卖人才可将拍卖标的物交给买受人，同时拍卖人应提供票据给买受人。

二、房地产拍卖的认知

（一）房地产拍卖的含义

房地产拍卖是一种通过公开竞价的方式将房地产标的卖给最高出价者的交易行为。

（二）房地产拍卖的特征

与其他房地产经纪活动相比，房地产拍卖具有以下几个特征。

1．房地产拍卖实行"价高者得"的原则

房地产买卖、租赁等交易行为是在交易双方之间寻求一个双方都满意的、可以接受的价格，这个价格不一定是交易行为发生的最高价格。但房地产拍卖的价格是特定场合下发生交易的一个最高价格，这个价格是众多买受人竞拍产生的最高价格。

2．房地产拍卖法律性、政策性强

同其他房地产经纪活动相比，房地产拍卖的专业性强，涉及拍卖和房地产两方面的内容，国家实行拍卖师资格考核制度，从事房地产拍卖的拍卖人必须取得拍卖师资格证书方可从事拍卖行业。经纪人从事房地产拍卖时，必须对房地产拍卖的前期工作认真调查，根据国家的法律、法规和规章，尤其是拍卖方面的法律法规，理顺各方面关系，保证后续房地产产权变更顺利进行。

3．房地产拍卖数量多、价值高

由于房地产的位置固定、价值大，在经济活动中能够经常被用做抵押或债务偿还物品，因此，在各种拍卖活动中，房地产拍卖在金额和数量上都占有较大的份额。

4．房地产拍卖的过程繁琐、后续工作多

与其他交易行为相比，房地产拍卖过程繁琐、复杂，所要花费的时间往往较长。这是因为房地产拍卖的前期准备、拍卖期间、后续工作涉及诸多部门，又受房地产和拍卖相关的众多法律、法规的制约。拍卖师必须理清这些繁琐复杂的关系，做许多细致周到的工作。

（三）当事人的权利和义务

1．拍卖人的权利和义务

（1）依法进行拍卖活动。

（2）审查委托人和竞买人的资格。

（3）按规定收取拍卖费用和佣金。委托人不按规定支付费用或佣金时，有权对占管的房地产行使留置权。

（4）不得参加竞买活动，也不得委托或代理他人参加竞买。

（5）接受委托后，不得再委托其他拍卖机构拍卖。

（6）对拍卖期间委托其占管的房地产负约定的保管责任。

（7）拍卖人未按委托拍卖合同履行责任或由此给委托人造成损失的，由拍卖人负违约或赔偿责任。

2. 委托人享有下列权利和义务

（1）对委托拍卖的房地产拥有处分权。因隐瞒房地产存在争议、被查封或其他强制措施等情况，而给竞买人、竞得人造成损失的，应赔偿损失并承担相应的法律责任。

（2）有权取得拍卖房地产的应得价金。

（3）与拍卖人可以协商确定房地产的保留价格，拍卖人不得低于保留价格出售。

（4）除在拍卖前明确宣布保留出价权外，不得参加竞价。有保留出价权的，在拍卖中享有一次应价权。

（5）按规定向拍卖人支付拍卖费用；拍卖成交后，按房地产成交额最高不超过2%的比例向拍卖人支付佣金。

（6）拍卖成交后，在规定的期限内拒不交付或迟延交付被拍卖的房地产，造成竞得人损失的，应承担赔偿责任。

3. 竞得人享有下列权利和义务

（1）支付价金和依法纳税后，有权取得竞得的房地产。

（2）竞得人依法支付了价金和纳税后未按期取得房地产的，有权要求拍卖人赔偿经济损失。拍卖人应先赔偿后，再向委托人追偿。

（3）竞得人拒不支付或未按规定期限支付竞得的房地产价金的，拍卖人可对该房地产再行拍卖，所支出的费用由原竞得人承担。如再拍卖的价金少于原拍卖的价金时，其差额仍由原竞得人补足。

三、房地产拍卖业务的主要来源

（一）房地产拍卖业务的主要来源

房地产拍卖委托人的身份是多层面的，根据委托方的属性，主要有以下几方面。

1. 法院委托拍卖的查封抵债房地产

这类房地产是申请执行人因债务纠纷向法院提起诉讼，要求依法追讨所欠债务。法院依法做出判决，将与被执行人有权属关系的房地产委托拍卖抵债。目前房地产拍卖以此种方式居多。

2. 债权人委托拍卖的抵押房地产

中国担保法规定，抵押权人有权将抵押房地产直接委托给拍卖人拍卖。

3. 政府部门委托拍卖的房地产

土地管理部门需要对国有土地使用权进行拍卖时，可委托拍卖人进行土地一级市场的出让拍卖。税务、公安、检察院、工商、海关等具有执法职能的政府机构，在其业务管辖范围内，对一些抵税房地产、抵债房地产进行拍卖处置。

4．法人委托拍卖其所拥有的房地产

房地产开发公司可将其拥有土地使用权的土地按照规定进行拍卖，可将其在建工程及完工楼盘进行拍卖；其他企业法人也可将拥有的厂房、办公写字楼等进行拍卖。

5．自然人委托拍卖的房地产

居民个人可将拥有完整产权的房屋进行拍卖，共有人房屋进行拍卖时必须经所有共有人书面同意。

（二）不得拍卖的房地产

法律、法规禁止买卖、转让的房地产通常情况下不得拍卖。不得拍卖的房地产如下：

（1）未依法取得房地产产权证书的，包括土地使用权证书、房屋所有权证书和房地产产权证书。

（2）共有房地产，未经其他共有人书面同意的。

（3）权属有争议，尚在诉讼、仲裁或者行政处理中的。

（4）权利人对房地产的处分权受到限制的。

（5）以出让方式取得土地使用权，但不符合政府相关转让条件的。

（6）司法和行政机关依法裁定，决定查封或者以其他形式限制房地产权利的。

（7）国家依法收回土地使用权的。

（8）法律、法规、规章规定禁止买卖、转让的其他情形。

四、房地产拍卖的程序

房地产拍卖的程序会因为具体拍卖标的和拍卖条件及各地方的具体情况不同而可能有差异，但一般包括下述基本程序。

1．接受拍卖委托

在这一阶段，拍卖行接受有意要拍卖房地产委托人的委托，双方签订委托拍卖协议，对委托拍卖达成基本意向。委托人在委托时一般要向拍卖行提供下列材料。

（1）个人身份证明。

（2）企事业单位的营业执照或有关批准成立的文件。

（3）法定代表人证明书或授权委托书。

（4）房屋产权、土地使用权及其他相关权利的证明文件。

（5）处分房地产的证明文件。

（6）需拍卖房地产的有关资料。

（7）其他有关证明文件。

2．拍卖房地产标的的调查与确认

拍卖行对委托人提供的房地产产权证明、有关文件、证明材料等进一步核实，

必要时到相关政府部门调查取证。同时，还必须进行现场勘查。核实的主要内容如下：

（1）拍卖标的与所提供的房地产权利证明是否一致；产权档案所标明产权人与产权证上产权人以及卖房人是否一致。

（2）产权来源是否清楚。

（3）房地产面积是否与房地产测绘部门出具的勘测报告一致。

（4）产权证中"他项权利"是否存在抵押权登记或租赁权登记等事项，查看房屋中是否有记录，查看抵押协议、抵押期、他项权利注销情况是否与产权证一致。

（5）是否被司法机关和行政机关依法裁定，决定查封或以其他形式限制房地产权利的文件。

（6）是否有他人声明对该房地产享有权利。

（7）是否有房地产产权证丢失记录；现持产权证是原证还是新证；是否登报声明。

（8）是否有关于产权纠纷的记录，处理情况如何。

（9）是否在拆迁范围内，是否在被冻结和禁止买卖的范围内。

（10）土地来源和变更情况。

3. 接受委托、签订委托拍卖合同书

经调查确认后，拍卖行认为符合拍卖委托条件的，与委托人签订委托拍卖合同。委托拍卖必须符合《拍卖法》的要求。委托拍卖合同中要对拍卖房地产的情况、拍卖费用、拍卖方式和期限、违约责任等加以明确。

4. 房地产估价及拍卖保留价确定

拍卖行对房地产市场进行调查和分析，必要时请专业的房地产估价人员对拍卖房地产进行价格评估，与委托方共同商谈，最后确定拍卖保留价和起拍价。

5. 发布拍卖公告，组织接待竞买人

由于房地产拍卖标的涉及金额巨大，竞买人必须做资金筹措准备工作。拍卖行一般要在拍卖日半个月至一个月前登报或通过电视媒体以公告形式发布拍卖房地产的信息，拍卖行要对公告内容的真实性负责。同时，组织接待竞买人，向竞买人提供资料，审查竞买人资格，收取保证金，完成竞买人登记。

6. 现场拍卖

拍卖行、竞买人按照公告的时间、地点，以正常的拍卖程序、规则对拍卖房地产进行公开竞拍。最后若竞买的最高价超过底价，由拍卖师击槌成交，应价最高者即为买受人；反之，拍卖行宣布不成交并撤回拍卖标的。

7. 产权过户

现场竞买成功后，买受人应立即支付成交价一定比例的款项作为定金，并在拍

卖行协助下与委托人签订拍卖房地产转让合同书。买受人在支付全部价款后，凭转让合同书和相关证明文件到房地产登记机关办理产权过户手续，取得房地产权证，拍卖过程最终结束。

8. 佣金结算

房地产拍卖佣金由委托人与房地产经纪人共同确定，但一般情况下，不得超过拍卖价的2%。

对所拍卖的各种类别的房地产标的，在拍卖会前和会上，要向竞买人详细说明，提供给他们反复比较、探讨，才能使他们下决心竞买。这样在签订成交确认书后，就能尽量避免买受人的反悔和产生其他的纠纷。如果拍卖的前期工作没做好，则拍卖结束后，矛盾纠纷会接踵而来。竞买房地产的人大多对办理有关手续不太了解，在售后服务中，不管代办还是不代办过户手续，都应尽量给予指导和方便。

课后思考与练习

（一）单项选择题

1. 房地产拍卖业务主要来自（　　）委托。
   A. 个人　　　　　B. 法院　　　　　C. 银行　　　　　D. 公司法人
2. 集体土地上的房屋拍卖前应向（　　）申请，获批准后方可进行拍卖。
   A. 当地村民委员会　　　　　　　B. 当地乡镇人民政府
   C. 当地县（市）人民政府土管部门　D. 当地县（市）人民政府
3. 拍卖委托是指委托人向拍卖人提起拍卖的（　　）阶段。
   A. 最初　　　　　B. 中间　　　　　C. 成交　　　　　D. 最后
4. 下列拍卖的概念，表述不正确的是（　　）。
   A. 拍卖是一种中介服务性质的交易方式
   B. 拍卖是通过私下竞价成交的
   C. 拍卖是通过公开竞价成交的
   D. 拍卖是受到法律严格规范的经济活动
5. （　　）是指拍卖前设立最低售价的拍卖，竞买人的最高竞价必须等于或高于保留价，低于保留价不能成交。
   A. 有保留价拍卖　B. 无保留价拍卖　C. 一次性拍卖　　D. 再拍卖

（二）多项选择题

1. 下列关于房地产拍卖标的应具备的条件，表述正确的是（　　）。
   A. 国家机关用地和军事用地，划拨用地不可以拍卖
   B. 抵押房地产拍卖后应获得抵押权人同意

C. 集体土地上的房屋拍卖前应向当地乡镇人民政府申请，获批准后方可进行拍卖

D. 未依法取得房地产产权证书的，不得拍卖

2. 拍卖中，被拍卖商品的出售价格由（　　）来决定。
   A. 卖方定价　　　　　　　　　　B. 买卖双方协商定价
   C. 竞买人通过竞价　　　　　　　D. 买方定价

3. 拍卖的基本原则包括（　　）。
   A. 公开原则　　　　　　　　　　B. 保留价原则
   C. 公正原则　　　　　　　　　　D. 公平原则

4. 拍卖规则包括（　　）。
   A. 价高者得规则　　　　　　　　B. 价低者得规则
   C. 保留价规则　　　　　　　　　D. 瑕疵请求权规则

5. 房地产拍卖特征包括（　　）。
   A. 房地产拍卖数量多，价值高　　B. 房地产拍卖数量少，价值低
   C. 房地产拍卖法律性强　　　　　D. 拍卖结束后续工作多

（三）判断题

1. 房地产拍卖前期要对拍卖标的认真调查，核实其产权及手续完整状况，协调理顺房地产开发、经营、管理相关的各方面关系，保证后续房地产产权变更顺利进行。（　　）

2. 法律、法规禁止买卖、转让的房地产通常情况下可以拍卖。（　　）

3. 买卖双方完成房地产权属转移和登记各项工作，最后取得房地产产权证书，或房地产交易管理部门窗口受理单为止拍卖过程才告最终结束。（　　）

4. 拍卖行应在拍卖日的三个月前以登报或通过电视等媒体公告的形式发布关于该房地产拍卖的公告信息。（　　）

5. 拍卖标的有房屋所有权证，未办理土地使用权证，经政府相关部门审批通过，如果是国有土地，则补缴征地费和出让金。（　　）

项目任务书

1. 案例分析

某市一家拍卖行刚刚成立之后，第一起拍卖接受该市中级人民法院的委托，拍卖查封的某处房产。因为是第一笔生意，A拍卖行格外认真，严格按照程序办理委托、评估、公告、展示、拍卖等事宜。其中的现场展示环节，更是邀请所有的竞买人对拍卖房地产进行现场参观，并请人介绍房屋的状况，因此，拍卖成交相当顺利。谁知道，拍卖结束后，该房产的买受人却拒不付款，其理由有以下几点：①该拍卖行不是当地

政府指定的拍卖行,因此不具备承接此次拍卖的资格;②该房地产的成交价格低于事先评估机构评估的价格;③拍卖现场拍卖行没有告知该房产已有承租的情况。根据案情分析并回答下列问题:

(1)买受人提出的理由①是否成立?为什么?

(2)买受人提出的理由②是否成立?为什么?

(3)买受人提出的理由③是否成立?为什么?

(4)在房屋出售时,我国法律对承租人有什么特殊保护规定?

2. 案例分析

2007年7月9日,A拍卖公司受法院委托,对被执行人彭某、林某夫妻共有的抵押于A银行的位于市区的一幢房产进行拍卖。公司接受委托后,于7月12日在市级主要报纸上刊登了拍卖公告,并定于7月27日下午3:30在公司拍卖厅进行公开拍卖。

公告发布后,就有众多客户电话咨询该房产,拍卖公司工作人员认真向客户介绍了该房产的基本情况,并组织了有意竞买者到现场进行了看样。

拍卖会如期进行,1号竞买者杨某以人民币106.3万元竞得该房产,并当场签订了《拍卖成交确认书》,整个拍卖会过程由市工商局及区公证处进行监拍和公证。买受人杨某在拍卖会后当场缴纳了20%的履约定金,并按照约定在7日内付清了剩余款项。

买受人杨某缴清拍卖款后,拍卖公司随即将拍卖款全额转入委托法院账户,并附上了拍卖情况及结算报告。同时,向经办法官询问房产移交事宜,经办法官称要通知抵押权人A银行将拍卖款提取后才能办理移交手续。

几天后,拍卖公司接到委托法院经办法官的通知,称其在通知抵押权人A银行来领取拍卖款时,A银行告知,被执行人彭某、林某已于7月15日到该银行将贷款归还,A银行也已将抵押物即该房产的房屋所有权证退还了彭某、林某夫妻俩,该案已经终止了。于是法院撤销该拍卖,并请拍卖公司派人前往法院办理退款事宜,将该拍卖款退还给买受人杨某。

拍卖公司工作人员接到通知后,赶紧将这一情况告知买受人杨某,并请他到公司办理退款事宜。杨某听后,称不会前来办理退款的,说他竞买该房产是通过拍卖公司公开拍卖的,拍卖已经成交了,拍卖行为是合法有效的,且办理了拍卖公证书,要求拍卖公司要按照约定将该房产移交给他。

根据案例讨论并回答下列问题:

(1)该拍卖行在整个拍卖过程中是否合法合规?

(2)杨某要求拍卖公司按照约定将房产移交给他的请求,能得到支持吗?为什么?

(3)该案例中谁应该承担给杨某造成的损失?为什么?

参 考 文 献

[1] 胡平. 居民购房攻略[M]. 北京：中国农业出版社，2010.
[2] 胡平. 房地产投资实务与管理[M]. 杭州：浙江大学出版社，2009.
[3] 张旺军. 投资理财——个人理财规划指南[M]. 北京：科学出版社，2008.
[4] 周柳. 房地产经纪[M]. 北京：中国建筑工业出版社，2007.
[5] 彭玉蓉. 房地产经纪综合实践[M]. 北京：中国建筑工业出版社，2008.
[6] 廖俊平. 中国房地产经纪人职业资格制度[M]. 广州：南方日报出版社，2003.
[7] 宋伟. 房地产经纪基础[M]. 北京：人民邮电出版社，2005.
[8] 殷世波. 房地产经纪[M]. 北京：科学出版社，2008.
[9] 余源鹏. 房地产中介经纪人实用业务知识两日通[M]. 北京：机械工业出版社，2008.
[10] 刘华新，戚瑞双. 房地产经济学[M]. 上海：上海财经大学出版社，2008.
[11] 戚瑞双，李宗彪，刘华新. 房地产开发[M]. 上海：上海财经大学出版社，2008.
[12] 刘薇. 房地产经纪[M]. 北京：化学工业出版社，2005.